Hans S. Reinecker

Zwänge

Diagnose, Theorien und Behandlung

2. überarbeitete und erweiterte Auflage

Verlag Hans Huber
Bern · Göttingen · Toronto · Seattle

Für Christa

Die Deutsche Bibliothek – CIP-Einheitsaufnahme

Reinecker, Hans S.:
Zwänge : Diagnose, Theorien und Behandlung /
Hans S. Reinecker. – 2. überarb. und erw. Aufl. – Bern ;
Göttingen ; Toronto ; Seattle : Huber, 1994
  (Aus dem Programm Huber: Praxis)
  ISBN 3-456-82528-5

2. überarbeitete und erweiterte Auflage 1994
© Verlag Hans Huber, Bern 1991/1994
Druck: Hubert & Co., Göttingen
Printed in Germany

Inhaltsverzeichnis

Vorwort

In den vergangenen Jahren ist eine deutliche Verbesserung der psychotherapeutischen Behandlungsmöglichkeiten für verschiedene psychische Störungen festzustellen; dies gilt für den Bereich spezieller Techniken ebenso wie für die Versorgung der Patientinnen und Patienten. Speziell der letztgenannte Aspekt der Versorgung ist allerdings noch alles andere als zufriedenstellend. Im Bereich der Gesundheitsversorgung sind für psychische Störungen noch viele Anstrengungen notwendig.

Patientinnen und Patienten mit Zwangs-Störungen haben in diagnostischer, theoretischer und therapeutischer Hinsicht bisher relativ wenig von neuen Entwicklungen profitiert. Gerade die *Behandlung* von Zwängen gilt nach wie vor als ein äußerst mühevolles Unterfangen. Die Schwierigkeiten im diagnostischen, theoretischen und therapeutischen Umgang mit Zwangspatienten zeigen sich nicht zuletzt daran, daß es (abgesehen von einem Selbsthilfebuch von Hoffmann, 1990) seit dem inzwischen längst vergriffenen Reader von Kallinke, Lutz & Ramsay (1979), in dem einige wichtige Originalarbeiten zur Theorie und Therapie von Zwängen übersetzt bzw. publiziert wurden, keine deutschsprachige Monographie gibt.

Der Autor hat sich mit dem vorliegenden Buch mehrere Ziele gesteckt:

- Zum ersten sollten Diagnostik, Theorien und Therapiemöglichkeiten von Zwängen möglichst klar und verständlich dargestellt werden. Dabei wurde auf die Berücksichtigung des neuesten Forschungsstandes ebenso geachtet, wie auf Befunde, die entsprechende Bedeutung für die Praxis besitzen.

- Damit im Zusammenhang steht zum zweiten der Anspruch, für klinische Praktiker Informations- und Handlungsgrundlagen bereitzustellen, die ihre eigenen Fähigkeiten zur Diagnostik und Therapie von Zwängen verbessern helfen. In gewisser Weise sollte die Abhandlung zur Ausbildung für Studierende und zur Weiterbildung für Praktiker nützlich sein.

- Drittens sollte die Abhandlung auch Probleme, Schwierigkeiten und Grenzen der Behandlung von Zwängen aufzeigen; dies geht zumeist über den technischen Bereich im engeren Sinne hinaus und betrifft Themen wie Motivation, Versorgungsstruktur von Patienten usw.

Theoretisch offene Probleme werden ebenso angesprochen wie Schwierigkeiten im konkreten Umgang mit Patienten.

- Letztlich sollte das Buch für Patienten wie Angehörige eine Quelle der Ermutigung sein: Mündige Patienten sollten die Möglichkeit besitzen, sich über diejenigen Theorien und Behandlungsmöglichkeiten zu informieren, die die Fachleute für sie entwickelt haben und bereithalten. Die Lektüre des Buches sollte ein realistisches Bild der Behandlungsmöglichkeiten vermitteln.

Um die angestrebten Ziele zu erreichen, wurde auf eine knappe, klare und verständliche Darstellung geachtet. Bei der Fülle möglicher Befunde war es stellenweise sehr schwierig, das richtige Maß zwischen Kürze und der notwendigen Differenziertheit zu finden. Die Abhandlung wurde an entsprechenden Stellen mit Beispielen aus der Praxis des Autors versehen. Einige Details wurden bei den Patientinnen und Patienten so verändert, daß die Anonymität gewahrt blieb. Manche der Details mußten erhalten bleiben – sie ließen sich in dieser Weise auch gar nicht anders erfinden. Es ist an dieser Stelle angebracht, den im Buch Erwähnten – und auch vielen anderen – Patientinnen und Patienten zu danken. Von vielen dieser Menschen können wir über Besonderheiten menschlichen Denkens und menschlichen Handelns lernen. Ich hoffe, daß einiges davon in diesem Buch transparent wird.

Eine weitere Vorbemerkung betrifft ein sprachliches Problem. Wenn im folgenden von «Zwängen» die Rede ist, so beziehen sich diese selbstverständlich immer auf weibliche *und* männliche Betroffene; bei der Behandlung sind andere Merkmale ausschlaggebend, als die bloße Geschlechtszugehörigkeit von Therapeut und Patient. Bei der Auswahl der Therapiebeispiele wurde allerdings darauf geachtet, daß sowohl Fälle von Patientinnen, als auch von Patienten berücksichtigt wurden.

Der Leser wird vielleicht einige ihm gängige Begriffe vermissen: Auf den Begriff der «Neurose» wurde in der gesamten Abhandlung ebenso verzichtet wie auf den Begriff des «Symptoms». Beide Kennzeichnungen sind überholt und im Lichte neuerer theoretischer Modellvorstellungen nicht mehr zielführend. Sehr sparsam wurde auch mit dem Begriff der «Zwangs-Persönlichkeit» umgegangen; an den entsprechenden Stellen des Buches erfolgt dazu eine Klärung der Position des Autors.

Die Zielgruppe des Buches sind Praktiker, Therapeuten und Studierende, aber auch, wie bereits angedeutet, Patienten und ihre Angehörigen; eine Rückmeldung von Vertretern dieser einzelnen Gruppen wäre für den Autor sehr erfreulich. Dies betrifft diagnostische, theoretische Anmerkungen und Kritik ebenso wie Hinweise und Ergänzungen aus der Praxis.

Bamberg, im März 1991 Hans S. Reinecker

Vorwort zur zweiten Auflage

Die 1. Auflage des Buches hat weitgehend positive Resonanz gefunden; insbesondere die Reaktionen von vielen Betroffenen zeigen, daß die Beschäftigung mit Zwängen offenbar einem wichtigen Anliegen entspricht. Damit sind wir meiner Einschätzung nach den im Vorwort der 1. Auflage formulierten Zielen durchaus ein Stück näher gekommen. Davon zeugen eine Zunahme wissenschaftlicher Publikationen zum Thema, aber auch Forschungsbemühungen und Kongresse, wissenschaftliche Tagungen und Symposien, die ganz oder teilweise dem Thema „Zwänge" gewidmet sind. Wissenschaftliche Beilagen der Tagespresse widmen den soziologischen, ökologischen, wirtschaftlichen und dermatologischen Aspekten des Waschens und dem psychologischen und psychotherapeutischen Problem des Waschzwanges einschlägige und fundierte Beiträge (z. B. „Neue Zürcher Zeitung" vom 23. 2. 1994).

In den wenigen Jahren, die seit der Erstauflage vergangen sind, gab es sicher keine revolutionären Erkenntnisse zum Thema, wohl aber ein paar Präzisierungen, Klärungen und Weiterentwicklungen. Diese werden in der Überarbeitung soweit möglich berücksichtigt. Zu nennen sind etwa Fragen der Abgrenzung von Zwängen zu anderen psychischen Störungen, Hinweise zu einem besseren theoretischen Verständnis von Zwangsstörungen (z. B. im Bereich kognitiver Modellvorstellungen, allgemeinpsychologischer Fundierungen, zum Thema der Unsicherheit und der Verantwortung und insbesondere zur emotionalen Verarbeitung als Grundlage für therapeutisches Handeln). Besonders erfreulich für Betroffene sind Klärungen im Bereich der Therapieforschung (differentielle Effekte) durch eine umfangreiche Meta-Analyse (v. Balkom, 1993). Die im Buch angeführten therapeutischen Strategien können zum gegenwärtigen Zeitpunkt als ausgesprochen bewährt, fundiert, und bei entsprechender Umsetzung auch als zielführend angesehen werden.

Erfahrungen aus zwei eigenen Studien sind ebenfalls mit in die 2. Auflage eingeflossen; dazu gehört eine Therapievergleichsstudie (Lakatos, 1994), sowie eine umfangreiche Follow-up Studie in Kooperation mit der Klinik in Windach (Reinecker et al., 1993; 1994). Den beteiligten Patienten, Therapeuten, den wissenschaftlichen Mitarbeitern und allen kooperierenden Einrichtungen gebührt mein herzlichster Dank.

All diese positiven Entwicklungen dürfen nicht darüber hinwegtäuschen, daß es im Bereich der Zwangsstörungen noch immer sehr viele offene Fragen gibt. Neben theoretischen Rätseln spielen Merkmale der *Umsetzung* konkreter Therapiemöglichkeiten im Makro-Kontext, Gesichtspunkte der *Motivation*, sowie des therapeutischen *Veränderungsprozesses* eine ganz herausragende Rolle. Im Vorfeld der Therapie oder auch im Bereich allgemeiner therapeutischer Strategien bleibt noch eine Menge zu tun. Dies macht die Beschäftigung mit Zwangsstörungen zu einer wissenschaftlichen und therapeutischen Herausforderung; eine gewisse Hoffnung kann man mit der Konvergenz therapeutischer Schulen in Richtung klinisch-psychologisch fundierten Handelns sehen. Es ist zu hoffen, daß sowohl diese Konvergenz, als auch unser zunehmendes Verständnis der Zwangsstörungen den betroffenen Patienten zugute kommt.

Ich möchte mich in erster Linie bei allen Patientinnen und Patienten bedanken, von denen ich im Verlaufe eines häufig schwierigen und schmerzvollen, oft aber auch erfreulichen und befreienden Therapieprozesses eine ganze Menge lernen konnte; viele Freunde, Mitarbeiter und Kollegen haben mit ihrer Kritik, ihren Rückmeldungen und konstruktiven Hinweisen wertvolle Beiträge geliefert, die in die Überarbeitung eingeflossen sind. Ihnen allen möchte ich auf diesem Wege meinen Dank übermitteln.

Bamberg, im Juli 1994   Hans S. Reinecker

X

0. Einleitung

> *Arzt:* Was macht sie nun? Schaut, wie sie sich die Hände reibt.
>
> *Kammerfrau:* Das ist ihre gewöhnliche Gebärde, daß sie tut, als wüsche sie sich die Hände; ich habe wohl gesehen, daß sie es eine Viertelstunde hintereinander tat.
>
> *Lady Macbeth:* Da ist noch ein Fleck ... Fort, verdammter Fleck! fort, sag ich! ... Wie, wollen diese Hände denn nie rein werden? ...
>
> *Arzt:* Diese Krankheit liegt außer dem Gebiete meiner Kunst ...
>
> *Lady Macbeth:* Wasch deine Hände, leg dein Nachtkleid an; sieh doch nicht so blaß aus. – Ich sage es dir noch einmal, Banquo ist begraben, er kann aus seiner Gruft nicht herauskommen.
>
> William Shakespeare: Macbeth

Verschiedene Erscheinungsformen zwanghaften Verhaltens sind jedem Menschen bekannt; dazu gehört das Zählen von Randsteinen, das Vermeiden, auf Fugen zu treten ebenso wie das Lesen von Autoschildern oder das Summen einer immer wiederkehrenden Melodie. Niemand würde verschiedene Gewohnheiten oder Rituale als pathologisch, als Störung, als behandlungsbedürftig usw. bezeichnen, im Gegenteil: Einzelne dieser Gewohnheiten erleichtern den Tagesablauf in hohem Maße und sie schaffen Freiraum für verschiedene kreative Tätigkeiten; Tages- oder Wochenrhythmen bilden eine Strukturierung, die Entscheidungen erleichtert oder sogar abnimmt.

Auch die *Inhalte* problematischer Zwangsgedanken, Vorstellungen und Bilder sind weiter verbreitet als früher angenommen; nach einer Untersuchung von Rachman & de Silva (1978) kommen verschiedene „absurde, schreckliche oder aufdringliche" Gedanken bei rund 90 Prozent aller Menschen vor. Dazu gehören aggressive Gedanken, sexuelle Vorstellungen und zum Teil als sinnlos erlebte Inhalte, wie das Denken an bestimmte Zahlen oder Verse. Von W. A. Mozart wird u. a. berichtet, daß ihm gelegentlich neue Melodien in den Sinn kamen, die ihn solange fesselten und nicht losließen, bis er sie niederschrieb. Fast alle Menschen können mit solchen Vorstellungen gut zurechtkommen; sie verlieren sich gewissermaßen im Strom des Bewußtsein. Einige wenige Menschen, die wir als Zwangs-Patienten bezeichnen, kommen von diesen Gedanken und Handlungen nicht mehr los: Gedanken über

1

die Tötung eines Kindes, über schuldhaftes Verhalten im Straßenverkehr oder über eigene oder fremde Verunreinigung werden so beherrschend, daß die Person ihren gesamten Tagesablauf darauf abstimmt. Viele dieser Patienten verbringen Stunden damit, sich zu waschen; sie kontrollieren stundenlang Schlösser, Haustüren, Lichtschalter usw. Die Gedanken und Verhaltensweisen sind zumeist mit größter Erregung, mit Angst und Unruhe verbunden. Dazu kommen verschiedene Befürchtungen über schreckliche Konsequenzen, wenn die Rituale nicht durchgeführt werden. Diese Befürchtungen sind einer rationalen Diskussion kaum zugänglich. Patienten leiden oft jahre- oder jahrzehntelang unter ihrer Problematik, so daß der Eindruck einer chronifizierten Störung naheliegt.

Andere Beispiele – oder zumindest Analogien – zwanghaft-ritualistischen Verhaltens kann man in religiösen Riten unterschiedlicher Kulturen beobachten. Tauf-, Beschneidungs-, Reinigungs- und Bestattungsrituale sind soweit ritualisiert, daß Abänderungen und Abweichungen von diesen Verhaltensmustern kaum möglich sind. Es ist Aufgabe der Kulturgeschichte und der Anthropologie, die Funktion und Bedeutung solcher Rituale für die Entwicklung von Individuum und Gemeinschaft zu analysieren. In der Kulturgeschichte gibt es für pathologisch zwanghaftes Verhalten eine Reihe von Beispielen (beschrieben z. B. bei Euripides, 480 bis 406 v. Chr.). Zwanghafte Eifersucht wurde von William Shakespeare (1564 bis 1616) in der Gestalt des Othello beschrieben, und das zwanghafte Händewaschen von Lady Macbeth nach der Ermordung von König Duncan kann wohl ebenfalls diesem Bereich zugeordnet werden. Diese und ähnliche Beispiele aus der Literatur – etwa auch die Novelle „Der Zwang" von Stefan Zweig – geben einen künstlerisch sensiblen und differenzierten Einblick in die Problematik. Für die klinisch- psychologische Betrachtung sollten diese Analogien zumindest als Hintergrund Berücksichtigung finden.

Die Beschäftigung mit Zwängen ist – neben verschiedenen anderen Schwierigkeiten – mit einem sprachlichen Problem verbunden: In verschiedenen Sprachen haben wir für *Zwänge* zumindest zwei verschiedene Begriffe: Im Englischen etwa bezeichnen *„Obsessions"* den Bereich von Zwangs-Gedanken, *„Compulsions"* die Zwangs- Handlungen. Fast alle Abhandlungen unterscheiden die beiden Bereiche bereits im Titel (z. B. „Obsessions and Compulsions", Rachman & Hodgson, 1980). Im Deutschen muß man sich zur Kennzeichnung dieser beiden Bereiche mit der etwas umständlichen Benennung „Zwangs-Gedanken", und „Zwangs-Handlungen" behelfen. Wenn von „Zwängen" die Rede ist, so sind immer beide Bereiche gemeint. Die deutschsprachige Ausdrucksweise wirkt zwar stellenweise sehr umständlich, wird aber aus Gründen der Korrektheit auch hier verwendet.

Diese Abhandlung über Zwänge klammert einen wichtigen Bereich aus, nämlich Zwangs-Störungen im Kindesalter; die Bearbeitung dieses Themas hätte zum einen die Berücksichtigung von entwicklungspsychologischen Aspekten verlangt, die den Rahmen des Buches sprengen würden. Zum anderen verfügt der Autor kaum über ausreichende praktisch-therapeutische Erfahrung in der Arbeit mit kindlichen Zwangs-Störungen. Diese Praxis wäre aber eine Voraussetzung, um die Diagnose, Theorien und Therapiemöglichkeiten entsprechend darzustellen. Es gibt in neuerer Zeit eine Reihe guter Darstellungen über Zwänge im Kindesalter, auf die an entsprechender Stelle des Buches verwiesen wird. Eine deutschsprachige Abhandlung dazu steht allerdings noch aus.

Die Überlegungen zu Theorien und zur Behandlung von Zwängen stellt eine echte Herausforderung dar. Für den Verfasser bildete dies mit eine Motivation für dieses Buch. Zwangspatienten können als Prototyp einer psychischen Störung angesehen werden: Der Patient leidet unter Gedanken und Handlungen, die er als sinnlos erkennt und gegen die er sich wehrt. Dennoch gelingt es ihm zumeist über Jahre und Jahrzehnte hinweg nicht, sich ohne Hilfe von seinen Problemen frei zu machen. Der Eindruck der Abnormität wird noch dadurch verstärkt, daß der Patient zumeist so bizarre und ungewöhnliche Gedanken äußert bzw. Verhaltensmuster an den Tag legt, daß dies für den Patienten selbst und für den Laien zunächst im höchsten Maße unverständlich wirkt. Dies unterscheidet andere psychische Störungen wie Ängste, Panikattacken, Depressionen, Eßstörungen, Alkoholismus usw. von Zwängen. Marks (1987) spricht in diesem Zusammenhang von „... Wahnsinn bei normalem Verstand ..." und meint damit die Tatsache, daß sich die betroffenen Patienten ihrer Problematik voll bewußt sind, ohne sich selbst aus der Verstrickung befreien zu können.

Allgemeinpsychologische und klinisch-psychologische Prinzipien helfen beim Verständnis für Zwangs-Störungen. Dies gilt für die Diagnostik und Theorienbildung ebenso wie, und dies ist für den Patienten das wichtigste, für eine zielführende Behandlung. Diese drei Bereiche bilden gewissermaßen das Kernstück des Buches. Daß dazu eine entsprechend klare Beschreibung, Überlegungen zur Epidemiologie und zum Verlauf sowie die Berücksichtigung von Effekten der Behandlung notwendig ist, versteht sich von selbst. Der letzte Teil des Buches bildet eine Art Ausblick und weist auf diejenigen Punkte hin, die es in Zukunft zu erforschen und zu klären gilt.

1. Beschreibung von Zwangsstörungen

Zwangsstörungen sind komplexe klinische Zustandsbilder, die einen Patienten (und dessen soziale Umgebung) zumeist massiv beeinträchtigen. Die in der Zwangsproblematik zentralen Vorstellungen, Handlungen und Rituale schränken den Lebensvollzug einer Person und ihren Spielraum in höchstem Maße ein.

Beispiel: Ein 27jähriger Patient war durch aufdringliche Gedanken, einen Unfall verursacht zu haben, so sehr beeinträchtigt, daß er seinen Beruf als LKW-Fahrer in den letzten Jahren nicht mehr ausüben konnte. Seine Frau bringt ihn anfangs mit dem Auto zur Therapie, weil er selbst so häufig umkehren und die Fahrstrecke kontrollieren würde, daß er diese nicht bewältigen könnte. Der Gedanke, jemanden verletzt zu haben oder schuld am Tod anderer Personen zu sein, ist für ihn so unangenehm, daß er Straßen und öffentliche Wege nach Möglichkeit meidet. Zu Hause führt er eine fast endlose Reihe von Kontroll- und Waschritualen durch: Er kontrolliert Lichtschalter, wischt Staubpartikel weg, wäscht sich nach einem speziellen Ritual usw. All dies beeinträchtigt den Patienten und seine Familie so sehr, daß er schließlich im Wege über den Hausarzt um eine Therapiemöglichkeit ersucht.

Zwänge werden in neueren Klassifikationsschemata (DSM III-R, vgl. APA 1987) als eine Untergruppe von Angststörungen klassifiziert (s. a. Steketee & Cleere, 1990; Stanley, 1992). Diese Einteilung erscheint insofern nicht ganz befriedigend, weil die von den meisten Zwangspatienten beschriebenen Emotionen nicht unbedingt als Ängste, sondern eher als innere Unruhe, als Anspannung, als Ärger usw. beschrieben werden (vgl. Rachman & Hodgson, 1980, die durchgängig von „anxiety/discomfort" sprechen, s. dazu Kap. 4.1).

1.1 Kriterien für Zwänge

Einee erste, relativ präzise Beschreibung von Zwangsphänomenen erfolgte bereits vor circa 150 Jahren (Esquirol, 1838). Der Berliner Psychiater C. Westphal beschrieb Zwangsstörungen Ende des vergangenen Jahrhunderts (1892) als eine verbreitete Störung; er wies bereits auf den Umstand des frühen Beginns, auf die Chronizität, auf die Unterscheidbarkeit von psychotischen Störungen und auf die Schwierigkeit der Behandlung hin. Seit den ersten klinisch-psychiatrischen Beschreibungen durch Jaspers (1913) bzw. K. Schneider (1925) gibt es hinsichtlich der zentralen Kriterien für Zwänge interessanterweise kaum Kontroversen.

Folgende drei Merkmale müssen für die Diagnose von Zwängen gegeben sein:

1. Der Patient berichtet über einen *inneren*, subjektiven *Drang*, bestimmte Dinge zu denken oder zu tun.

2. Die Person leistet zumindest einen gewissen *Widerstand* gegen den Gedanken bzw. gegen die Ausführung der Handlung.

3. Die Person besitzt *Einsicht* in die *Sinnlosigkeit* ihrer Gedanken und Handlungen (vgl. dazu auch DSM III-R, APA 1987; Rachman & Hodgson, 1980).

Als übergeordnetes Kriterium muß man klarerweise die deutliche Beeinträchtigung des Lebensvollzugs bei klinisch relevanten Zwängen anführen; diese ist bei harmlosen Zwängen des Alltags sicher nicht gegeben. Zwangsstörungen hingegen beeinträchtigen das berufliche, soziale und familiäre Leben in höchstem Maße (z. B. auch Freizeitverhalten; Genußerleben usw.).

So klar und einheitlich diese Kriterien prinzipiell erscheinen, so ist es in der Praxis häufig nicht einfach, das Vorliegen der Kriterien zu prüfen; für eine differentialdiagnostische Abgrenzung der Zwänge von schizophrenen Störungen ist u. U. folgende Tabelle hilfreich:

Tabelle 1: Kriterien von Zwängen: pragmatisch-differentialdiagnostische Unterscheidung von schizophren-wahnhaften Störungen.

Zwänge	*Schizophrenien*
Der Drang kommt von der Person selbst, d.h. von innen	Gedanken werden eingegeben, eine Stimme sagt mir: „Tu x …"
„Ich will das ja gar nicht tun, ich versuche mich zu wehren„	"Ich muß das tun, das ist mir aufgetragen …"
Patient distanziert sich von den Inhalten (ich-dyston)	Patient identifiziert sich mit den Inhalten (ich-synton)

Für die Prüfung der Kriterien empfiehlt es sich unbedingt, von Patienten eine ganze Reihe von Beschreibungen „aus erster Hand" einzuholen; die einzelnen Kriterien sind im Verlaufe der Störung üblicherweise deutlichen Schwankungen unterworfen, so daß es manchmal nicht einfach ist, das Vorliegen der Kriterien definitiv zu entscheiden. Ein

Beispiel bildet das Schwanken des Widerstandes mit der Chronizität des Zwanges.

Es gibt zwar einige beobachtbare und zum Teil objektivierbare Merkmale von Zwängen (exzessive Wiederholungen; Rituale); dennoch sind die entscheidenden Charakteristika von Zwängen subjektiver Natur (Lewis, 1936; Rachman & Hodgson, 1980) und deutlichen Schwankungen unterworfen. Eine Variation des Widerstandes etwa kann dazu führen, daß der Patient durchaus in der Lage ist, ein Zwangsritual zu verzögern oder aufzuschieben. Bemerkenswert sind dabei auch situationale Schwankungen, z. B. die Anwesenheit bestimmter Personen, in deren Gegenwart ein Ritual nicht ausgeführt wird. Bisherige empirische Befunde zeigen auch, daß der *Widerstand* bei aggressiven oder sexuellen Impulsen offenbar perfekt funktioniert (Rachman & Hodgson, 1980): Dies bedeutet, daß der Inhalt von aggressiven oder sexuellen Impulsen praktisch nie in die Tat umgesetzt wird (z. B. Verletzung eines Kindes mit einem Messer ...).

Ein spezielles Problem bildet bei einer Untergruppe von Zwängen das Kriterium der *Einsicht:* Wenn Patienten ihre Gedanken, Befürchtungen usw. in gewisser Weise für richtig und zutreffend halten, so bildet dies ein großes Hindernis für eine effiziente Behandlung (s. unten). Foa (1979) hatte dies als „overvalued ideation" bezeichnet. Rachman & Hodgson (1980) betrachten das Merkmal der Einsicht als ganz zentrales Kriterium; gemeint ist damit die prinzipielle Fähigkeit der Person, die Irrationalität des übertriebenen zwanghaften Verhaltens zu erkennen. Beispiel: „Ich muß meine Hände in bestimmter Weise reinigen, bevor ich zum Telefon gehe – ich weiß, das ist unsinnig, übertrieben, nicht notwendig ..., aber ich muß es tun".

Die Feststellung des Kriteriums der Einsicht gestaltet sich häufig deshalb als schwierig, weil Patienten auf einer speziellen Ebene häufig rationale Rechtfertigungen liefern (Beispiel: „Waschen wegen Schmutz, ... Infektionsgefahr ...").

1.2 Erscheinungsformen und Untergruppen

Die wichtigsten Erscheinungsformen von Zwängen sind *Zwangshandlungen* und *Zwangsgedanken;* in den meisten Fällen treten diese gemeinsam auf. Welner et al. (1976) berichten, daß dies in etwa 69 Prozent der Fall ist, daß rund 25 Prozent der Patienten über Zwangsgedanken ohne begleitende Handlungen berichten, und bei etwa 6 Prozent der Fälle führt der Patient ritualistische Handlungen aus, ohne daß ein gedanklicher Impuls berichtet wird. Die angeführten Zahlenangaben sind mit einer gewissen Vorsicht zu sehen: Zum einen beziehen sich die Daten auf Angaben von 150 stationär aufgenommenen

6

Patientinnen und Patienten, und zum anderen muß man auch bei Patienten mit angeblich „reinen" Zwangsgedanken von „neutralisierenden" Handlungen (zum Teil kognitiver, verdeckter Art) ausgehen.

Eine Analyse von insgesamt 616 Patientinnen und Patienten der Klinik in Windach (Reinecker et al., 1993) zeigt eine etwas andere Verteilung (s. Abb. 1): Hier überwiegen die Patienten mit Kontrollzwängen (42%), während im stationären Setting offenbar weniger Patienten mit reinen Zwangsgedanken zu finden sind, (12%), als dies der tatsächlichen Verteilung entspricht.

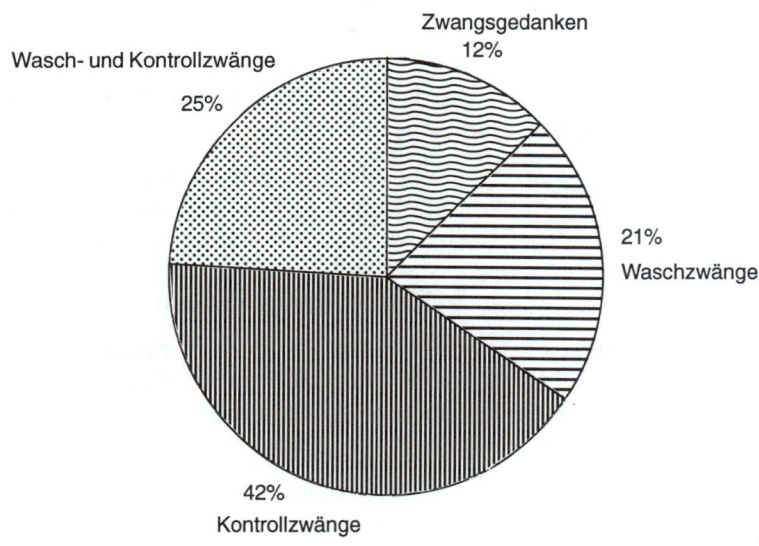

Abbildung 1: Verteilung von Untergruppen bei Zwangsstörungen

Zwangshandlungen sind üblicherweise beobachtbar und sie stellen zumeist exzessive Wiederholungen alltäglicher Verhaltensausschnitte dar. Kennzeichnend ist ferner, daß die Akte zumeist stereotyp ablaufen und den Charakter von Ritualen bekommen. Aus diagnostischen, nosologischen (s. unten) und therapeutischen Gründen ist es sinnvoll, *Waschzwänge* (= „cleaning") von *Kontrollzwängen* (= „checking") zu unterscheiden. In extremen Fällen eines Waschzwanges etwa kann das Ritual mehrere Stunden in Anspruch nehmen, so daß der gesamte Tagesablauf durch den Waschzwang bestimmt ist. Patienten haben dann einen enormen Seifen-, Wasser- und Handtuchverbrauch; sie können das Badezimmer stundenlang nicht mehr verlassen; sie beenden das Ritual zumeist in einer stereotypen Weise, z. B. indem sie bestimmte Akte mehrere Male (z. B. viermal oder siebenmal) realisiert haben.

7

Zwangsgedanken sind Bewußtseinsinhalte, über die der Patient keine Kontrolle besitzt und deren Inhalt beim Patienten Unruhe, Angst und Erregung auslöst. Die Person vermag sich diese Gedanken zumeist nicht zu erklären, erlebt sie als sehr störend, beeinträchtigend und sinnlos. Der Inhalt eines Zwangsgedankens besitzt häufig einen rationalen Kern (z. B. „… ist der Gasherd abgedreht …?"), das Ausmaß der Beeinträchtigung ist allerdings völlig exzessiv und übertrieben.

Als Inhalte stehen zumeist Themen von Beschmutzung und Ansteckung im Vordergrund, dazu kommen Themen der Gewalttätigkeit und Aggressivität, zum Teil auch religiöse und sexuelle Themen (vgl. Akhtar et al., 1975).

Innerhalb der Zwangsgedanken läßt sich folgende Untergliederung treffen (vgl. Rachman & Hodgson, 1980):

– *Zwanghaftes Zweifeln:* Dabei beschäftigt sich der Patient über lange Zeit hinweg mit Gedanken über eigene Handlungen und deren Folgen (z. B. „habe ich jemanden verletzt, als ich nach Hause gefahren bin?", „… war dort nicht ein Schatten, es hätte ein Verletzter gewesen sein können …?", „… ich sollte die Polizei anrufen …" usw.).

– *Zwanghafte Impulse:* Hierbei spürt der Patient einen subjektiven Drang, bestimmte Handlungen auszuführen, z. B. Fluchen in der Kirche, Schlagen oder Verletzen (z. B. Fallenlassen) eines Kindes usw.

– *Zwanghafte Vorstellungen/Bilder:* Gegen seinen Willen tauchen beim Patienten sehr unangenehme Vorstellungen auf, die er kaum oder überhaupt nicht beeinflussen kann, z. B. Horrorbilder einer Auto- oder Flugzeugkatastrophe, verwesende Leichen usw. (vgl. dazu de Silva, 1986, 1987).

Patienten mit rein gedanklichen Zwängen („obsessions") unterscheiden sich in verschiedenen Merkmalen von Patienten, bei denen auch Zwangshandlungen („compulsions") eine Rolle spielen (Arts et al., 1993): Patienten mit reinen Zwangsgedanken zeigen einen späteren Beginn der Störung, sie sind häufiger verheiratet, geringer in ihrem Lebensvollzug beeinträchtigt, sie nehmen allerdings auch häufiger Medikamente ein als Patienten mit Zwangshandlungen. Insgesamt sind diese Befunde sicher schwierig zu interpretieren, weil Patienten mit reinen Zwangsgedanken offenbar seltener zur Therapie kommen (u. a. wegen der geringeren Einschränkung und wegen der geringeren Besserungschancen).

Eine sehr seltene Form (deutlich weniger als 10%) von Zwängen bildet die sogenannte *„primäre zwanghafte Langsamkeit"* (Rachman,

1974; Rachman & Hodgson, 1980); das klinische Bild zeichnet sich dadurch aus, daß alltägliche Handlungen (z. B. Anziehen, Frühstücken usw.) extrem langsam und bedächtig ausgeführt werden. Das Verhalten eines Patienten mit primärer zwanghafter Langsamkeit wirkt auf den Beobachter wie ein Film, der in Zeitlupe vorgeführt wird. Von „primärer" Langsamkeit spricht man deshalb, weil die einzelnen Verzögerungen *nicht* die Folge eines speziellen Zwanges (z. B. Waschen oder Kontrollieren) darstellen, sondern weil die Alltagshandlungen selbst sehr lange Zeit in Anspruch nehmen.

Ein wichtiges psychopathologisches Merkmal aller Zwänge ist offenbar ein im Vergleich zu anderen Störungen extrem hohes Angstniveau (vgl. Turner et al., 1986) und – meist sekundär – ein hohes Maß an depressiver Verstimmung; dazu kommen zumeist allgemeine Nervosität, Irritiertheit, Unruhe, häufig auch eine Reihe körperlicher Beschwerden und eine extreme Selbstunsicherheit in Form von Zweifeln und Entscheidungsschwierigkeiten. Die Inhalte von Zwängen, die vielfache Interpretationen erfahren haben, gelten aus neuerer Sicht weder in diagnostischer, noch in nosologischer oder therapeutischer Hinsicht als irgendwie, bedeutsam. Die Inhalte von Zwängen sind durchaus psychodynamisch beschreibbar; eine noch so einleuchtende Beschreibung bildet allerdings keinen Ersatz für eine entsprechende Erklärung (vgl. Baer & Minichiello, 1986).

Fragen der Klassifikation (z. B. im DSM III-R) versus einer individuellen Verhaltensanalyse werden in Kapitel 3 besprochen; dort erfolgen auch Überlegungen zu differentialdiagnostischen Abgrenzungen und zur Komorbidität mit anderen klinischen Bildern.

Das folgende Kapitel 2 geht zunächst auf sogenannte Makro-Aspekte von Zwängen ein, nämlich auf Aspekte der Epidemiologie, des Verlaufs und der Nosologie von Zwängen.

2. Makro-Aspekte:
Epidemiologie, Verlauf und Nosologie

Abgesehen von den individuellen Merkmalen jedes Falles erscheint es hoch bedeutsam, die Häufigkeit, Verteilung und den Zusammenhang von Zwängen mit sozialen und demographischen Merkmalen zu beachten. Die dazu berichteten Befunde sind nicht nur für die Diagnostik und Theorienbildung von großem Interesse, sie geben uns auch Hinweise auf Erfordernisse in der klinischen Versorgung von Patienten mit Zwängen. Ähnliches gilt auch für Fragen des Beginns und des Verlaufs von Zwängen und für verschiedene nosologische Aspekte.

2.1 Epidemiologie: Inzidenz und Prävalenz

Verschiedene ältere Studien berichten eine Sechs-Monats-Prävalenzrate von 0,05 bis 0,1 Prozent (vgl. dazu die Zusammenfassung verschiedener Befunde durch Carey et al., 1980; Carey & Gottesman, 1981). Neuere epidemiologische Untersuchungen zur Prävalenz von Zwangsstörungen gehen von einer Sechs-Monats- Prävalenz zwischen 1 bis 2 Prozent aus (Weissman, 1985: 1,6 Prozent; Turns, 1985; Wittchen, 1986: 1,8 Prozent; Rasmussen & Tsuang, 1986; Rasmussen & Eisen, 1991, 1992). Zwangsstörungen sind damit ähnlich häufig wie Schizophrenien. Bisher vorliegende kulturvergleichende Studien (z. B. in Finnland, Indien, Hongkong, Ägypten, Uganda, in der Türkei, in Lateinamerika usw.) zeigen, daß die Häufigkeit in verschiedenen Kulturen ähnlich hoch liegt, daß allerdings Themen und Inhalte sehr unterschiedlich sind. Interessant sind insbesondere Veränderungen der Inhalte im historischen Verlauf: Während früher die Angst vor Seuchen im Vordergrund stand, wurde dies später durch Ängste vor Geschlechtskrankheiten und durch die Krebsängste abgelöst. In den letzten Jahren spielen Aids-Ängste als Inhalte von Wasch- und Kontrollzwängen verstärkt eine Rolle (vgl. Baer & Jenike, 1986).

Epidemiologische Studien zur Häufigkeit von Zwängen sind mit einer gewissen Vorsicht zu lesen: Zum ersten gibt es meines Wissens keine einzige Studie, die *allein* die Prävalenz oder Inzidenz von Zwängen untersucht hätte – die Erfassung von Zwängen erfolgt gewissermaßen als Nebenprodukt bei der Analyse von Angststörungen. Zum zweiten hängt die *erfaßte* Prävalenz nicht nur mit der Basisrate einer

Störung zusammen; gerade Zwangspatienten und ihre Angehörigen versuchen, ihre Probleme lange Zeit zu verbergen. Die offensichtlich höhere Prävalenzrate in den vergangenen Jahren mag auch mit effizienteren Behandlungsmöglichkeiten zu tun haben: Erst wenn Patienten eine Chance für die Besserung des Zwanges sehen, macht es Sinn, nach therapeutischer Hilfe zu suchen.

Letztlich hingen unterschiedliche Inzidenz- und Prävalenzraten nicht nur von unterschiedlichen Stichproben ab, sondern auch von unterschiedlichen Erfassungsinstrumenten und Kriterien für die Falldefinition und Dokumentation. Die Orientierung am DSM III-R (bzw. an standardisierten klinisch-psychologisch-psychiatrischen Erfassungsverfahren) ist sicher ein wichtiger Weg zur Bereinigung methodischer Ungereimtheiten. Insgesamt weisen aber die Prävalenzraten der Zwänge auf die enorme Bedeutung einer adäquaten Behandlung und Versorgung dieses doch extrem belastenden Zustandsbildes hin.

Geschlechtsverteilung

In älteren Studien über die Geschlechtsverteilung wird ein deutliches Übergewicht der Zwänge bei Frauen berichtet; dies reflektiert zum einen ein klassisches Vorurteil und zum anderen die selektiven Aufnahmestrategien psychiatrischer Institutionen, die Frauen bevorzugt aufnahmen (vgl. Beech, 1974). Frauen wurden möglicherweise auch aufgrund freier Betten eher aufgenommen (Männerstationen waren zum Teil eher mit Alkoholabhängigen belegt) und außerdem könnte die höhere Berufstätigkeit bei Männern ein Faktor gewesen sein, der eine stationäre Aufnahme verhindert hat.

In neueren Studien wurde versucht, mehr Daten zugrundezulegen und die oben genannten Fehler zu vermeiden; hier zeigen sich dann praktisch kaum noch Geschlechtsunterschiede (vgl. Black, 1974; Sturgis, 1984). Neuere Studien gehen von einem Verhältnis von 55 Prozent Frauen zu 45 Prozent Männern aus (Winkelmann, Rasche & Hohagen, 1994). Interessant ist allerdings, daß es sowohl im Beginn, als auch bei den Untergruppen von Zwängen deutliche Geschlechtsunterschiede gibt (s. dazu unten, Kapitel zur Nosologie).

Soziale Schicht

Ältere klinische Beobachtungen unterstellen eine Häufung von Zwangsstörungen in der Mittel- und Oberschicht; damit im Zusammenhang wurde auch eine höhere intellektuelle Differenziertheit bei Zwängen vermutet. Ebenso wie für die Geschlechtsverteilung wird

11

auch für die soziale Schicht heute eine *Gleichverteilung* angenommen (Rachman & Hodgson, 1980). Die in manchen Untersuchungen durchaus vorhandene höhere Intelligenz bei Zwangspatienten muß auch unter dem Aspekt gesehen werden, daß intellektuelle Differenziertheit, systematisches Denken, Ordnung usw. möglicherweise *auch* prädisponierende Faktoren für die Ausbildung von Zwängen darstellen. Weder Schicht- noch Intelligenzfaktoren können heute als differentiell bedeutsame Aspekte angesehen werden.

Familiäre Aspekte

Innerhalb von Familien lassen sich deutliche Häufungen des Auftretens von Zwängen finden (Torgersen, 1988); wichtig ist dabei zu berücksichtigen, daß diese Häufungen bei Verwandten ersten Grades von Zwangspatienten nicht unbedingt als *Zwänge* ausgeprägt sind, sondern zumeist verschiedene „neurotische" Störungen betreffen (vgl. Brown, 1942; Greer & Cawley, 1966). Bei Zwangsstörungen spielt eine genetische Transmission, verbunden mit anderen familiären Einflüssen, sicher eine zentrale Rolle (vgl. Torgersen, 1983). Rasmussen & Tsuang (1986) weisen darauf hin, daß 5 Prozent der Eltern von Patienten ebenfalls unter Zwängen litten. Wegen der geringen Inzidenzrate von Zwängen ist von Zwillingsstudien wenig Aufschluß zu erwarten; die bisher vorliegenden Zwillingsstudien unterstreichen den engen familiären Zusammenhang zwischen Zwangsstörungen und anderen Angststörungen. Bedeutsam wären in diesem Kontext sicher Adoptionsstudien und Langzeitstudien innerhalb familiärer Entwicklungen.

Die familiäre Häufung von Angst- und Zwangsstörungen ist im Prinzip bekannt; Ängste und Zwänge weisen auch eine Reihe von nosologischen Ähnlichkeiten auf (vgl. dazu Lo, 1967; Rasmussen & Tsuang, 1986; Turner & Beidel, 1988; Freitag & Fiegenbaum, 1992).

2.2 Verläufe bei Zwängen

Alter bei Beginn von Zwängen

Das Festlegen des *Beginns* der Störung erfolgt zumeist retrospektiv und bleibt damit fehlerbehaftet und bis zu einem gewissen Grad auch willkürlich; nur in den Fällen eines plötzlichen Auftretens der Störung (vorwiegend bei Wasch- und Reinigungszwängen) läßt sich das erste Auftreten einigermaßen klar festhalten.

Über alle Zwangsstörungen hinweg betrachtet liegt das Durchschnittsalter bei Beginn des Zwanges bei 23 Jahren; dies ist ein Befund, der in vielen unterschiedlichen Studien sehr einheitlich berichtet wird. Im Vergleich dazu liegt der Altersdurchschnitt bei Beginn von Angststörungen circa 10 Jahre höher (vgl. Rachman & Hodgson, 1980). Eine neuere Studie von Minichiello et al. (1990) an insgesamt 138 Patienten erbrachte deutliche Unterschiede im Alter des Erstauftritts bei verschiedenen Untergruppen:

Bei Frauen liegt der Beginn des Zwanges bei rund 25 Jahren, bei Männern etwa bei 20 Jahren; für diese Unterschiede sind zwei Hauptgründe geltend zu machen: Erstens liegt das Alter für den Beginn von Waschzwängen im Bereich von etwa 27 Jahren (für Männer bei durchschnittlich 22 Jahren), für Kontrollzwänge durchschnittlich bei 18 Jahren (für Männer bei 14 Jahren); zweitens ist es wichtig zu wissen, daß bei Waschzwängen Frauen und bei Kontrollzwängen Männer deutlich überrepräsentiert sind.

Zwänge sind somit Störungsbilder, deren Beginn in der Adoleszenz oder im frühen Erwachsenenalter liegt. Rund 95 Prozent aller Zwänge entstehen vor dem 40. Lebensjahr und ein *Beginn* nach dem 50. Lebensjahr wird so gut wie nie beobachtet (vgl. Black, 1974). Warum dies so ist, bleibt bis heute unklar. Im Zusammenhang mit dem frühen Beginn von Zwängen steht auch die hohe Rate von Nicht-Verheirateten: 50 Prozent der Patienten leben ohne festen Partner (zum Vergleich: 25 Prozent der Patienten mit Angststörungen sind Singles, vgl. Turner & Michelson, 1984). Diese hohe Rate von alleinlebenden Zwangspatienten ist zwar in erster Linie eine Funktion des Alters, hängt aber sicher in hohem Maße auch mit enormen Defiziten auf der sozialen und interpersonalen Ebene zusammen. Beech (1974) weist außerdem darauf hin, daß auch die Ehequalität bei verheirateten Zwangspatienten ausgesprochen schlecht beurteilt wird. Die letztgenannten Aspekte haben klarerweise negative Auswirkungen auf die Behandlungsmöglichkeiten von Zwängen.

Verläufe

Aus Gesichtspunkten der Forschung ebenso wie der Versorgung ist es wichtig zu wissen, daß nur ca. ein Viertel aller Patientinnen und Patienten mit schweren psychischen Störungen eine professionelle Therapie aufsuchen (Marks, 1993); über Beginn, Merkmale und Verläufe bei anderen Patienten – damit auch über Patienten, die *nicht* in Therapiestudien aufgenommen werden – wissen wir deshalb sehr wenig.

Waschzwänge und Kontrollzwänge weisen unterschiedliche Charakteristika des Beginns auf (vgl. Rachman & Hodgson, 1980). Waschzwänge beginnen zu etwa drei Viertel der Fälle sehr abrupt (die Patienten können sich zumeist sehr klar an den Tag bzw. an ein einschlägiges

13

Ereignis erinnern), und nur zu einem Viertel „schleichend". Kontroll-zwänge hingegen – wie erwähnt vorwiegend bei Männern und in recht jungen Jahren – beginnen in etwa zwei Drittel der Fälle „schleichend" und unmerklich bis hin zu einem Ausmaß, das für den Patienten und seine Umgebung schließlich unerträglich wird.

Sehr wichtig erscheint folgendes Verlaufsmerkmal bei Zwangspa-tienten: Die Personen versuchen ihre Problematik üblicherweise sehr lange Zeit zu verbergen, sie versuchen selbst damit zurandezukommen und suchen im Durchschnitt erst siebeneinhalb Jahre nach Beginn des Zwanges eine entsprechende Behandlungseinrichtung auf. Eine statio-näre Behandlung wird durchschnittlich erst 10,1 Jahre nach Beginn der Zwangsproblematik aufgesucht (Erlbeck & Gokeler, 1993). Dabei ist festzuhalten, daß diese Tatsache als Interaktion der Entwicklung eines Problems mit eklatanten Mängeln in der Struktur der psychoso-zialen Versorgung zu sehen ist. Viele Patienten nehmen etwa sehr weite Wege in Kauf, um eine Behandlungseinrichtung zu erreichen, weil es wenige Therapeutinnen und Therapeuten gibt, die sich in der Lage sehen, Zwänge effizient zu behandeln.

Als Beispiel sei die Krankheitskarriere einer Patientin angeführt, die mehr als 30 Jahre an einer ganzen Reihe von Zwängen litt:

Tabelle 2: Beispiel für eine Krankheitskarriere/Stationen auf dem Weg zur Therapie

14 Jahre:	Beginn eines massiven Waschzwanges
22 Jahre:	Hausarzt
22 Jahre:	Erster stationärer Aufenthalt, Nervenklinik, Medikation
24 Jahre:	Zweiter stationärer Aufenthalt, Nervenklinik, Medikation
29 Jahre:	Ambulante Psychotherapie/ein Jahr analytische Behandlung
30 Jahre:	Dritter stationärer Aufenthalt/Vorschlag einer Lobotomie
38 Jahre:	Aufenthalt in Kurklinik (ein halbes Jahr)
41 Jahre:	Aufenthalt in Kurklinik (ein halbes Jahr)
ca. 45 Jahre:	Beginn einer ambulanten klinisch psychologischen Langzeitbehandlung

Die enorme Verzögerung im Beginn einer effizienten Behandlung senkt nicht nur die Besserungschancen, sie bedeutet für den Patienten auch unvorstellbares Leid und eine enorme Beeinträchtigung für Fami-lie und Umgebung. Daß mit langen Krankheitskarrieren auch enorme Kosten für Patienten und Gemeinschaft verknüpft sind, sollte zumin-dest erwähnt werden.

Für viele psychische Störungen werden kritische Life-Events (z. B. Tod der Eltern, Unfälle, Krankheiten usw.) im Vor- und Umfeld als bedeutsame Faktoren genannt (vgl. Katschnig, 1980; Filipp, 1981). Bei Angststörungen geht man davon aus, daß kritische Life-Events bei rund 55 Prozent vor dem Auftreten der Störung vorliegen (vgl. Turner & Michelson, 1984). Auch für Zwänge wurde nach kritischen Life-Events gesucht, wobei die Zahlen offenbar etwas niedriger angesetzt werden müssen, nämlich im Bereich von etwa 30 Prozent der Fälle. Eine Studie aus Hongkong (Lo, 1967) etwa berichtet von Frustration und Überarbeitung als kritische Life-Events für Zwänge.

Life-Event-Studien generell und mit Bezug auf Zwänge im Speziellen bedürfen einer genaueren Betrachtung: Life-Event-Studien sind zumeist vom Auflösungsgrad her relativ „grobmaschig" und unspezifisch; wenn man die später ausgeführten – vor allem kognitiven – Ätiologiemodelle für Zwänge zugrundelegt (vgl. z. B. Salkovskis, 1989; s. a. Kap. 4), so muß man sagen, daß es nicht so sehr die Ereignisse an sich sind, die – spezifische oder unspezifische – Auslöser von Zwängen bilden. Man muß vielmehr davon ausgehen, daß Life-Events oder auch alltägliche Widrigkeiten in das gedankliche System einer Person passen, „wie ein Schlüssel zum Schloß". Erst die gleichsinnige Wirkung unterschiedlicher Variablen (u. a. auch Life-Events) führt dann dazu, daß sich eine Zwangsstörung auf einem klinisch relevanten Niveau ausbildet. In der klinisch-retrospektiven Erfassung finden sich bei praktisch allen Patienten *auch* Life-Events, die mit zur Ausformung des Zwanges beigetragen haben. Demzufolge setzen Rachman & Hodgson (1980) die Wahrscheinlichkeit von Life- Events als Auslöser für Zwänge auch deutlich höher an, nämlich im Bereich von 56 bis 90 Prozent. Dies entspricht in hohem Maße auch der klinischen Erfahrung; unklar bleibt allerdings die Frage der Spezifität von Life-Events und ihrer formierenden bzw. auslösenden Wirkung hinsichtlich der Zwangsstörungen.

2.3 Nosologie

Patienten mit Zwängen präsentieren zumeist eine ganze Reihe von Schwierigkeiten, die über die engere Problematik hinausgehen; dazu gehören Probleme in der Ehe und Partnerschaft, Schwierigkeiten im Beruf und in der Freizeitgestaltung. Dazu kommen meist noch psychopathologische Merkmale, insbesondere gravierende emotionale Verstimmungen bis hin zur Depressivität.

Für viele Patienten mit Zwängen ist es auch kennzeichnend, daß sie kaum von sich aus um Therapie ansuchen, sondern auf Drängen eines Partners oder der sozialen Umgebung (z. B. Arbeitgeber) Hilfe suchen. Die Patienten nehmen dabei durchaus eine oft weite und mühsame Anreise auf sich; dies ist nicht nur eine Folge der Versorgungsstruktur, sondern es kommt auch der Tendenz des Patienten zugute, seine Probleme selbst den nächsten Angehörigen gegenüber zu verheimlichen. Für eine effiziente Therapie bildet dies häufig eines der ersten Hindernisse.

Zwangs-Verhalten in der Kindheit ("prämorbide" Entwicklung)

Kindliche Zwänge sind ein eigenes Kapitel, das hier aus erwähnten Gründen nicht behandelt wird. Der interessierte Leser sei auf die einschlägige Literatur verwiesen (Rapoport et al., 1981; Rapoport, 1986; Last & Strauss, 1989; Flament & Rapoport, 1984; Flament et al., 1988; Milby, Wendorf & Meredith, 1993; Knölker, 1992).
Es wird allerdings häufig geltendgemacht, daß ritualistisches Verhalten in der Kindheit einen Prädiktor für die Ausformung von Zwängen darstellt. In einer Studie von Ingram (1961) gaben 64 von 86 Zwangspatienten an, daß sie vor der Pubertät solch ritualistisches Verhalten gezeigt hatten. Diese beeindruckend hohe Rate von möglichen Vorläufern zwanghaften Verhaltens im Erwachsenenalter wird durch einen Vergleich mit einer Kontrollgruppe von normalen Personen völlig belanglos: Hier zeigte sich, daß 20 von 30 befragten Personen einer normalen Stichprobe ebenso Angaben über ritualistisches Verhalten in der Kindheit machten. Ritualistisches Verhalten in der Kindheit ist äußerst verbreitet (vgl. verschiedene Schüttelreime, nicht auf Fugen zu steigen usw.), so daß zwanghaftes Verhalten in der Kindheit nosologisch gesehen für die Ausformung von Zwängen im Erwachsenenalter bedeutungslos ist.

Zwänge und Angststörungen

Es gibt eine lange Diskussion darüber, ob und inwiefern die Klassifikation von Zwängen unter den Angststörungen (im DSM III-R) gerechtfertigt ist; als wichtigste Gegenargumente lassen sich anführen (Montgommery, 1992):

a) Patienten mit Zwängen zeigen *nicht* die typische Angst, wie dies bei anderen Angststörungen (Panik, Agoraphobien, einfache Phobien ...) der Fall ist; die durchaus vorhandene Angst läßt sich eher

16

als Unruhe, als Gereiztheit, als Anspannung usw. bezeichnen (vgl. dazu Rachman & Hodgson, 1980: „anxiety/discomfort").

b) Die bei vielen Angstpatienten wirkungsvoll eingesetzten Anxiolytika (insbesondere Benzodiazepine) bringen bei Patienten mit Zwängen so gut wie keine Erleichterung; dies scheint ein weiterer Hinweis zu sein, daß die anxiolytische Medikation *nicht* den entscheidenden Wirkmechanismus von Angstverläufen bei Zwängen erfaßt.

c) Patienten mit Zwängen zeigen im Vergleich mit Angststörungen kaum Placebo-Reaktionen; des weiteren kann man zwar bei Ängsten, kaum jedoch bei Zwängen von einer vollständigen Besserung als Folge der Therapie ausgehen (s. Montgommery, 1992).

Abgesehen von diesen Aspekten gibt es fließende Übergänge zwischen Ängsten und Zwängen (wie dies auch im Titel mehrerer Bücher zum Ausdruck kommt, etwa Emmelkamp: „Phobic and obsessive-compulsive disorders", 1982 oder Marks: „Fears, Phobias, and Rituals", 1987 u. v. a. m.). Bei sehr vielen Patienten steht eine – zumeist nicht konkret zu benennende, allerdings in ihren Verhaltensauswirkungen massive – Angst im Vordergrund: Diese Angst bezieht sich auf Ereignisse, die eintreten könnten, wenn ein bestimmtes Zwangsritual *nicht* durchgeführt wird (z. B. Schuld am Tod von anderen Personen usw.). Die entscheidende nosologische und damit klassifikatorische Abgrenzung ist durch das Vorliegen von zwanghaften Gedanken und Ritualen zu treffen (Kriterien s. Kap. 1). Es ist durchaus möglich und sinnvoll, weitere Störungsmerkmale auf derselben oder anderen Achsen des DSM III-R festzuhalten.

Zwang und Depression

Viele Zwangspatienten berichten über depressive Verstimmungen; häufig ist sogar dieses depressive Zustandsbild der Anlaß für die Therapie. Rund ein Drittel der Zwangspatienten erfüllen zu Gänze die Kriterien für eine primäre affektive Störung (Coryell, 1981). Der psychisch-emotionale Zustand von Zwangspatienten wird häufig auch als Dysthymie, Dysphorie oder als reaktive Depression bzw. als Demoralisierung beschrieben; da auch die Komponente der Angst eine bedeutsame Rolle spielt, erscheint die Kennzeichnung als „Angst-Depression" zutreffend (vgl. Marks, 1987). Psychotisch-endogene Depressionen sind bei Zwängen offenbar extrem selten; auch die Suizidrate ist bei depressiven Zwangspatienten offenbar etwas niedriger als bei rein depressiven Patienten.
Der nosologisch enge Zusammenhang zwischen Zwängen und De-

pressionen hat in der Vergangenheit zu sehr vielen Spekulationen Anlaß gegeben; dies hängt damit zusammen, daß die depressive Verstimmung vor, während oder auch nach der Ausformung des Zwanges auftreten kann (Demal et al., 1992; Klein, 1993). Wenn man neuere Untersuchungen zur zeitlichen Abfolge zugrundelegt, ist die Wahrscheinlichkeit für die Abfolge: Zwang und dann Depression etwa dreimal so hoch wie umgekehrt (vgl. Turner & Beidel, 1988; Black & Noyes, 1990). Dies entspricht in etwa der Argumentation, daß die Dauer des Zwanges und die damit verbundenen Einschränkungen und Behinderungen sekundär zu Hilflosigkeit, Demoralisierung und Depressivität führen.

Das Bild wird u. a. dadurch verkompliziert, daß beide Störungsbilder zum Teil eng interagieren können, daß es aber auch eine Reihe von Fällen einer unabhängigen Entwicklung von Zwang und Depression gibt. Zu berücksichtigen ist, daß starke depressive Verstimmungen ein Hindernis für psychologische Therapieverfahren (Motivation!) darstellen (vgl. Zaworka & Hand, 1981; Hand & Zaworka, 1981) und daß die Verschlechterung des Zwanges im Sinne eine circulus vitiosus zu einer depressiven Verstimmung führt usw.

In klinisch-nosologischer Hinsicht ist es jedenfalls höchst bedeutsam, dem Merkmal der depressiven Verstimmung bei Zwangspatienten gezielte Aufmerksamkeit zu schenken; dabei bedarf es auch einer präzisen funktionalen Analyse der zum Teil schwankenden emotionalen Zustände innerhalb der Zwangsproblematik.

Zwang und Schizophrenie

Zusammenhänge zwischen Zwängen und Schizophrenien sind keinesfalls so eng, wie dies in der älteren psychopathologischen Literatur angenommen wurde; auch die Hypothese eines erhöhten Übergangs von Zwangsstörungen in ein schizophrenes Zustandsbild läßt sich aufgrund neuerer Befunde nicht halten. In einer Zusammenfassung von Studien an mehreren hundert Zwangspatienten liegt die Wahrscheinlichkeit bei 0 bis 3 Prozent (vgl. Black, 1974; Marks, 1987).

Insgesamt gesehen gibt es trotz mancher „bizarr" erscheinender Zwänge, die an schizophrene Symptome erinnern, keine direkte Affinität zwischen Zwängen einerseits und Schizophrenien andererseits; die Übergangswahrscheinlichkeit von Zwängen zu Schizophrenie ist im Vergleich zu anderen Störungen nicht prinzipiell erhöht.

Das Kriterium der *Einsicht* in die Sinnlosigkeit wurde in Kapitel 1 als ein entscheidendes Kriterium für das Vorliegen von Zwängen beschrieben; dieses Merkmal weist bei Zwangspatienten offenbar eine große Varianz auf. Eine Reihe von Patienten halten ihre Befürchtungen und die damit verbundenen Rituale *im Prinzip* für sinnvoll. Foa (1979) hat dies als „overvalued ideation" bezeichnet. Nach ihren und einer Reihe weiterer Befunde (vgl. Marks, 1987; Turner & Beidel, 1988) stellt dieses Merkmal ein großes Hindernis für eine effiziente Behandlung dar (s. dazu unten, Kap. 5). Dies hängt damit zusammen, daß beim Patienten wegen seiner Befürchtungen kaum die entsprechende *Motivation* für die zum Teil belastende therapeutische Behandlung vorliegt. Das entscheidende Merkmal bei „overvalued ideation" stellt allerdings nicht der Inhalt des Gedankens dar, sondern die Annahme des Patienten über die Richtigkeit seiner Befürchtungen. Es erscheint unbegründet, das Merkmal der „overvalued ideation" als einen Hinweis auf einen Übergang von Zwängen zur Schizophrenie zu betrachten.

Zwanghafte Persönlichkeitsstörung

Persönlichkeitsstörungen werden im DSM III-R (APA, 1987; dt. 1989) auf Achse II diagnostiziert. Als zentrale Kriterien gelten:

- emotionale Distanz und Zurückhaltung;

- Perfektionismus, übermäßige Ordnung;

- Verhaltenssteuerung durch strikte Regeln;

- Vorrang von Arbeit auf Kosten zwischenmenschlicher Aspekte;

- Schwierigkeiten im Treffen von Entscheidungen.

Die Behandlung von Persönlichkeitsstörungen erfordert eine Änderung struktureller Merkmale der Beziehungsgestaltung, von Schemata der menschlichen Interaktion (Guidano & Liotti, 1983; Liotti, 1993).
  Zwischen Zwangssyndromen (Achse I) und zwanghafter Persönlichkeitsstörung (Achse II) wird häufig ein enger Zusammenhang angenommen; Rasmussen & Tsuang (1986) etwa gehen davon aus, daß rund die Hälfte aller Zwangspatienten auch die Kriterien für eine zwanghafte Persönlichkeitsstörung erfüllen. Außerdem wird häufig postuliert, für die Entwicklung einer Zwangsstörung bilde eine prämorbid zwanghafte Persönlichkeitsstruktur eine Voraussetzung. Die empirischen Grundlagen für diese sicherlich plausible Annahme sind allerdings äußerst dünn (de Silva & Rachman, 1992).
  Insgesamt muß man sagen, daß sogar das zugrundeliegende Konzept umstritten ist (Pollak, 1979), was auch mit Problemen des Persönlichkeitskonstruktes ganz allgemein zusammenhängt; bisherige Studien zu Persönlichkeitsstörungen (zusammenfassend bei Fiedler, 1994) zei-

gen in den Befunden große Schwankungen (s. Ecker & Dehmlow, 1994) und bleiben damit sehr unbefriedigend, weil die Prüfung der Kriterien ein großes Problem darstellt.

Im Kontrast zu Zwangsstörungen werden Persönlichkeitsstörungen ich-synton erlebt (Beck & Freeman, 1990; Turkat, 1990). Patienten mit Persönlichkeitsstörungen kommen deshalb kaum mit dem Wunsch nach einer Veränderung des zwanghaften Musters zur Therapie; das Aufsuchen einer Therapie erfolgt in erster Linie vor dem Hintergrund einer depressiven Störung.

3. Diagnostik bei Zwängen: Vorgehen, Strategien und spezielle Probleme

Erstkontakt und Behandlung von Zwangspatienten kann für die Beteiligten ein ausgesprochen anstrengendes Unterfangen darstellen; angesichts der Dauer seines Problems, der damit verbundenen Beeinträchtigung und zumeist vieler erfolgloser Behandlungsversuche bringt der Patient dem Therapeuten ein durchaus verständliches Mißtrauen entgegen. Dieses Mißtrauen steigert sich nicht selten bis zur Feindseligkeit und zu aggressiven Äußerungen (Beispiel: „Ich weiß, Sie wollen mir helfen, aber geben Sie es doch zu, die Therapie hier bringt doch nichts ...“; „... Sie können das alles doch gar nicht verstehen!“ ...). Die angeführte Aggressivität ist zum Teil verständlich, speziell was die Belastung auf seiten des Patienten angeht; insgesamt gesehen stellt diese Aggressivität ein allgemeines Merkmal von Zwängen dar, und als Therapeut tut man gut daran, dieses Problem anzusprechen und zu versuchen, mit dem Patienten ein Angebot zum Umgang mit seinen Emotionen zu entwickeln (vgl. dazu unten: Behandlung und Rückfallsprävention).

Zwänge werden, wie bereits angeführt, im DSM III-R (APA, 1987) als eine Untergruppe der Angststörungen klassifiziert (vgl. Tab. 3). Diese Form der Klassifikation wird zum Teil als eine Verlegenheitslösung angesehen (vgl. Turner & Beidel, 1988; Freitag & Fiegenbaum, 1992). Dennoch gibt es eine Reihe von guten Argumenten, diese Zuordnung vorzunehmen.

Tabelle 3: Klassifikation der Angststörungen im DSM III-R (APA, 1987).

300.01 Panikstörung
    – unkompliziert
    – mit teilweiser phobischer Vermeidung
    – mit starker phobischer Vermeidung
300.02 Generalisierte Angststörung
    – primär
    – sekundär
300.21 Agoraphobie mit Panikattacken
300.22 Agoraphobie ohne Panikattacken
300.23 Soziale Phobie
300.29 Einfache Phobie
300.30 Zwangsstörung
308.30 Posttraumatische Belastungsstörung, akut
309.81 Posttraumatische Belastungsstörung, chronisch oder verzögert

Die Zuordnung ist z. B. für epidemiologische, für präventive und für theoretische Bemühungen von großer pragmatischer Bedeutung. Es muß aber darauf hingewiesen werden, daß die Kennzeichnung eines heterogenen Bereiches von Erlebens- und Verhaltensweisen als „Zwang" lediglich eine Art Kurzbezeichnung für dieses komplexe Muster darstellt; keinesfalls darf damit die Suche nach einer „Krankheitsentität" gemeint sein, die man mit der Vergabe des Etiketts „Zwang" möglicherweise als abgeschlossen betrachtet. Vor Beginn einer therapeutischen Intervention ist deshalb in jedem Falle eine *individuelle* Verhaltensanalyse auf unterschiedlichen Ebenen unabdingbar; dies bildet den Gegenstand des vorliegenden Kapitels.

3.1 Allgemeine Strategien der Problemanalyse

Die Aufgabe des Diagnostikers beschränkt sich nicht auf die simple *Feststellung* berichteter und beobachteter Denk- und Verhaltensmuster sowie emotionaler Ereignisse auf seiten des Patienten; im Rahmen der Verhaltensanalyse bildet der Therapeut Hypothesen, stellt Fragen, um diese zu prüfen, trifft Entscheidungen und dergleichen mehr. Der englischsprachige Begriff des *„assessment"* (vgl. Hersen & Bellack, 1976) gibt die mit diagnostischen Verfahren verbundene Beurteilungsfunktion deutlich besser wieder, als dies im Begriff der Diagnostik zum Ausdruck kommt. Wenn im folgenden von Verhaltens- und Problemanalyse die Rede ist, sollte dieser Aspekt des „assessment" im Hintergrund behalten und mit-gedacht werden.

Es gibt in der Zwischenzeit viele empirische Hinweise auf die Bedeutung der ersten Kontakte zwischen Patient und Therapeut; Unterstützung und Verständnis von seiten des Therapeuten scheinen dabei zentrale Elemente zu sein (vgl. Schindler, 1988, 1991; Schaap et al., 1993). Einige Überlegungen, die im speziellen für den Prozeß der Verhaltensanalyse bei Zwängen gelten, sollen im folgenden ausgeführt werden (vgl. Turner & Beidel, 1988):

1. Eine erste Schwierigkeit bildet die bisherige *Verheimlichung* des Problems; viele Patienten wenden größte Mühe auf, um ihre Gedanken und Handlungen selbst vor den engsten Familienmitgliedern zu verbergen. Diese Tendenz zur Verheimlichung hängt u. U. damit zusammen, daß Patienten Ablehnung fürchten, daß sie sich für ihre Gedanken und Handlungen schämen und dergleichen.

Beispiel: Eine 33jährige Patientin mit einem mehrere Jahre andauernden Zwang, ihren achtjährigen Sohn und den Ehemann mit einem Messer und anderen Gewaltgegenständen zu verletzen oder zu töten, verheimlichte dies, soweit es ging, sogar ihrem Ehemann gegenüber. Zeitungsberichte über Kindes- Tötungen oder Attentate schürten ihre panische Angst, ebenfalls verrückt zu sein; im klinischen Interview fiel es der Patientin äußerst schwer, die Gedanken zu äußern oder gar sich damit auseinanderzusetzen. Erst als der Therapeut ganz konkret bestimmte Gedanken benannte („... wenn Sie ein Beil oder einen Hammer in der Garage liegen sehen, dann denken Sie, Sie könnten Ihren Sohn damit töten ..."), konnte die Patientin über ihre Tötungsgedanken etwas freier sprechen.

Ein erster Schritt im Umgang mit dem Patienten kann durchaus darin bestehen, ihn eher unspezifische Aspekte schildern zu lassen, z. B. körperliche oder psycho-physiologische Beschwerden, Schwierigkeiten im Beruf, in der Familie usw., um langsam zum zentralen Thema der Beschwerden zu kommen.

2. Mit dem genannten Problem im Zusammenhang ist eine weitere Besonderheit für die diagnostische Erfassung von Zwangshandlungen und Zwangsgedanken zu nennen: Zwangs-Patienten haben im Verlaufe der Entwicklung ihrer Problematik zumeist eine lange Geschichte von Kritik, Ablehnung und zum Teil massiver Bestrafung hinter sich; all dies hat nicht dazu geführt, daß der Patient von seinen Zwängen ablassen konnte, im Gegenteil: Im Laufe der Jahre kam es zu immer beeinträchtigenderen und zum Teil auffälligeren Zwängen. Die Rolle der Bestrafung bei der Aufrechterhaltung von Zwängen bedarf im Abschnitt über theoretische Modelle noch einer ausführlichen Erörterung.

Beispiel: Ein 16jähriges Mädchen mit einem massiven Ordnungszwang brauchte mehrere Stunden, wenn sie sich abends zur Ruhe begab; Toilettenutensilien, Kleider, Schuhe, Schul- und Spielsachen mußten in bestimmter Weise geordnet werden, was jeweils mehrere Stunden in Anspruch nahm. Die Eltern und die zwei Geschwister machten sich darüber lustig, sie unterbrachen die Patientin mehrfach und kritisierten sie massiv für ihr Verhalten. Der Ordnungszwang war dem Mädchen selbst äußerst peinlich und unangenehm, und es war ihr auch unangenehm, im Erstgespräch – zu dem sie die Eltern gedrängt hatten – darüber zu sprechen, weil sie ähnliche Kritik und Unverständnis erwartete wie von ihrer Umgebung.

Ein zielführender Umgang mit dieser Verheimlichung und mit der Angst vor Kritik und Bestrafung verlangt vom Therapeuten, die *richtigen* Fragen zu stellen; dies ermöglicht es dem Patienten, von seinen bisherigen Strategien der Vermeidung des Themas abzugehen. Vom Therapeuten erfordert dies eine möglichst exakte Kenntnis des Zustandsbildes von Zwängen, d.h. einerseits der *Theorie* und andererseits möglichst konkrete *Erfahrung* im Umgang mit Zwängen. Dies schafft die Voraussetzung dafür, daß der Patient Vertrauen gewinnt, weil er rasch merkt, daß dem Therapeuten das klinische Zustandsbild von Zwängen und die damit verbundenen Schwierigkeiten nicht unbekannt sind.

Einen wichtigen Aspekt der funktionalen Analyse bildet die Erfassung alltäglicher externer Stimuli, die vom Patienten nicht vermeidbar sind; diese tragen zur Entwicklung und zur Aufrechterhaltung sowie zur Ausweitung der Zwangsstörung kontinuierlich bei (s. Ristvedt et al., 1993): Der tägliche Haushalt, die Notwendigkeit von Berührungen, damit verbundene Verunreinigungen, Waschen, aber auch unvermeidbare Kontrollen und insbesondere unkonkrete und in der Zukunft liegende Befürchtungen („... was könnte alles passieren ...?") lösen entsprechende Beunruhigung, Angst und Vermeidungsrituale aus. Eine Schwierigkeit bei der Beobachtung des täglichen Verhaltensablaufs ist mit aktuellen Vermeidungen des Patienten gegeben, die eine direkte Beobachtung ausschließen; dazu kommen noch Probleme der kognitiven Vermeidung, die der Patient nur aus der Innensicht berichten kann.

Innerhalb der Exploration des Problems sollte der Therapeut äußerst aufmerksam sein, wenn der Patient über Zwangsgedanken und Zwangshandlungen spricht; Veränderungen in der Stimmlage, in der Haltung, im Gesichtsausdruck usw. können wichtige Hinweise auf die emotionale Bedeutung eines Themas bilden.

3. Viele Patienten mit Zwängen kommen auf Anraten oder Drängen von Dritten (Ärzte, Partner ...). Im Verlaufe der Exploration zeigen viele Patienten ein hohes Ausmaß an *Ambivalenz*, ob und in welcher Form sie eine Behandlung beginnen sollten. Diese Ambivalenz und der Zweifel des Patienten muß als weiteres charakteristisches Merkmal von Zwängen betrachtet werden. Vielen Patienten ist ihr Verhalten zwar unangenehm und es schränkt sie auch entsprechend ein; auf der anderen Seite verlangt Therapie *Veränderung*, die für viele Patienten ein ebenfalls riskantes Unternehmen mit unsicherem Ausgang darstellt. Ein typisches Beispiel für das Zögern von Patienten stellen Versuche dar, mit dem Therapeuten Ziele und Strategien auszuhandeln: Patienten äußern etwa den Wunsch, daß nur bestimmte Zwänge oder andere nur teilweise behandelt werden sollten.

In dieser Situation ist es wichtig, dem Patienten eine möglichst verständliche *Erklärung* über die mögliche Genese und über die Therapie von Zwängen im allgemeinen und in seinem speziellen Fall anzubieten. Nach verschiedenen Erfahrungen und empirischen Befunden ist diese kognitive Vorbereitung im Sinne der Vermittlung eines plausiblen Ätiologiemodells (Reinecker, 1987) eine notwendige – wenn auch noch nicht hinreichende – Voraussetzung für eine effiziente Behandlung von Zwängen (ähnliche Befunde liegen für

Angststörungen vor, vgl. Margraf & Schneider, 1990; Fiegenbaum, 1986; Marks, 1987). Wenig sinnvoll ist es allerdings, mit dem Patienten in Verhandlungen betreffend eine teilweise Behandlung seiner Zwänge einzutreten; wir erklären dem Patienten in dieser Situation die Gefahr eines Rückfalls bei unvollständiger Behandlung (vgl. dazu Rachman, 1989) und die Notwendigkeit einer Auseinandersetzung mit dem Thema der Zwangsgedanken und Zwangshandlungen (vgl. dazu Kap. 5). Als Strategie bietet sich an, dem Patienten unter Umständen mehrere Wochen *Zeit* zu lassen, damit er selbst eine Entscheidung trifft; es hat wenig Sinn, die Ambivalenz des Patienten dadurch zu „überspringen", daß man den Patienten zur sicherlich aufwendigen und zum Teil auch belastenden Therapie drängt oder gar zwingt. Als Entscheidungs*hilfe* kann und sollte eine möglichst genaue Klärung seines Problems, der verschiedenen Alternativen und eine möglichst hohe Transparenz im therapeutischen Prozeß dienen.

4. Besondere Beachtung bedürfen von Anfang die Erfassung des Problems und die verschiedenen Strategien eines Patienten zur *Manipulation* seiner Umgebung; dafür sensibel zu sein ist u. a. deshalb sehr wichtig, weil solche manipulativen Tendenzen sich auch auf den Therapeuten beziehen können. In sehr subtiler Form spielen solche Strategien im klinischen Interview und bei der Exploration eine wichtige Rolle.

Beispiel: Eine 45jährige Frau mit etwa 30 Jahre andauernden exzessiven Wasch- und Reinigungszwängen hatte ihre gesamte Familie in die Zwangsproblematik mit einbezogen: Jedesmal, wenn sie mit der erwachsenen Tochter und dem achtjährigen Sohn nach Hause kam, mußte die gesamte Familie alle Kleider wechseln und duschen. Bei der Patientin selbst nahmen die Reinigungsrituale mehrere Stunden in Anspruch; die Tochter hatte auch alle Erledigungen auf sich zu nehmen, die die Patientin aufgrund ihrer Zwänge nicht mehr tätigen konnte. Im ersten Gespräch versuchte die Patientin in durchgehender Weise die Geschichte des Zwanges aus ihrer eigenen Sicht zu erzählen; sie schweifte auf Details ab und vermied es beharrlich, auf Fragen des Therapeuten hinzuhören, geschweige denn darauf einzugehen. Bei Unterbrechungen reagierte sie mit Ungeduld, mit immer lauter werdendem Sprechen bis zum Schreien. Erst eine vertragliche Vereinbarung über das Gesprächsverhalten und entsprechende Kontingenzen des Therapeuten (bis zum Verlassen des Raumes) schufen eine entsprechende Basis für das Interview. Eine weitere Strategie der Manipulation war das Ersuchen an den Therapeuten und an die Ko-Therapeutin, sie doch bald zu Hause aufzusuchen, weil sie dann alles viel leichter schaffen könnte.

Der Umgang mit manipulativen Strategien ist insbesondere dann schwierig, wenn – z. B. im Rahmen stationärer Behandlung – mehrere Therapeuten mit dem Patienten arbeiten. In vielen Fällen stellt die Manipulation des Patienten *eine* Strategie im gesamten Vermeidungspuzzle dar. Diese Vermeidung zieht sich nicht selten in den Therapieverlauf hinein, z. B. durch Umgehen bestimmter Übungen, durch Vergessen von Aufgaben zwischen den Sitzungen oder durch Vermeiden der direkten Konfrontation mit einschlägigen Stimuli (z. B. Berühren von Türgriffen mit dem Ellbogen, Tragen von Handschuhen usw.). Auch der Umgang mit manipulativen Strategien verlangt vom Therapeuten einschlägiges Wissen und entsprechende Erfahrung. Dies bildet den Hintergrund für ein echtes Verständnis gegenüber der schwierigen Situation des Patienten und für ein entsprechend konsequentes und effektives therapeutisches Vorgehen.

3.2 Zur Erfassung des Zwangs: Ebenen und Instrumente

In der klinischen Psychologie hat sich die Erfassung von Störungen auf mehreren Ebenen als sinnvoll erwiesen und durchgesetzt; Zwänge sollten auf der Verhaltens-, der kognitiven und der psychophysiologischen Ebene erfaßt werden. Dies entspricht auch dem System-Modell menschlichen Verhaltens, wie wir es kürzlich dargestellt haben (Kanfer, Reinecker & Schmelzer, 1990).

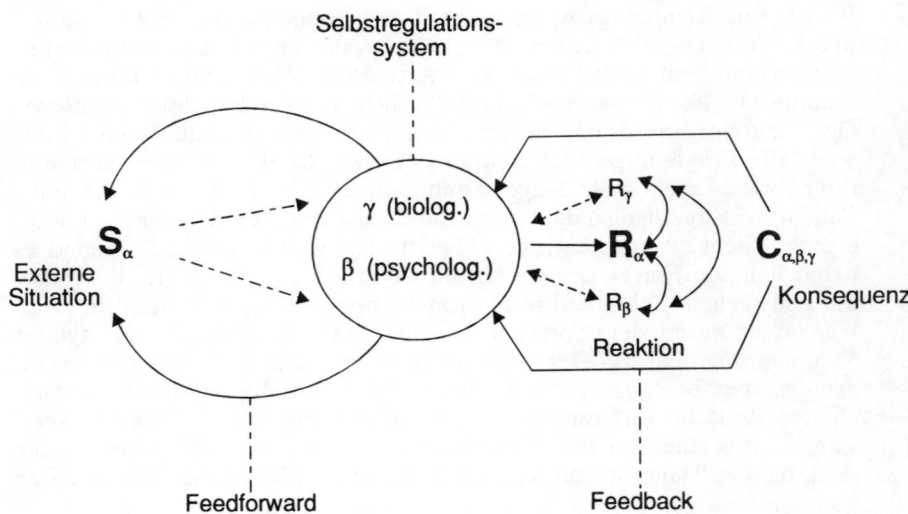

Abbildung 2: System-Modell menschlichen Verhaltens. Aus: Kanfer, Reinekker & Schmelzer (1990, S. 32).

Diese Trennung in verschiedene Ebenen ist aus theoretischen und systematischen Gründen wichtig; bei der Erfassung der Zwangsproblematik sollte der Therapeut diese Ebenen gewissermaßen im Hinterkopf behalten, auch wenn einzelne Informationen nicht systematisch getrennt eingeholt werden. Die einzelnen Möglichkeiten der Informationsgewinnung in der klinisch-psychologischen Diagnostik sind in verschiedenen Lehrbüchern dargestellt (Hersen & Bellack, 1976; Schulte, 1976; Reinecker, 1987, Kap. 2; Baumann & Perrez, 1990).

Das *klinische Interview* dient in den meisten Fällen als wichtigste Informationsquelle über verschiedene Ebenen und Facetten von Zwängen; diese einschlägige Informationsgewinnung aus erster Hand des Patienten ist sicherlich in mehrerer Hinsicht ausgesprochen wertvoll:

- Zum ersten wird damit Information über den Zustand des Patienten eingeholt, auch über Schwierigkeiten und Probleme, die mit seiner Störung zusammenhängen.

- Zum zweiten liefert das Interview Hinweise auf Probleme, wie sie in Kapitel 3.1 besprochen werden, etwa Aspekte der Verheimlichung, der Manipulation, der Vermeidung usw. Dazu gehören auch Fragen der Motivation, etwa warum der Patient gerade jetzt (und nicht ein Jahr früher oder später) kommt und warum er gerade zu uns kommt und nicht in eine Klinik geht usw.

- Drittens stellt das Interview die Modalität für den weiteren therapeutischen Verlauf dar; die Schaffung einer vertrauensvollen und tragfähigen Therapeut–Patient- Interaktion bildet eine wichtige Grundlage für das gesamte therapeutische Vorgehen.

Die zentrale Aufgabe des klinischen Interviews besteht in der möglichst präzisen Klärung des Problems des Patienten und dessen Bedingungen, der Verläufe und Schwankungen (s. System-Modell). Im Sinne eines trichterartigen Fragens (vgl. Kanfer, Reinecker & Schmelzer, 1990, Teil II, Phase 3) wird der Therapeut zunächst eher allgemeine Fragen nach dem Problem und dessen Umfeld stellen, z. B.: „Frau Dr. X hat Sie überwiesen, können Sie mir zunächst Ihre Beschwerden schildern ...". Nach verschiedenen Fragen eher groben Auflösungsgrades steht vermehrt die Klärung konkreter Verhaltensweisen, Denkprozesse und deren situativer Einbettung im Vordergrund, etwa: „Könnten Sie mir genau beschreiben, was Sie tun, wenn Sie Ihr Bad betreten, bitte ganz der Reihe nach ..." oder weiter: „Oder wenn Sie die Seife weglegen, was denken Sie dann ..." und „... könnten Sie mir diese Unruhe/Angst ein bißchen beschreiben, das ist wie ...?" usw.

Das klinische Interview bildet eine optimale Möglichkeit für eine direkte *Beobachtung* von Zwangshandlungen und Zwangsgedanken, die auch *während* oder am Rande der Exploration eine Rolle spielen; Beispiele dafür bilden Patienten, die einen Türgriff nicht oder nur mit besonderer Vorsicht berühren können oder eine Patientin, die nach dem Interview nicht in der Lage ist, dem Therapeuten die Hand zu geben, weil dieser seinen Stift, der auf den Boden gefallen war, aufgehoben hatte.

Zur differentialdiagnostischen Abklärung der Problematik sind verschiedene Fragen zu stellen, die hier (in Anlehnung an Baer & Minichiello, 1986) angeführt werden. Als Therapeut muß man sich dabei weder an den Wortlaut, noch an die Reihenfolge halten; wichtig ist allerdings, daß keiner der Bereiche übersehen wird:

- Spezifikation der Zwangsgedanken und Rituale (anhand der oben angeführten Kriterien für Zwänge).

- Klärung der Situationen, in denen Rituale auftreten; dazu gehört auch eine Erfassung beschwerdefreier Situationen.

- Erfassung von Fluktuationen und Schwankungen der Beschwerden (Ängste, Befürchtungen, Rituale).

- Klärung derjenigen Bereiche, die durch die Zwänge vermieden werden, z. B. Arbeitssituation, Sozialkontakte, Freizeitverhalten usw.

- Versuch einer Identifikation von gedanklichen Auslösern der Ängste und Rituale.

- Erstellung einer Hierarchie von Ängsten, die die einzelnen Gedanken und Situationen auslösen.

- Klärung derjenigen Erwartungen und Befürchtungen, die der Patient mit seinen Gedanken verbindet; Frage an den Patienten, was seiner Auffassung nach passieren würde, falls er die Rituale unterläßt.

- Klärung der familiären und partnerschaftlichen Interaktion; Frage nach den Konsequenzen einer Veränderung für das familiäre und partnerschaftliche System.

- Klärung und Erfassung anderer psychopathologischer (z. B. depressiver) Zustände; Identifikation von weiteren Problem- bzw. Misch-Zuständen.

Es ist für viele Patienten ungewohnt und zum Teil anstrengend, ihre Problematik in der Exploration so detailliert und konkret zu beschreiben. Der Therapeut sollte den Patienten frühzeitig darauf hinweisen, daß es nicht die Aufgabe des Erstgesprächs sein kann, alle Fragen und Details seines Problems endgültig zu klären. Diagnostik erfolgt vielmehr kontinuierlich, auch im Verlauf der therapeutischen Sitzungen (vgl. therapiebegleitende Diagnostik). Nach ein paar Stunden (Sitzungen) sollte jedoch hinreichend Information für die Erstellung eines hypothetischen Bedingungsmodells, für die Erklärung an den Patienten und für den Entwurf eines ersten Therapieplanes vorliegen.

Die Erfassung von Zwängen ausschließlich auf dem Wege über das klinische Interview weist neben all den genannten Vorteilen auch Probleme und Beschränkungen auf:

Zum einen ist zu berücksichtigen, daß es sich jeweils um Berichte *über* das Verhalten, über Kognitionen und Emotionen handelt und nicht um Verhalten, Kognitionen und Emotionen selbst. Diese Berichte sind den bekannten Verzerrungen unterworfen.

Zum anderen ist die Situation des Interviews von der Alltagssituation eines Patienten stark unterschiedlich, so daß die Probleme, deretwegen ein Patient kommt, unter Umständen deutlich in den Hintergrund treten; viele Patienten fühlen sich in der Interviewsituation, in der Klinik oder in der Ambulanz „sicher", sie sind nicht durch ihre Zwangshandlungen und -gedanken belastet.

Eine Konsequenz dieser beiden Umstände muß für den Interviewer sein, nach Möglichkeit auch auf die *direkte Beobachtung* in der natürlichen Situation zurückzugreifen; dies verlangt auch vom Therapeuten das Verlassen der für ihn sicheren Situation und eine entsprechende Flexibilität im Umgang mit entsprechenden anderen Situationen.

Beispiel: Bei der Erfassung einer zwanghaften Kontrolle eines 28jährigen Patienten im Straßenverkehr suchte der Therapeut schon am Ende des Erstgespräches verschiedene belebte Straßen und Plätze auf; dabei standen sowohl situationsspezifische Fragen nach konkreten Gedanken und Befürchtungen, als auch eine erste Verhaltensbeobachtung in der natürlichen Situation im Vordergrund. So war es etwa wichtig zu erfahren, unter welchen Bedingungen der Patient die Straße überqueren konnte, welche Kontrollen verhaltensmäßiger und gedanklicher Art er einbaute, wie er sich auf dem Gehsteig bewegte usw.

Gegen die direkte Verhaltensbeobachtung läßt sich einwenden, daß dies relativ aufwendig ist; dazu muß man festhalten, daß die entsprechende Information über konkretes Verhalten eines Patienten diesen Aufwand in jedem Falle rechtfertigt (man müßte das Argument des hohen Aufwandes vermutlich den einschlägigen Vermeidungsstrategien des Therapeuten zuordnen).

Ein zweiter Einwand betrifft die reaktiven (zum Teil therapeutischen) Effekte der Fremdbeobachtung; es trifft insbesondere für Kontrollzwänge zu, daß die Kontrollen in Anwesenheit des Therapeuten nicht in dem exzessiven Maße auftreten (weil der Patient die Rolle der Kontrolle, d.h. Sicherheit herzustellen, teilweise an den Therapeuten abgibt). Auf der anderen Seite schafft die direkte Beobachtung eine erste Möglichkeit der Konfrontation des Patienten mit einer schwierigen Situation und ist damit sicher im Sinne der übergeordneten therapeutischen Strategie.

Eine wichtige Funktion bei der präzisen Erfassung des Ablaufs von Zwängen bilden Möglichkeiten der Selbstbeobachtung und Selbstaufzeichnung des Patienten. Damit werden verschiedene Ebenen und Funktionen (s. Hand, 1992) von Zwängen transparent. Anleitungen zur Selbstbeobachtung dienen auch zur Motivierung des Patienten für Übungen zwischen den therapeutischen Sitzungen, sie machen ihn mit dem funktionalen Modell vertraut und sie stellen einen ersten Schritt zur Selbstkontrolle und zum zukünftigen Selbstmanagement seines Problems dar. Dabei stellt es sich als günstig heraus, dem Patienten ein einfaches Schema vorzugeben, in das er die relevanten Ereignisse eintragen kann (de Silva, 1987; de Silva & Rachman, 1992).

Beispiel:

Situation	Gedanken/ Verhalten	Angst/ Unruhe (0–100)	Ritual
Orte, Zeit, anwesende Personen etc.			
z. B. Betreten einer Apotheke Di., 17 Uhr Begleitung durch Mutter ...	Angst, ich könnte etwas anrichten .. gehe um das Regal mit Babynahrung in weitem Bogen ... (Dauer/Häufigkeit).	ca. 80	Rückversicherung bei Mutter: „Habe ich etwas Falsches gemacht ..?"

Gedankliche Zwänge sind klarerweise nicht so einfach beobachtbar und auch vom Patienten in der therapeutischen Situation nur schwer berichtbar; hier bietet es sich besonders an, daß der Patient den Inhalt der Gedanken, Befürchtungen usw. im Detail zu Hause notiert (s. a. therapeutische Effekte!).

Inventare und Skalen

Zum Zwecke der Diagnose, zur Erfassung des Verlaufs und für Belange der Forschung (z. B. zur Behandlungsevaluation) wurden in der Vergangenheit einige Inventare entwickelt, die sich als recht brauchbar herausgestellt haben.

Das gängigste Instrument bildet das Maudsley Obsessional-Compulsive Inventory (MOC; Hodgson & Rachman, 1977). Das MOC enthält 30 Items, die im Wege des Selbstberichtes einen allgemeinen Überblick über die Zwangsproblematik liefern. Der Patient hat bei jedem Item anzugeben, ob die betreffende Aussage für ihn zutrifft (R/F, siehe Anhang). Das MOC enthält vier Subskalen zur Differenzierung einzelner Untergruppen von Zwängen, nämlich Kontrollieren, Reinigen, Langsamkeit und Zweifeln.

Es ist wichtig festzuhalten, daß Hodgson & Rachman (1977) die Skala speziell zum Zweck einer differentiellen Abgrenzung von Zwängen einerseits und anderen neurotischen Störungen andererseits entwickelt haben; im MOC werden außerdem in erster Linie _beobachtbare_ Zwangsrituale und weniger Zwangsgedanken erfaßt. Die Retest-Reliabilität des Instruments erscheint allerdings sehr befriedigend (r = 0,89; vgl. Rachman & Hodgson, 1980). Ähnlich wie andere Instrumente wurde das MOC ins Deutsche übersetzt und wird hier auch verwendet (siehe Anhang). Dazu ist zu sagen, daß eine Prüfung der Gütekriterien für die deutschsprachige Fassung noch aussteht.

Das zweite gängige Instrument ist das Leyton Obsessional-Compulsive Inventory (LOI; Cooper, 1970). Das LOI ist ebenfalls eine Selbstberichtsskala, besteht aus 69 Items (ursprüngliche Fassung mit 60 Items), die mit „Ja" oder „Nein" zu beantworten sind (siehe Anhang). Im Falle einer zustimmenden Beantwortung werden zu jedem Item weitere Informationen eingeholt, nämlich das Ausmaß, in dem die Person das betreffende Verhalten als unsinnig ansieht (Fünf-Punkte-Skala) und den Grad, in dem Gedanken und Verhalten eine Behinderung des allgemeinen Lebensvollzugs darstellen (Vier-Punkte-Skala).

Im Vergleich zum Maudsley-Fragebogen werden im LOI bevorzugt _Zwangsgedanken_ und damit verbunden Einstellungen bzw. Persönlichkeitsmerkmale abgefragt; aus diesem Grunde bildet das LOI eine optimale _Ergänzung_ zum MOC. Der etwas höhere Aufwand (speziell Zwangspatienten haben häufig größte Schwierigkeiten, sich bei einzelnen Fragen zu entscheiden!) rechtfertigt sich m. E. durch das Vorliegen einzelner Testgütekriterien (vgl. dazu Rachman, Marks & Hodgson, 1973; Turner & Beidel 1988).

Die verschiedenen Instrumente zur Erfassung zwanghaften Verhaltens und von Zwangsgedanken dienen dem Praktiker als sehr sparsames Screening: So ist es etwa nützlich, einem Patienten nach dem Erstgespräch einen Fragebogen (MOC, LOI ...) mitzugeben, den dieser zu Hause ausfüllen und zurückschicken bzw. zur nächsten Stunde mitbringen kann. Therapeut und Patient ersparen sich damit, viele Fragen zu stellen und in Diskussionen zu geraten, die unter Umständen zu wenig zielführend sind. Als Therapeut hat man die Möglichkeit, sowohl einen allgemeinen Score zu ermitteln, als auch bei einzelnen Items nachzufragen und verschiedene detaillierte Informationen einzuholen. So gesehen stellen die verschiedenen standardisierten Instrumente sehr nützliche therapierelevante Informationen bereit.

In neuerer Zeit wurden weitere Inventare entwickelt, die sich zum Zweck der funktionalen Analyse, aber auch zur Erfassung des Therapieverlaufs und des Ergebnisses als ausgesprochen zielführend herausgestellt haben.

Im Hamburger Zwangs-Inventar (HZL, Zaworka et al., 1983; Klepsch & Hand, 1992) werden dem Patienten 188 Items vorgegeben, die er im Hinblick auf seine Beeinträchtigung beantworten sollte. Die Items lassen sich 6 Dimensionen zuordnen (z. B. Kontrollen, Waschen, Gedanken ...). Eine Schwierigkeit des HZI ist mit der Länge und der damit für den Patienten verbundenen Belastung gegeben; deshalb wurde eine Kurzform mit 72 Items entwickelt (Klepsch et al., 1992). Die Durchführung des HZI konfrontiert den Patienten bereits mit schwierigen Situationen, so daß dies eine gewisse Hürde für die Durchführung darstellt.

In Italien wurde von Sanavio (1988) das „Padua Inventory" (PI) entwickelt, das inzwischen weitere Verbreitung und Prüfung der Gütekriterien erfahren hat (siehe v. Oppen, 1992).

Besondere Bedeutung besitzt schließlich die Yale Brown Obsessive Compulsive Scale (Y-BOCS, Goodman et al., 1989). Hier werden vom Interviewer die für den Patienten relevanten Situationen vorgegeben und vom Patienten gemeinsam mit dem Untersucher nach Schwierigkeit, Beeinträchtigung und dem Ausmaß von Angst/Unruhe beurteilt. Besonders zur Änderungsmessung des Verlaufes stellt dieses Instrument als eine Kombination von Selbst- und Fremdrating eine wertvolle Hilfe dar. Die Gütekriterien für die Y-BOCS wurden in unabhängigen Untersuchungen von Kim et al. (1989) sowie von Fals-Stewart (1992) geprüft und sind insgesamt als zufriedenstellend anzusehen.

Zum Zwecke einer Beurteilung des Therapieverlaufs und der Effektivität einer Behandlung (sowohl im Einzelfall als auch zur allgemeinen Evaluation) stellen sich verschiedene Rating-Skalen als ausgesprochen brauchbar heraus. Eine dieser Skalen wurde von Kozak, Foa & McCarthy (1988) entwickelt; die Skala geht auf verschiedene ähnliche Rating-Instrumente anderer Kliniken und auf Zwänge spezialisierter Behandlungseinrichtungen zurück. Die Rating-Skala wird üblicherweise vom Patienten, vom Therapeuten und nach Möglichkeit von einem unabhängigen Beurteiler ausgefüllt. Aufgabe des Raters ist es, zunächst die drei wichtigsten Ängste/Befürchtungen anzugeben. Auf einer Skala soll dann angegeben werden, wie stark jede Angst beunruhigt, ängstigt und aufregt (s. dazu Anhang). Für jede der Ängste und Befürchtungen soll zusätzlich angegeben werden, in welchem Ausmaß die Person die entsprechende Situation vermeidet.

In einem dritten Schritt erfolgt eine Beurteilung über das Ausmaß ritualistischen Verhaltens bzw. der Gedanken. Dabei sollte der Rater einen Vergleich mit dem angenommenen normalen Durchschnittsverhalten vornehmen. Diese Beurteilung des „normalen" Verhaltens bildet für manche Patienten große Schwierigkeiten. Dies hängt zum einen damit zusammen, daß vielen Patienten ein Maßstab für ein normales Ausmaß (z. B. für Waschen, Kontrollieren usw.) verlorengegangen ist. Allerdings ist die Frage, was normales Verhalten ausmacht, gerade in der klinischen Psychologie nicht eindeutig und nur unter Berücksichtigung verschiedener, auch normativer Gesichtspunkte (Kriterien) zu beurteilen.

Foa et al. (1983) berichten eine Interrater-Reliabilität zwischen unabhängigen Beurteilern von 0,92 bis 0,97. Andere Ratings (vgl. Watson & Marks, 1971) erreichten eine Interrater-Reliabilität zwischen Therapeut, Patient und unabhängigen Beurteilern im Bereich von 0,82 bis 0,89. Diese Gütekriterien müssen insgesamt als ausgesprochen befriedigend angesehen werden.

Die alternative Erfassung von Häufigkeit und Dauer eines Rituals hat gewisse Vorteile: Zum einen wird der Schweregrad eines Rituals und zum anderen die zeitliche Dauer erfaßt (z. B. 20 mal mit der Seife die Hände waschen vs. 65 Minuten im Bad zum Händewaschen verbringen). Diese und ähnliche Ratingskalen sind insbesondere dazu geeignet, situative Auslöser von Zwangsritualen und die damit verbundenen Beeinträchtigungen exakt zu identifizieren; dies ist insbesondere aus therapeutischen Gründen höchst relevant. Die Validität der einzelnen Ratingverfahren ergibt sich zumeist aus ihrer Brauchbarkeit zur Therapieverlaufskontrolle.

Resumé

Die Notwendigkeit einer mehrdimensionalen Erfassung von Zwängen auf unterschiedlichen Modalitäten steht außer Frage.

Notwendig ist auch ein Rückgriff auf Möglichkeiten der Selbstbeobachtung und Selbstregistrierung; dies verbessert die Qualität der Angaben über Verhalten in verschiedenen Situationen; Bedenken, daß dies bei Zwangspatienten nicht realisierbar sei, erscheinen aus praktischen Erfahrungen kaum gerechtfertigt (vgl. dazu auch Mavissakalian & Barlow, 1981; de Silva, 1987; de Silva & Rachman, 1992).

Diagnostik der familiären Interaktion

Vor allem bei gravierenden und langandauernden Zwängen greift das Verhalten und die Befürchtungen des Patienten massiv in das familiäre

Leben ein; sehr viele Patienten sind nicht mehr in der Lage, öffentliche Verkehrsmittel zu benutzen, viele müssen von Familienangehörigen zur Therapie begleitet werden.

Beispiel: Im Falle der oben geschilderten 45jährigen Patientin (Frau M.) wurden zwei der drei Kinder und zum Teil auch der Partner in die Waschzwänge miteinbezogen; nach jedem Verlassen des Hauses und den damit verbundenen Kontaminationen (Berühren von Geld, von Türen, Händeschütteln usw.) mußten nicht nur die Patientin, sondern auch die erwachsene Tochter und der Sohn alle Kleider wechseln und duschen. Da der Partner sich weigerte, diese Rituale mitzuvollziehen, trennte sich die Patientin mit dem Rest der Familie von ihm und zog in eine eigene Wohnung. Die Patientin wurde auch jedesmal ca. 80 Kilometer zur Therapiesitzung chauffiert, was für die Tochter großen zeitlichen Aufwand und entsprechende Einschränkungen nach sich zog. Außerdem mußten die Therapietermine nicht nur mit der Patientin, sondern auch mit der Tochter und mit ihrem schulpflichtigen Sohn koordiniert werden. Gravierend kam noch dazu, daß die Patientin von ihrer Familie auch finanziell abhängig war und nur geringe Chance bestand, diese Situation jemals grundlegend zu ändern.

Es ist in der Praxis sicher nicht einfach, die familiäre/partnerschaftliche Einbettung von Zwängen exakt zu bestimmen; im Verlaufe von Jahren haben sich zumeist subtile Muster der Unterstützung und der gegenseitigen Abhängigkeit ausgebildet, die im Wege eines Interviews und einer kurzen Beobachtung nur schwer in ihrer Komplexität zu erfassen sind. Für den Therapeuten ist eine sensible Berücksichtigung von problematischen familiären Interaktionen, die zur Aufrechterhaltung eines Zwanges beitragen, unabdingbar (s. a. Hand, 1992). Gerade wenn Teile der Intervention zu Hause durchgeführt werden (s. u. Kap. 5) und bei der Generalisierung von Therapieeffekten in die häusliche Umgebung spielen solche Interaktionsmuster möglicherweise eine entscheidende Rolle. Aus pragmatischen Gründen sind deshalb sporadische Kontakte mit Familienangehörigen angezeigt; ob eine aufwendige Familientherapie im Sinne einer Veränderung der familiären Interaktion vor oder als Ergänzung zur Therapie des Zwanges notwendig und zielführend ist, erscheint im Lichte einschlägiger Befunde zumindest fraglich (vgl. Emmelkamp, 1986).

Exkurs: Psychophysiologische Merkmale bei Zwängen

Die Erfassung einer psychischen Störung wäre ohne die Analyse der physiologischen und somatischen Ebene (Gamma-Variable; Kanfer, Reinecker & Schmelzer, 1990) unvollständig. Patienten mit Zwängen beschreiben üblicherweise auch eine ganze Reihe von somatischen und psychophysiologischen Beschwerden (Unruhe, Gehetztheit, diffuse Schmerzzustände usw.). Speziell bei massiven Waschzwängen fällt zumeist auch eine gravierende Veränderung der Haut an den Händen auf (zumeist eine starke Rötung ...).

Bei der Analyse des Ablaufs eines Zwangsrituals werden häufig einzelne „grobe" psychophysiologische Reaktionsmuster erfaßt, wie dies auch bei der Analyse von Ängsten üblich ist (z. B. Herzrate, PGR, Atmung ...). So wurde u. a. der Vermutung nachgegangen, daß diese Parameter in Abhängigkeit von der Kontamination, dem Ritual bzw. der Vermeidung, starken Schwankungen unterworfen sein müßten. Dieser Vermutung liegt die Annahme zugrunde, daß die Rituale durch eine Reduktion von Angst/Unruhe (auch auf der physiologischen Ebene) aufrechterhalten würden (s. dazu Kap. 4.1: Theoretische Modelle).

Es gibt eine Reihe von Untersuchungen, die diesen Fragen und Vermutungen nachgegangen sind (zusammenfassend bei Turner & Michelson, 1984; Turner & Beidel, 1988; Sartory, 1989, 1992); man muß sicher festhalten, *daß* psychophysiologische Reaktionsmuster im Verlaufe des Zwangsrituals eindeutig identifizierbar sind. Diese Muster sind auch deutlichen *Schwankungen* unterworfen (z. B. während der Vorstellung einer Konfrontation, während der realen Kontamination, während des Rituals usw.).

Die angesprochenen Schwankungen einerseits und individuelle Reaktionsmuster andererseits lassen zum gegenwärtigen Zeitpunkt eine zusammenfassende Beurteilung der Rolle psychophysiologischer Parameter für den Verlauf und für die Aufrechterhaltung von Zwängen nicht zu. Als Kliniker ist man jedoch gut beraten, den psychophysiologischen Parametern auf *individueller* Basis gezielte Aufmerksamkeit zu schenken; für die Planung einer Intervention ist es sehr wohl bedeutsam, welche Ausprägungen sich in welchen Phasen des Ablaufes eines Zwangsrituals zeigen bzw. in welcher Form diese Muster abklingen.

Als Übergang zu ätiologischen Modellen sollen einige psycho- und neurophysiologische Aspekte besprochen werden, die üblicherweise als spezielle Determinanten von Zwängen geltendgemacht werden; es sind dies

a) psychobiologische Aspekte, insbesondere der Dexamethason- Suppressions-Test,

b) Schlafstudien sowie

c) neuropsychologische und neurophysiologische Besonderheiten.

Die einzelnen Befunde können hier nur sehr knapp und zusammenfassend dargestellt werden; für eine detaillierte Beschäftigung wird auf die einschlägige Spezialliteratur verwiesen.

ad a) Psychobiologische Untersuchungen

Für verschiedene emotionale – insbesondere depressive – Störungen wird eine Dysfunktion von neuroendokrinen Funktionen angenommen; eine Strategie des Nachweises besteht im sog. Dexamethason-Suppressions-Test (vgl. Turner, Beidel & Nathan, 1985; Zohar & Insel, 1987). Den Versuchspersonen wird im Standardverfahren um 11.00 Uhr abends ein Milligramm Dexamethason oral verabreicht; bei Personen ohne psychiatrische Störung bleibt in der Folge der Plasma-Cortisol-Spiegel für 24 Stunden abgesenkt. In rund 40 bis 60 Prozent der depressiven Patienten zeigt sich dieser Unterdrückungseffekt nicht; interessanterweise gilt dies auch für ca. 30 bis 40 Prozent von Zwangspatienten (Insel et al., 1982, 1984). Viele Forscher sehen darin die Vermutung bestätigt, daß Depressionen und Zwängen – trotz des unterschiedlichen klinischen Erscheinungsbildes – ein ähnliches biologisch-biochemisches Substrat zugrundeliegt. Bei näherer Betrachtung zeigt sich aber, daß auch andere psychische Störungen ähnliche Reaktionsmuster im Dexamethason-Suppressions-Test zeigen; dies läßt nach Turner & Beidel (1988) die Vermutung zu, daß eine Veränderung des Cortisolspiegels möglicherweise eine allgemeine Streßreaktion darstellt.

Ein anderes, gewichtiges Argument betrifft ebenfalls biochemische Ähnlichkeiten von Zwängen und Depressionen: Die Wirkung von trizyklischen Antidepressiva (Clomipramin, Desipramin) setzt bei zwei Neurotransmittern an (Norepinephrin und Serotonin). Es gilt als nachgewiesen, daß eine funktionelle Erschöpfung dieser Neurotransmitter mit depressiver Stimmung zusammenhängt; eine Hauptfunktion der Wirkung von trizyklischen Antidepressiva besteht nun darin, die Resorption der Transmitter in der neuronalen Synapse zu verhindern. Die für die Reizleitung wichtigen Neurotransmitter bleiben damit in der Synapse erhalten.

Die Beteiligung neurobiologischer Mechanismen, insbesondere des Neurotransmitters Serotonin, erscheint bei der Entstehung von Zwängen mittlerweile gesichert (s. Insel, 1992; Hohagen, 1992). Dabei wird immer wieder auf die Wirksamkeit von selektiven Serotonin-Reuptake-Hemmern (SSRI) verwiesen, was gleichzeitig ein biologisches Argument für die nosologische Nähe von Zwängen und Depressionen erstellt. Neben diesen Medikamentenstudien stützen auch erste tierexperimentelle Modelle die Serotonin-Hypothese (Olivier, 1992).

Sehr vorsichtig hinsichtlich der psychobiologischen Mechanismen zeigt sich Sartory (1992); sie stellt die biologischen und neurophysiologischen Besonderheiten keineswegs in Frage, ist allerdings hinsichtlich der ätiologischen bzw. theoretischen Einordnung der Befunde sehr zurückhaltend.

Genaugenommen haben einzelne Bestandteile von Antidepressiva sehr unterschiedliche Wirkungen auf das Neurotransmittersystem; für Zwänge haben sich insbesondere Medikamente mit serotonerger Wirkung als besonders brauchbar herausgestellt. Bereits in den achtziger Jahren gibt es eine Reihe von Studien, die die Serotonin-Hypothese durchaus stützen (z. B. Ananth, 1985, 1986; Zohar & Insel, 1987). Die damit verbundenen Hoffnungen auf eine wirkungsvolle medikamentöse Therapie von Zwängen im Wege über trizyklische Antidepressiva haben sich jedoch zum einen wegen uneinheitlicher Befunde auf der Ebene der Grundlagenforschung und zum anderen wegen verschiedener problematischer Nebenwirkungen nicht erfüllt (vgl. Turner & Beidel, 1988).

ad b) Schlafstudien

Für Zwangspatienten werden im Vergleich mit Normalen veränderte Schlafmuster geltend gemacht (Insel et al., 1982). So zeigt sich in Schlafstudien bei Zwangspatienten ein verflachtes, häufig unterbrochenes und vom Patienten als nicht ausreichend berichtetes Schlafmuster. Zusätzlich zeigt sich auch eine Reduktion von raschen Augenbewegungen (REM-Schlaf) sowie ein verringerter Tiefschlaf (Stufe 4).

Alle Befunde zu den Schlafstudien sind schwierig zu interpretieren: Zum einen weisen rund die Hälfte der Zwangspatienten auch depressive Störungen auf, so daß die veränderten Schlafmuster unter Umständen durch die Depression (mit-) bedingt sein könnten. Zum anderen könnte die Prozedur der Schlafstudie (in einem fremden Bett zu schlafen, Benutzung einer fremden Toilette und Bad, Anlegen von Elektroden usw.) für viele Zwangspatienten einen massiven Streßfaktor bilden, so daß veränderte Schlafmuster des oben beschriebenen Typs wenig verwunderlich sind (vgl. Turner, Beidel & Nathan, 1985). Unabhängig von der Ursache problematischer Schlafmuster sollte man aber in der Praxis dem Merkmal gestörten Schlafes bei Zwangspatienten (u. a. auch in der Veränderungsmessung) gezielte Aufmerksamkeit schenken.

ad c) Neurophysiologische und neuropsychologische Besonderheiten

Aus den verschiedenen neuropsychologischen Untersuchungen werden zwei herausgegriffen: Boone et al. (1991) fanden bei 20 Patienten mit Zwängen im Vergleich zu 16 Personen der Kontrollgruppe vor allem Unterschiede im visuell- räumlichen und im visuellen Gedächtnis; hinsichtlich der „frontalen" Fähigkeiten, also des verbalen Gedächtnisses, der Aufmerksamkeit und der Intelligenz fanden sich keine Unterschiede. Interessant ist dabei, daß sich bei Patienten mit einer familiären Häufung von Zwangsstörungen die neuropsychologischen Beeinträchtigungen noch deutlicher zeigen. Die gefundenen Defizite weisen auf Störungen im Bereich der Basalganglien und der rechten Hemisphäre hin, wie dies neuerdings auch in Untersuchungen von Zwangspatienten mittels Positions-Emissions-Tomographie (PET) sowie in Magnetresonanzuntersuchungen gefunden wurde. Die Frage einer generellen Aufmerksamkeitsstörung bei Zwängen wird in der Literatur allerdings unterschiedlich gesehen (s. Insel et al., 1983).

Zielinski et al. (1991) untersuchten 21 Patienten mit Zwangsstörungen und verglichen diese mit 21 parallelisierten normalen Personen hinsichtlich neuropsychologischer Besonderheiten. Beeinträchtigt waren bei den Patienten vor allem die visuell- räumliche Erinnerung und das Wiedererkennen; dies deutet auf Defizite in der non- dominanten Hemisphäre oder der subkortikalen Verarbeitung hin.

Zwangspatienten beschäftigen sich sehr intensiv und lange Zeit mit bestimmten Inhalten und zeigen dabei auch ein kontinuierlich erhöhtes Erregungsmuster; Beech (1974) hatte darauf hingewiesen, daß dieses erhöhte Arousal die Person für rasche und stabile Konditionierungsprozesse anfällig macht. Damit in engem Zusammenhang steht die Vermutung spezieller Informationsverarbeitungsprozesse (s. dazu auch Kap. 4, theoretische Modelle). Zum Nachweis solch problematischer Informationsverarbeitungsprozesse wurden u. a. Untersuchungen zu EEG-Mustern (insbesondere evozierte Potentiale) herangezogen (vgl. Sartory, 1989).

Die Befunde dazu erscheinen ausgesprochen uneinheitlich und schwer zu interpretieren; der interessierte Leser wird dazu auf die einschlägige Literatur verwiesen (vgl. Shagass et al., 1984; Turner, Beidel & Nathan, 1985; Sartory, 1989, 1992).

Zusammenfassend zu den psychophysiologischen Merkmalen bei Zwängen läßt sich folgendes festhalten:

Zum Zweck der Klärung *ätiologischer Faktoren* besitzen psychophysiologische Untersuchungen mit Sicherheit größte Bedeutung. Die einzelnen Befunde sind jedoch so heterogen, daß ihnen für differentialdiagnostische Belange nur untergeordnete Bedeutung zukommt (Beispiel: Dexamethason-Supression nur in 30 bis 40 Prozent der Zwangspatienten usw.). Größte Probleme bildet in diesem Kontext die Tatsache, daß es für Zwänge kein einigermaßen einheitliches psychophysiologisches Reaktionsmuster gibt. Für die Behandlung von Zwängen muß die Relevanz unterschiedlicher psychophysiologischer Merkmale erst durch einschlägige Forschungsarbeiten demonstriert werden.

3.3 Abgrenzungsfragen

Eine wichtige Forderung an das diagnostische Vorgehen beinhaltet eine möglichst klare *Abgrenzung* der Zwangshandlungen bzw. Zwangsgedanken von anderen (ähnlichen) psychologischen, psychiatrischen und neurologischen Störungen. Es gibt nachweislich einige Zusammenhänge mit anderen psychischen Störungen, die nicht übersehen werden sollten (s. Freeman, 1992). Dazu zählen insbesondere Angststörungen, affektive Störungen, aber auch eine Reihe von neurologischen und somatischen Krankheiten. Dabei wird für Zwänge nicht ein medizinisches Modell, sondern ein psychologisches System-Modell unterstellt; demnach ist es nicht Aufgabe des Diagnostikers oder Therapeuten, eine Krankheits-Entität – nämlich „den Zwang" – zu entdekken. Das Ziel diagnostischer Bemühungen muß vielmehr darin bestehen, die Beschwerden (s. Schulte, 1986) einer Person auf mehreren Ebenen (kognitiv, verhaltensmäßig, somatisch-physiologisch) exakt zu beschreiben und ihre regelmäßige Beziehung zu situativen Bedingungen und deren Interaktionen zu analysieren (= funktionale Analyse, vgl. Reinecker, 1987). Der Begriff „Zwang" meint somit eine für den Fachmann brauchbare Abkürzung derjenigen Merkmale, wie sie in Kapitel 1 beschrieben wurden. Diese Merkmale gilt es – in Kontrast eben zu den für andere psychische sowie somatische Störungen charakteristischen Merkmalen – genau zu berücksichtigen, um eine entsprechende Abgrenzung zu gewährleisten.

In einem Übersichtswerk zu Störungen, die in nosologischer Nähe zu Zwängen eingeordnet werden können, führt Hollander (1993) eine ganze Reihe von Beispielen an; diese müssen in differentialdiagnostischer Hinsicht genau abgegrenzt werden. Zu diesen Störungen („Obsessive-Compulsive Related Disorders", OCRD) gehören u. a. Depersonalisationsstörungen, Hypochondrie, körperdysmorphe Störungen, Tourette-Syndrom, sexuelle Zwänge, pathologisches Spielen, Störungen der Impulsivität, Anorexia nervosa, Trichotillomanie (s. dazu Stanley et al., 1992) und zum Teil auch Borderline-Störungen (s. a. Stein & Hollander, 1993). Die wichtigsten dieser Störungen werden kurz beschrieben und von den Zwängen differentialdiagnostisch abgegrenzt.

Schizophrenien

Es ist vor allem aus Gründen völlig unterschiedlichen Umgangs mit Patienten und ihrer therapeutischen Behandlung wichtig, Zwänge von Schizophrenien abzugrenzen. Ein offensichtlich hartnäckiges Vorurteil besteht darin, daß Zwänge ein Übergangsstadium zur Schizophrenie bildeten. Nach Lewis (1936) ist es nicht so sehr erstaunlich, daß sich aus Zwängen Schizophrenien entwickeln können, sondern daß dies nur relativ selten der Fall ist. Dazu gibt es bereits in der alten klinisch-psychiatrischen Literatur klare Hinweise, daß Zwänge und Schizophrenien *keine* nosologische Verknüpfung aufweisen (vgl. z. B. Ingram, 1961; Lewis, 1966; Lo, 1967; Kringlen, 1970).

Auch die Abgrenzung von Zwängen und schizophrenen Störungen erscheint unter Berücksichtigung der unter Kapitel 1 genannten Merkmale ausgesprochen klar; im Kontrast zu Zwängen werden schizophrene Gedanken, Ideen oder Impulse

- auf externe Kräfte zurückgeführt,

- sind üblicherweise *nicht* ich-fremd,

- sie werden nicht als sinnlos angesehen (d. h. keine Einsicht),

- führen üblicherweise nicht zum Widerstand der Person und

- Rituale bei Schizophrenien sind „ziellos", d. h. nicht funktional wie bei Zwängen (vgl. Rachman & Hodgson, 1980, S. 96).

Im Rahmen von Schizophrenien gibt es häufig eine Reihe von ritualistischen Verhaltensweisen, die von ihrem Erscheinungsbild her stark an Zwänge erinnern; dazu gehören stereotype Körperbewegungen, verschiedene Alltagsrituale, Horten von Gegenständen usw. Diese Rituale allein sind jedoch nicht ausreichend, um von Zwängen zu sprechen, insbesondere weil die für Zwänge charakteristischen zusätzlichen Merkmale (Kriterien) nicht vorliegen. Auf der anderen Seite liegen bei Zwängen nicht die für Schizophrenien charakteristischen Merkmale vor (z. B. Denkstörungen, affektive Störungen usw.).

Depression

Depressive Patienten zeigen häufig eine Reihe von zwanghaften Merkmalen (zwanghaftes Grübeln, wiederkehrende Suizidgedanken usw.) Depressionen und Zwänge treten häufig auch gemeinsam auf (vgl. Black & Noyes, 1990; s. Kap. 2). Die Abgrenzung sollte – neben den Merkmalen für Zwänge – insbesondere diejenigen Aspekte berücksichtigen, die für Depressionen bereits als klassische Merkmale auf verschiedenen Ebenen zu erfassen sind (vgl. Hautzinger & De Jong, 1990):

- Verhaltensexzesse, z. B. häufiges Weinen, Jammern, Klagen ...

- Verhaltensdefizite: sozialer Rückzug

- Somatische Beschwerden: Gewichtsabnahme, Appetit- und Libidoverlust

- kognitive Ebene: Gedanken der Wertlosigkeit, Angst vor der Zukunft usw.

- emotionale Ebene: Gefühle der Traurigkeit, der Leere, der Hoffnungslosigkeit usw.

Die in vielen Studien berichteten engen Zusammenhänge zwischen Zwängen einerseits und Depressionen andererseits (z. B. Insel, Zahn & Murphy, 1985) unterstreichen die Notwendigkeit, dem affektiven Aspekt bei Zwängen gebührend Aufmerksamkeit zu schenken. Umgekehrt sind bei depressiven Zuständen ebenfalls Merkmale von Zwängen zu beobachten; retrospektive Befunde legen eine Komorbidität von 20 bis 40 Prozent nahe (vgl. Black & Noyes, 1990).

Die Zusammenhänge zwischen Zwangsstörungen und Depression werden auf unterschiedlichen Ebenen geltendgemacht: Zu nennen sind in erster Linie diagnostische Argumente (z. B. bei Rasmussen & Tsuang, 1986), Hinweise auf nosologischer Ebene, wonach rund ein Drittel aller Zwangspatienten die Kriterien einer depressiven Störung erfüllen und insbesondere Aspekte des Verlaufs und der Behandlung der beiden Störungsgruppen (Winkelmann et al., 1994). Für den Verlauf haben Demal et al. (1992) unterschiedliche Muster angeführt; im Rahmen der Therapie wird immer wieder auf das Argument des ähnlichen Ansprechens auf Medikation (trizyklische Antidepressiva bzw. selektive Serotonin-Reuptake-Hemmer) hingewiesen.

Phobien/Ängste

Fast alle Zwangspatienten berichten massive Angst im Zusammenhang mit den Gedanken und Ritualen; die verschiedenen Formen der *Vermeidung* gefürchteter Situationen einerseits und ähnliche Strategien der Behandlung andererseits zeigen ganz klar die engen Verknüpfungen von Phobien und Zwängen. Manche Autoren (z. B. Emmelkamp, 1982; zum Teil auch Marks, 1987) nennen Ängste und Zwänge als gemeinsames Thema einschlägiger Bücher. Trotz vieler Gemeinsamkeiten sind einige wichtige Unterschiede zu berücksichtigen (s. Tab. 4): Es ist zwar sehr umstritten, ob Zwänge berechtigterweise als Angststörungen zu bezeichnen sind (s. Tab. 3, DSM III-R). Dennoch spielen phobische Ängste bei den meisten Zwängen eine bedeutsame Rolle; nach Insel, Zahn & Murphy (1985) sind diese phobischen Befürchtungen im Sinne sekundärer Entwicklungen zu sehen.

Insbesondere *Wasch*-Zwänge – die zum Teil auch nach dem Zwei-Faktoren-Modell zu erklären sind (vgl. Kap. 4.1.) – weisen eine *funktional* große Ähnlichkeit mit Phobien auf; in geringerem Maß gilt dies für Kontroll-Zwänge und klarerweise für Zwangsgedanken.

Tabelle 4: Die Unterscheidung von Merkmalen von Phobien und Zwängen (in Anlehnung an Marks, 1987, S. 441 ff.)

Phobien	Zwänge
1. Dauernde Sorgen um ein zentrales Thema	1. Stereotype, wiederholte Gedanken und Handlungen
2. Stimuli: spezielle Situationen (Busse, Hunde usw.) verursachen Angst und Panik	2. Stimuli: Schmutz, Berührung, Verletzung usw. als mögliche Quelle der Beunruhigung
3. Emotionen: Angst, Panikgefühle	3. Emotionen: anxiety/discomfort, Ekel, Unruhe, Ärger
4. Angstsituation weitgehend benennbar und konkret	4. Angst und Unruhe, zum Teil stimulusunspezifisch, Stimuli allgemeiner Art werden vermieden (z. B. Staub), zukunftsbezogen
5. Angst vor Kontakt mit einer speziellen auslösenden Situation	5. Angst vor möglichen, in der Zukunft liegenden Konsequenzen, wenn in Kontakt mit verschiedenen Stimuli
6. Einigermaßen klare Vorstellungen über die Notwendigkeit der Vermeidung (was könnte passieren – z. B. sterben, wenn in Ohnmacht fallen usw.)	6. Patienten mit Zwängen weisen zumeist sehr unkonkrete, aber elaborierte Ideen auf, was als Folge einer Kontamination passieren könnte (z. B. Ideen über die Verteilung von Bakterien; Vorstellungen über Schuld usw.)

Die differentialdiagnostische Abgrenzung von Zwängen einerseits und generalisierter Angst andererseits erscheint zwar schwierig, allerdings ebenso notwendig wie möglich. Für generalisierte Angst ist insbesondere der Aspekt quälender und besorgter Gedanken („worry") charakteristisch, während Zwänge eher durch aufdringliche Gedanken („obsessions") sowie durch Gedanken der Schuld und der Verantwortung gekennzeichnet sind (Brown et al., 1993). Überlappungen zwischen den beiden Störungen sind zwar nicht ausgeschlossen, aber offenbar selten zu finden.

Verschiedene „atypische" Zustände (z. B. Krankheitsängste, Aids-Phobien, Hypochondrien, Dysmorphobien) gestalten eine Abgrenzung durchaus schwierig (vgl. Hollander, 1993). Dies gilt insbesondere für Ängste, deren Inhalte sich auf zukünftige Kontaminationen und Gefahren beziehen. Besonders typisch dafür ist das Thema Aids, weil eine vollständige Kontrolle nicht möglich ist und weil sich die entsprechenden Befürchtungen auf zukünftige Zeiträume beziehen.

Anorexia nervosa/Bulimia nervosa

Bei Frauen mit Zwängen gibt es im Verlauf der Entwicklung eine deutlich erhöhte Inzidenzrate von Anorexia nervosa (rund 12%, vgl. Kasvikis et al., 1986). Auch Fahy, Osacar & Marks (1993) unterstreichen die prämorbide Bedeutung von Anorexia Nervosa für die Entwicklung von Zwängen; hingewiesen wird auf einen zeitlich ähnlichen Beginn, auf die hohe Komorbidität, auf ähnliche biologische Mechanismen und auf mögliche gemeinsame Belastungen, die die Entwicklung der Störung begünstigen. Trotz ähnlicher biologischer Aspekte (vor allem im Bereich des serotonergen Systems) sind Eßstörungen aber keineswegs als bloße Variante von Zwängen anzusehen (s. Hsu, Kaye & Weltzin, 1993). Die nosologische Nähe zwischen Zwängen und Anorexien wird durch eine Studie gestützt, in der anorektische Patientinnen signifikant erhöhte Werte in einer typischen Zwangsskala (Y-BOCS) aufwiesen (Kaye et al., 1992). Ob dies im Sinne der bloßen Komorbidität oder gemeinsamer nosologischer Merkmale zu sehen ist, kann gegenwärtig kaum entschieden werden.

Insgesamt erscheint der Verlauf der Anorexia nervosa auch gravierender zu sein, wenn zusätzlich zwanghaftes Verhalten vorliegt. Für die Behandlung stellt dies ein enormes Problem dar. Anorexien und Zwänge erscheinen differentialdiagnostisch jedoch anhand der für beide Störungsbilder vorliegenden Kriterien relativ klar abgrenzbar (vgl. Feighner et al., 1972; Fichter, 1990). Auch in den DSM III-R Kriterien für Zwänge (vgl. APA 1987) werden Verhaltensweisen, die sich explizit auf Essen beziehen, klassifikatorisch von Zwängen abgegrenzt und ausgeschlossen.

Relativ schwierig erscheint die Abgrenzung von Bulimia nervosa und Zwängen: Gerade das für bulimischen Patientinnen charakteristische Eßverhalten und die gedankliche Beschäftigung mit Essen usw. wird teilweise als „zwanghaft" beschrieben. Patientinnen mit Bulimia nervosa werden von einem Drang zu essen überfallen, sie empfinden den Drang als sinnlos und sie leisten offenbar auch einen gewissen Widerstand. Die Abgrenzung zu Zwängen ist damit sicher nicht immer ganz einfach.

Die Abgrenzung von Bulimia nervosa und Zwängen sollte folgende Merkmale berücksichtigen:

- Patientinnen mit Bulimia nervosa schildern insbesondere das Erbrechen als „zwanghaft"; sie können Nahrung nicht behalten, wobei nicht nur die Menge, sondern auch die Qualität ausschlaggebend sein kann. So gesehen weist die Komponente des Erbrechens bei Bulimia nervosa durchaus zwanghafte Merkmale auf. Mindestens so stark wie der Drang zu erbrechen, um sich Erleichterung zu verschaffen, ist der „Zwang" zum Essen, der allerdings eher Sucht- als Zwangscharakter aufweist (zum Teil als „natürliche" Reaktion auf extremes Diätverhalten). So gesehen weist die Komponente des Erbrechens bei Bulimia nervosa durchaus zwanghafte Merkmale auf.

- Essen wäre eine für Zwänge ungewöhnliche Reaktion: Bei Zwängen liegen zumeist instrumentelle (Waschen, Kontrollieren) und nicht konsumatorische Reaktionen vor. Das bulimische Verhalten besitzt durchaus angenehme Aspekte mit dem Merkmal des Genusses (zumindest phasenweise); zwanghaftes Verhalten und Denken besitzt diesen Aspekt keineswegs (s. Baer, 1991).

- Die *Angst* bei Bulimia nervosa bezieht sich auf den konkreten Inhalt, nämlich zu dick zu werden; durch das Erbrechen wird diese Angst reduziert (zum Angstreduktionsmodell bei Bulimia nervosa vgl. insbesondere Leitenberg et al., 1984). Erbrechen bei Bulimikerinnen wird in Analogie zu zwanghaftem Verhalten gesehen: Erbrechen stellt für die Patientin eine gewisse Erleichterung dar (vgl. dazu Weiss, Katzman und Wolchik, 1989).

- Bei beiden Störungen bilden vorausgehende Gedanken gewissermaßen Impulscharakter; während dieser Impuls bei Bulimia nervosa jedoch umgesetzt wird (z.B. Leeren des Kühlschranks ...), funktioniert die Kontrolle des Impulses bei Zwängen praktisch perfekt, d.h. aggressive, sexuelle ... Impulse werden nicht in Verhalten umgesetzt (s. Rachman & Hodgson, 1980; Baer, 1991).

Aus epidemiologischen, differentialdiagnostischen und therapeutischen Gründen erscheint in der Praxis eine klare Unterscheidung zwischen Bulimia nervosa einerseits und Zwangsstörungen andererseits sinnvoll und möglich. Aspekte der Komorbidität (insbesondere mit Anorexia nervosa) sind damit klarerweise nicht ausgeschlossen.

Zwänge im Rahmen somatischer Krankheiten

In seltenen Fällen treten zwanghafte Phänomene im Zusammenhang mit somatischen Krankheiten auf; vom Diagnostiker sind solche Phänomene jeweils zu berücksichtigen. Zu denken ist (ohne Anspruch auf Vollständigkeit) an

- Zwänge im Rahmen von Diabetes Mellitus;
- Epilepsien, speziell während eines Anfalls;
- Gehirnläsionen (insbesondere medial-frontale Gebiete);
- Parkinsonismus (Dopamindysfunktion), innerhalb dessen verschiedene Stereotypien zwanghafter Art vorkommen können.

Über die Häufigkeit zwanghafter Phänomene bei somatischen Störungen besteht große Unklarheit (vgl. Marks, 1987). Obwohl die Inzidenzrate sehr niedrig sein dürfte, sollte der Diagnostiker möglichen *somatischen* Grundlagen von Zwangsphänomenen gegenüber sehr aufmerksam sein (vgl. Green & Pitman, 1986). Eine vorhandene Zwangssymptomatik ist in Ätiologie und Therapie klarerweise ganz unterschiedlich zu beurteilen, wenn dafür klare (allerdings auch wieder heterogene) somatische Korrelate geltend gemacht werden können.

Wenn man die Überlegungen zur Abgrenzung von Zwängen zu verschiedenen anderen psychopathologischen Störungen zusammenfaßt, so ist man an die alte Position von Westphal (1878) erinnert: Dieser hatte vorgeschlagen, Zwänge als eigenes Störungsbild zu betrachten, weil weder die Gemeinsamkeiten mit Angst- oder affektiven Störungen es rechtfertigen, Zwänge diesen klinischen Bildern unterzuordnen. Unter diesem heuristischen Aspekt einer getrennten Betrachtung lassen sich auch die vielen verschiedenen vorhandenen Überlappungen mit anderen heterogenen Störungsbildern unvoreingenommen analysieren.

4. Theoretische Modelle

Die Entstehung von psychischen Störungen – in unserem Fall von Zwangshandlungen und Zwangsgedanken – läßt sich nicht beobachten; salopp formuliert: Es gibt keine „Zuschauer", die uns Details und Bedingungen nennen könnten. Erschwerend kommt hinzu, daß Patientinnen und Patienten üblicherweise erst nach Jahren der Beeinträchtigung und zumeist nach einer langen „Karriere" therapeutische Hilfe aufsuchen (vgl. Kap. 2).

Nicht nur klinische Psychologen und Psychotherapeuten haben größtes Interesse zu ergründen, *wie* Zwänge entstanden sind und *wie* die Stabilität der Rituale zustandekommt; der Patient kommt zumeist mit dem dringenden Wunsch, das „Warum" seiner Problematik aufzuhellen (Suche nach einem plausiblen Ätiologiemodell, vgl. Reinecker, 1987). Mit ein Grund für die *Demoralisierung* des Patienten besteht für ihn darin, daß er für seine Problematik keine Erklärung besitzt, daß er sie nicht verstehen kann (vgl. Frank, 1985). Neben dem Anliegen, für den Patienten eine plausible Erklärung seiner Schwierigkeiten zu leisten, besteht unsere Aufgabe auch darin, für die Entstehung und Aufrechterhaltung von Zwängen eine wissenschaftlich fundierte *Erklärung* zu leisten. Idealerweise besteht eine solche Erklärung in einer Theorie bzw. (mit etwas geringerem Anspruchsniveau) in theoretischen Modellen.

Ein großes Manko im Umgang mit Zwangspatienten wurde lange Zeit darin gesehen, daß es keine fundierten theoretischen Modelle gab; dies führte dazu, daß das diagnostische und therapeutische Handeln dem berühmten „Stochern im Nebel" glich. Wir sind heute sicher noch weit davon entfernt, eine einheitliche Theorie der Entstehung und Aufrechterhaltung von Zwängen vorweisen zu können; dennoch muß man sagen, daß es zumindest *Bestandteile* eines theoretischen Modells gibt. Diese Bestandteile stammen aus epidemiologischen Forschungsarbeiten, aus diagnostisch- psychometrischen Untersuchungen, aus der klinischen Arbeit mit Patienten und letztlich aus Befunden kontrollierter Therapiestudien. Die einzelnen Bestandteile sind nun nicht einfach zusammenzufügen wie bei einem Modellflugzeug; dies hängt mit wissenschaftstheoretischen, sprachlogischen und methodologischen Problemen zusammen, die hier nicht näher zu erörtern sind. Für den Forscher und Kliniker im Bereich von Zwängen stellt sich auch die Frage, ob das Ziel der Bemühungen in einem einheitlichen Modell bestehen kann. Dies würde eine einheitliche Vorstellung von

Zwängen beinhalten. In diesem Kapitel wird eher ein *pluralistisches* Gegenstands- und Theorienverständnis zugrundegelegt. Das *Ziel* unserer Bemühungen kann aus mehreren Gründen *nicht* in der Erstellung eines Einheitsmodells bestehen:

Der Gegenstand – nämlich die Entstehung und Aufrechterhaltung von Zwängen – ist möglicherweise unter mehreren Perspektiven zu sehen; diese Perspektiven stehen nicht unbedingt in Konkurrenz, sie stehen in einer Art Ergänzungsverhältnis. Auch für die Erklärung lassen sich unterschiedliche theoretische Modelle heranziehen; die einzelnen empirischen und klinischen Befunde stützen in dem einen Fall eine spezielle Modellvorstellung und sie sprechen in anderen Aspekten dagegen.

In diesem Sinne enthält das vorliegende Kapitel eine Abhandlung derjenigen theoretischen Modellvorstellungen für Zwänge, die Bestandteile von Erklärungen aus unterschiedlichen Perspektiven sein können. Dabei wird keinesfalls unterstellt, die „neueren" Modellvorstellungen seien irgendwie besser oder man sollte alte, klassische Konzepte vergessen. Gerade das in Kapitel 4.1 angesprochene Zwei- Faktoren-Modell und dessen Ergänzungen stellt gewissermaßen eine Basis für unsere Konzeption von Zwangsstörungen dar. Diese Betrachtung (d.h. auch Beschreibung) des Phänomens von Zwangsstörungen zwingt uns, unterschiedliche Perspektiven einzunehmen und beim Wechsel der Perspektive auf eine andere Erklärung zurückzugreifen, ohne daß man die vorherige als überholt oder falsch bezeichnen könnte.

4.1 Zwei-Faktoren-Modell: Prinzip und Entwicklungen

Dieses Modell ist nicht nur von seinem Alter her als „klassisch" zu bezeichnen; das Modell wurde von Mowrer (1947) zur Erklärung von Angststörungen entwickelt und später insbesondere als Erklärungsmodell für das bei Zwängen so stabile Vermeidungsverhalten herangezogen.

Als Zwei-Faktoren-Modell wird dies deshalb bezeichnet, weil man meint, daß der Faktor der klassischen Konditionierung für die Entstehung und in Kombination dazu der Aspekt der instrumentellen Konditionierung eine entscheidende Rolle bei der Aufrechterhaltung von Ängsten und dem damit verbundenden Vermeidungsverhalten spielt. Schematisch läßt sich dies folgendermaßen skizzieren (s. Abb. 3).

In seiner ursprünglichen Form unterstellt das Modell also einen Prozeß der klassischen *Konditionierung*: Man darf sich diesen Prozeß nicht als eine simple Assoziation von Reizbedingungen vorstellen. Rescorla (1988) hat darauf hingewiesen, daß klassische Konditionierung als ein komplexer Lernprozeß zu verstehen ist, bei dem das Individuum in aktiver Weise eine Beurteilung von Relationen zwischen ver-

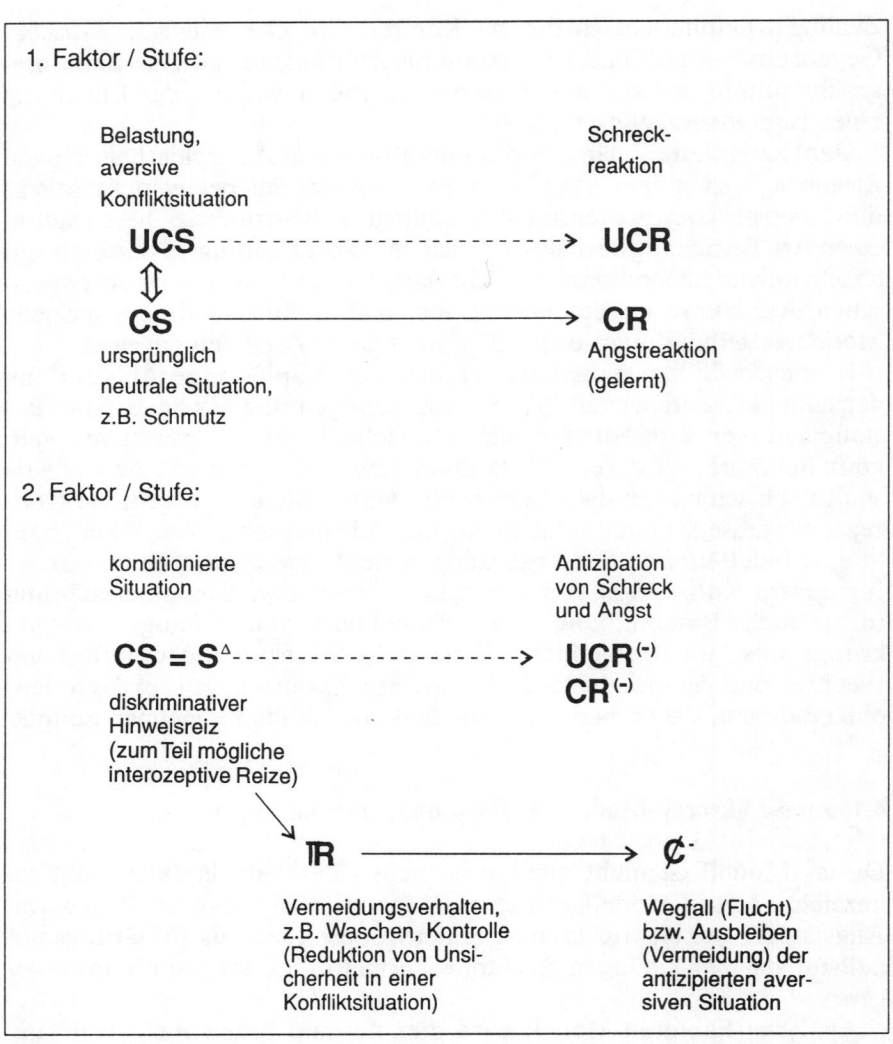

1. Faktor / Stufe:

Belastung,
aversive
Konfliktsituation

Schreck-
reaktion

$$UCS \dashrightarrow UCR$$
$$\Updownarrow$$
$$CS \longrightarrow CR$$

ursprünglich
neutrale Situation,
z.B. Schmutz

Angstreaktion
(gelernt)

2. Faktor / Stufe:

konditionierte
Situation

Antizipation
von Schreck
und Angst

$$CS = S^{\Delta} \dashrightarrow UCR^{(-)}$$
$$CR^{(-)}$$

diskriminativer
Hinweisreiz
(zum Teil mögliche
interozeptive Reize)

$$\mathbb{R} \longrightarrow \cancel{C}^{-}$$

Vermeidungsverhalten,
z.B. Waschen, Kontrolle
(Reduktion von Unsi-
cherheit in einer
Konfliktsituation)

Wegfall (Flucht)
bzw. Ausbleiben
(Vermeidung) der
antizipierten aver-
siven Situation

Abbildung 3: Zentrale Annahmen des Zwei-Faktoren-Modells der Entstehung und Aufrechterhaltung von Zwängen

schiedenen Ereignissen vornimmt. Vereinfacht gesagt selegiert das Individuum in seiner Umwelt diejenige Information, die sich in verschiedener Hinsicht als *relevant* herausstellt (z. B. für das Überleben, für die Vermeidung aversiver Situationen usw.).

In der zweiten Stufe dieses Prozesses werden durch *instrumentelles Konditionieren* diejenigen Lernprozesse stabilisiert, die sich als erfolgreich herausstellen; dieser „Erfolg" besteht für den Patienten darin, daß die von ihm befürchteten aversiven Konsequenzen *nicht* eintreten, wenn bestimmte Handlungen gesetzt werden (R, aktives Vermeidungsverhalten). In der Terminologie der Lernpsychologie spricht man von „negativer Verstärkung" von Vermeidungsverhalten. Dieser Aspekt des Vermeidungsverhaltens, das im weiteren Verlauf *ritualistischen* Charakter annimmt, erscheint durch eine Reihe experimenteller Befunde gut belegt (vgl. Solomon, Kamin, Wynne, 1953; Tunner, 1979). Vermeidungsverhalten bleibt – trotz vorhandener Löschungsbedingungen – extrem stabil, weil das Individuum nie die konkrete Erfahrung machen kann, daß das Vermeidungsverhalten nicht mehr funktional ist.

Dieses Vermeidungsverhalten besitzt auch Charakteristika des von Skinner (1953) beschriebenen „abergläubischen Verhaltens". Ein zusätzlicher Grund für die Stabilität des Vermeidungsverhaltens bei Zwängen liegt zum einen in der „Unschärfe" der auslösenden Stimuli (z. B. Schmutz, ..., etwas ist nicht in Ordnung, usw.) und zum anderen in sehr ungenauen Kriterien für die Beendigung des Rituals. So ist es beispielsweise sehr schwierig, genau anzugeben, wann eine Hand sauber genug gewaschen ist, wieviele Kontrollen als ausreichend anzusehen sind usw. (vgl. Mineka, 1985). Dazu kommt noch, daß die Vermeidungsreaktion eine sehr kurze Latenzzeit besitzt: Der Patient wartet in der Regel nicht ab, bis nach einer Berührung die ganze Hand, Kleidung usw. „kontaminiert" ist; die zwanghafte Kontrolle setzt vielmehr unmittelbar ein und wird entweder selbst oder durch sekundäre Stimuli zu einem weiteren Sicherheitssignal, das die Rituale stabilisiert.

Die Situation läßt sich an folgendem Witz verdeutlichen: Ein Mann kommt zur Therapie und schnipst im Erstgespräch ununterbrochen mit den Fingern; dieses Schnalzen stört den Therapeuten schließlich und er fragt den Patienten: „Sagen Sie bitte, Sie schnalzen mit den Fingern, könnten Sie mir mitteilen, was es damit auf sich hat?" „Ja gerne", meint der Patient, „ich verscheuche damit die Fledermäuse." „Aber hier sind doch keine Fledermäuse!" Darauf der Patient mit einem erklärenden Lächeln auf den Lippen: „Ja klar, weil ich mit dem Schnalzen der Finger die Fledermäuse von hier fern halte!"

In der Übertragung des Zwei-Faktoren-Modells auf die Entstehung und Aufrechterhaltung von Zwängen betrachtet man den Zwang als instrumentelles Vermeidungsverhalten, das auf ursprünglich traumatische Situationen zurückgeht und nunmehr stabil im Verhaltensrepertoire des Individuums verankert ist (vgl. Metzner, 1963; Rachman & Hodgson, 1980). Schon Dollard & Miller (1950) gingen davon aus, daß Zwänge als rituelles Verhalten zu verstehen sind, die jeweils negativ verstärkt und damit stabilisiert werden; bei Dollard & Miller (1950) spielt noch die Annahme eine Rolle, daß typische konflikthafte Bedingungen eine wesentliche traumatische Konstellation ausmachen. Rituale (Zwänge) tragen zu einer Abnahme dieser für

Zwangspatienten besonders unangenehmen und schwer erträglichen Konflikthaftigkeit bei (zur Rolle von Konflikten und Entscheidungs- problemen, s. unten, Abschnitt 4.2).

Wenn man das Zwei-Faktoren-Modell zur Erklärung der Ätiologie von Zwängen zugrundelegt, so läßt sich dies an einem Beispiel folgen- dermaßen verdeutlichen:

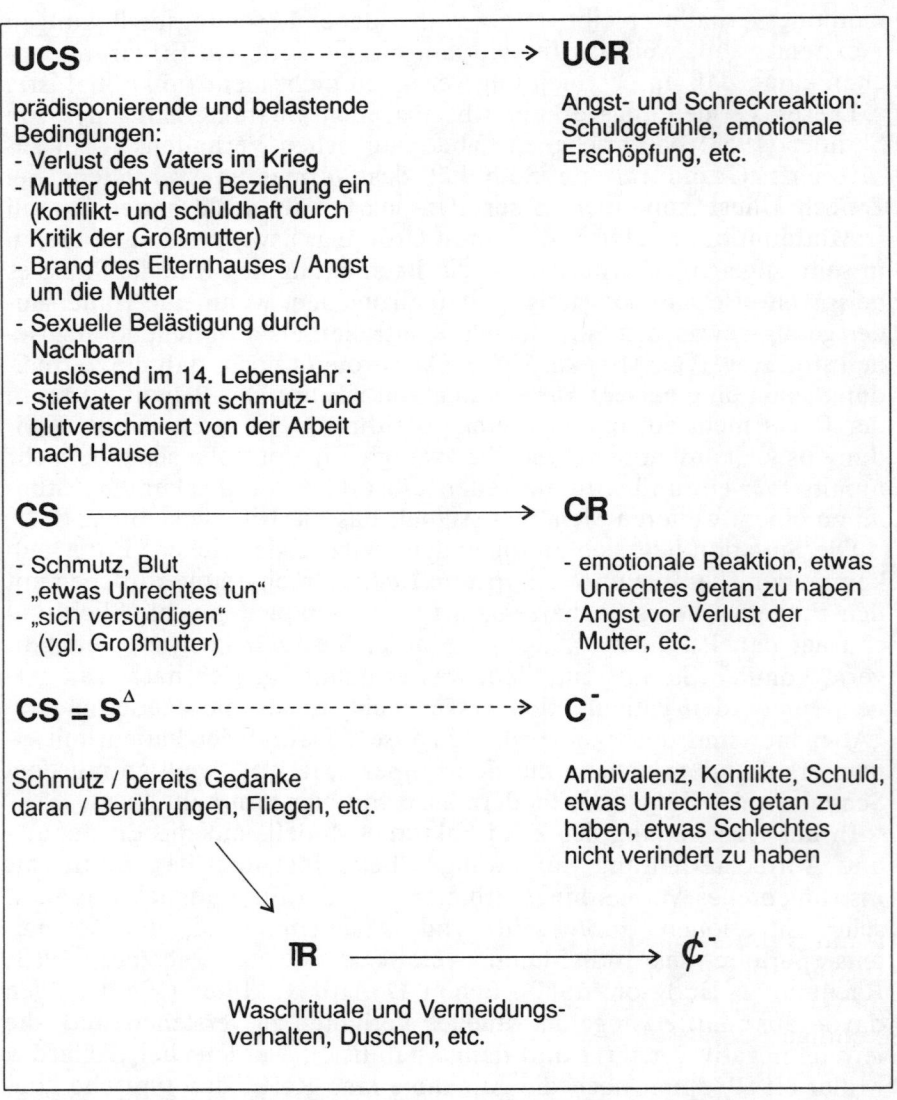

UCS -> **UCR**

prädisponierende und belastende
Bedingungen:
- Verlust des Vaters im Krieg
- Mutter geht neue Beziehung ein
  (konflikt- und schuldhaft durch
  Kritik der Großmutter)
- Brand des Elternhauses / Angst
  um die Mutter
- Sexuelle Belästigung durch
  Nachbarn
  auslösend im 14. Lebensjahr :
- Stiefvater kommt schmutz- und
  blutverschmiert von der Arbeit
  nach Hause

Angst- und Schreckreaktion:
Schuldgefühle, emotionale
Erschöpfung, etc.

CS ─────────────────────────> **CR**

- Schmutz, Blut
- „etwas Unrechtes tun"
- „sich versündigen"
  (vgl. Großmutter)

- emotionale Reaktion, etwas
  Unrechtes getan zu haben
- Angst vor Verlust der
  Mutter, etc.

CS = S$^\Delta$ -> **C$^-$**

Schmutz / bereits Gedanke
daran / Berührungen, Fliegen, etc.

Ambivalenz, Konflikte, Schuld,
etwas Unrechtes getan zu
haben, etwas Schlechtes
nicht verindert zu haben

ℝ ─────────────────> **¢$^-$**

Waschrituale und Vermeidungsverhalten, Duschen, etc.

Abbildung 4: Beispiel für die Entstehung einer Zwangsstörung nach dem Zwei-Faktoren-Modell von Mowrer (1947).

50

Die belastenden Bedingungen bieten durch drei weitere Komponenten gewissermaßen den Boden für die Ausformung der Zwangsstörung:

- Das Mädchen war von der Großmutter in einer Reihe von religiösen Ritualen unterrichtet worden; diese drehten sich in erster Linie um Schuld, um Verfehlung, um Sexualität usw.

- Die Beziehung zur Großmutter war durch eine dauernde Ambivalenz massiv belastet; dies betraf vor allem Schuldvorwürfe an die Existenz der Patientin; auf der anderen Seite war die Großmutter für die Patientin häufig die einzige emotionale Bezugsperson.

- Als das Mädchen den Stiefvater schmutzig und blutverschmiert nach Hause kommen sah, dachte sie, er habe möglicherweise die Mutter ermordet.

Wenn man das Zwei-Faktoren-Modell zur Erklärung von Zwängen heranzieht, so muß man sagen, daß sich die *Richtigkeit* der Modellvorstellung im Einzelfall keinesfalls feststellen läßt. Dies hat mit zwei grundlegenden Problemen zu tun:

1. Da die Genese – und natürlich auch ihre Bedingungen – in der *Vergangenheit* zurückliegen, läßt sich das Zutreffen der Ereignisse nicht mehr prüfen; Mängel in der Erinnerung, selektive Wahrnehmung, eine Interpretation von Ereignissen und Abläufen im Lichte der vorliegenden psychischen Störung tragen zu einer möglichen Verzerrung bei.

2. Das theoretische Modell enthält eine Reihe von Idealisierungen; die theoretischen Begriffe sind nicht unmittelbar auf Alltagssituationen übertragbar. Diese Übertragbarkeit müßte erst geprüft werden, so daß wir lediglich von einer sinngemäßen, analogen Anwendung theoretischer Begriffe auf die Analyse des Einzelfalles sprechen können.

Damit liegen die *Grenzen* einer Übertragbarkeit des Zwei-Faktoren-Modells zur Erklärung menschlichen zwanghaften Verhaltens auf der Hand (vgl. Rachman, 1977; Marks, 1978, 1987; Mineka, 1985; Kanfer, 1985). Große Probleme sind vor allem darin zu sehen, den ersten Faktor (klassische Konditionierung) als für die Genese von Zwängen notwendige Bedingung anzusehen; bei einer Reihe von Patienten lassen sich traumatische und belastende Bedingungen nicht finden, die als Faktor im Sinne der klassischen Konditionierung eine Rolle gespielt haben könnten. Außerdem ist niemals endgültig zu klären, ob die geltend gemachten (und erinnerten) Bedingungen und nicht möglicherweise völlig andere Komponenten in der Ätiologie eine entscheidende Funktion eingenommen haben. Marks (1978) zog aus dieser Situation folgende Konsequenz:

Seiner Auffassung nach ist es insbesondere aus therapeutischen Überlegungen heraus nicht notwendig, Annahmen über die Existenz dieses ersten Faktors zu treffen; er schlug anstelle dessen ein *klinisches* Modell vor, als dessen Bestandteile er eine komplexe auslösende Situation (ES, evoking situation) und eine ebenso komplexe ausgelöste Reaktion (ER, evoked reaction) annimmt (siehe Abb. 5).

Selbstverständlich ist auch in diesem Modell anzunehmen, daß die „evoked reactions" zu einer Reduktion derjenigen Angst, Unruhe und Spannung führen, die durch den ES ausgelöst wurde; so gesehen ist auch das Modell von Marks (1978; vgl. dazu auch 1987) als Angstreduktionsmodell anzusehen. Dieses klinische Modell trägt der Tatsache Rechnung, daß Ängste und Vermeidungsreaktionen auch durch völlig neue Stimulusbedingungen ausgelöst werden können; dies ist insbesondere bei jahrelang andauernden Zwangsritualen zu beobachten. In solchen Fällen ist es müßig, die Kette möglicher Assoziationen zurückzuverfolgen; die Rituale sind vielmehr als „funktional autonom" anzusehen.

Ein großer Vorzug des Zwei-Faktoren-Modells liegt in seiner *Einfachheit;* gerade dies ruft aber nach verschiedenen Ergänzungen und Differenzierungen, die bei der Analyse von Zwängen nach dem Zwei-Faktoren-Modell notwendig und angebracht sind. Diese Ergänzungen betreffen folgende Bereiche:

1. Preparedness

Dies beinhaltet die Tatsache, daß eine Koppelung von Zwangshandlungen und Zwangsgedanken nicht an beliebige Situationen erfolgt (vgl. Seligman, 1970; Seligman & Johnston, 1975). Experimentelle Befunde und klinische Beobachtungen zeigen, daß der Auswahl von Situationen ein biologisch-evolutionäres Prinzip zugrundeliegt (vgl. dazu

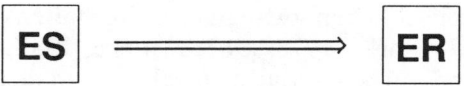

| ES | $\Longrightarrow$ | ER |

spezielle Auslösesituation /   Waschen, Reinigen, Kontrollieren,
Schmutz, Antizipation von   Rituale, etc.
Schuld, Konflikt, etc.

Abbildung 5: Klinisches Modell des Zusammenhanges von Auslösern eines Zwanges und den Ritualen

die detaillierten und fundierten Abhandlungen zur Evolution von Angst im ersten Teil des Buches „Fears, Phobias and Rituals" von I. M. Marks, 1987). So konnten etwa de Silva, Rachman und Seligman (1977) zeigen, daß sich bei den *Inhalten* der meisten Auslöser von Zwängen Aspekte der Preparedness, d. h. also der biologisch-evolutionären Bedeutsamkeit geltendmachen lassen (vgl. Mc Nally, 1987).

2. Kulturelle Aspekte

Bei der Analyse von Zwangshandlungen (und zum Teil auch bei Zwangsgedanken) fällt auf, daß diese ebenfalls nicht beliebig sind; Zwänge scheinen vielmehr kulturell (oder subkulturell) eingebaut oder „überformt" zu sein. In fast allen Kulturen besitzen verschiedene Rituale höchste Bedeutung; dazu gehören religiöse Rituale ebenso wie Reinigungsrituale und bestimmte ritualisierte Verhaltensmuster im Rahmen der menschlichen Sexualität. Offenbar entwickeln Kulturen solche stabilen Verhaltensmuster zur Reduktion von Angst und Unsicherheit im Umgang mit zentralen Themen der menschlichen Gemeinschaft. Zu den genannten Themen kommen auf gedanklicher Ebene noch Merkmale der Versündigungs- und Schuldthematik, die zumeist ebenfalls im Rahmen bestimmter Rituale bewältigt werden müssen. Sowohl bei der Analyse, als auch bei der Therapie von Zwängen sollten diese kulturellen Aspekte zumindest berücksichtigt werden.

3. Emotion

Das Zwei-Faktoren-Modell muß im Prinzip als Modell der Angst-Reduktion angesehen werden; bei Zwängen zeigt sich jedoch, daß sich der begleitende emotionale Zustand nicht unbedingt als Angst (wie z. B. bei Phobien) beschreiben läßt. Patienten beschreiben ihren Zustand vielmehr als Unruhe, als Erregung, als Anspannung usw.; Rachman und Hodgson (1980) sprechen von „anxiety/discomfort", gelegentlich auch von „adverse mood".
Es wäre insbesondere im Rahmen von emotionstheoretischen Überlegungen sehr wichtig Aspekte des Verlaufs der für Zwänge charakteristischen emotionalen Prozesse näher zu erforschen (vgl. dazu auch Greenberg & Safran, 1989).

4. Kognitive Aspekte

Das Zwei-Faktoren-Modell erweist sich zur Analyse und Erklärung derjenigen Zwänge als brauchbar, die zumindest Verhaltens-*Kompo-*

nenten aufweisen; dies ist bei rund drei Viertel der Patienten der Fall (vgl. dazu Kap. 1). In rund einem Viertel der Fälle hat man es jedoch mit Zwängen und Ritualen ausschließlich auf der *gedanklichen* Ebene zu tun. Für diese Form der Zwänge ist das Modell nur sehr bedingt brauchbar, weil Zwangsgedanken in den meisten Fällen mit einer *Induktion* von Angst und Unruhe verbunden sind (vgl. dazu Rachman, 1978; Foa & Tillmanns, 1980). Eine einigermaßen befriedigende Lösung dieses Problems erfordert eine Ergänzung des Zwei-Faktoren-Modells durch Vorstellungen über den Ablauf von Zwangsgedanken; einige Überlegungen dazu erfolgen in Kapitel 4.2.

5. Entwicklungspsychologische Aspekte

Zwänge entstehen sicher nicht zufällig, sondern sie sind an bestimmte Umstände im Leben eines Menschen geknüpft. Röper (1992) hat auf einige entwicklungspsychologische Besonderheiten hingewiesen, die für die Entstehung von Zwängen geltend gemacht werden können. Eine besondere Rolle spielen dabei offenbar psychische Strukturen im Sinne einer dynamischen Entwicklung zwischen dem Bestreben nach *Zugehörigkeit* (s. Liotti, 1993) und dem Wunsch nach *Autonomie* (man könnte dies evtl. als einen dialektischen Prozeß bezeichnen).

Zwänge könnten in diesem Phasenmodell der Persönlichkeitsentwicklung als problematische Muster der Suche nach *Sicherheit* angesehen werden; das Thema der Unsicherheit spielt bei praktisch allen Patienten eine entscheidende Rolle. Gerade im klinischen Kontext stößt man bei der biographischen Analyse unweigerlich auf Phasen der Verunsicherung (z. B. Verlusterlebnisse) vor dem Hintergrund defizitärer Bewältigungsmöglichkeiten. Aspekte des angesprochenen entwicklungspsychologischen Modells (Röper, 1992, 1994) hätten auch präventive Implikationen, als es darum ginge, in verunsichernden Phasen-Übergängen persönliche, soziale und interpersonale Kompetenzen zu vermitteln.

Resumé

Eine ausschließliche Beschreibung von Zwängen auf der Verhaltens-Ebene, wie dies im Zwei-Faktoren-Modell erfolgt, ist der Komplexität der Situation sicher unangemessen; unterstellt wird dabei vor allem, daß sich die Ebenen der Kognitionen und die psychophysiologische Ebene synchron verändern. Diese Annahme ist weitgehend unzutreffend (vgl. dazu Beech & Perigault, 1974; Rachman & Hodgson, 1980). Die Beschreibung und Erklärung von Zwängen verlangt vielmehr eine getrennte Analyse auf mehreren Ebenen. Nach verschiedenen Befunden (s. dazu auch Kap. 4.2) spielt bei der Ausformung und Aufrechterhaltung von Zwängen das System der Selbstregulation mit eine ganz entscheidende Rolle. Hierbei sind auch verschiedene Interaktionen und Rückkoppelungen zu berücksichtigen (vgl. Kanfer, Reinecker & Schmelzer, 1990). Einige Überlegungen zu einer Analyse von Zwängen in einem allgemeinen System-Modell menschlichen Verhaltens werden am Ende von Abschnitt 4.3 angeführt.

In einer kurzen abschließenden Beurteilung des Zwei-Faktoren-Modells kann man festhalten, daß das Modell zumindest von seiner Grundidee her immer noch eine zentrale Rolle spielt; auf der Haben-Seite steht die ausgesprochen klare und einfache Erklärung von stabilen Zwangsritualen auf der Verhaltensebene. Weiter positiv anzumerken ist, daß sich das Modell als erweiterungs- und ausbaufähig erweist. Gerade im Lichte neuerer Entwicklungen der experimentellen Bestrafungs- und Vermeidungsforschung erscheint das Modell zur Erklärung der Stabilität von Vermeidungsverhalten bei Zwängen sehr brauchbar (s. Mineka, 1985). Einige dieser zentralen Punkte wurden erwähnt. Weitgehend offen und ungeklärt bleiben allerdings Probleme der Entstehung und Aufrechterhaltung von Zwangsgedanken sowie Aspekte der Interaktion einzelner Ebenen von Zwängen. Diesen Problemen sind die beiden folgenden Abschnitte gewidmet.

4.2 Elemente kognitiver Modelle

Kognitive Modelle haben bei der Erklärung unterschiedlicher psychischer Störungen in den vergangenen Jahren große Bedeutung erlangt; gemeinsam ist diesen Modellen die Annahme, daß Prozesse der Informationsaufnahme, deren Bewertung und deren Verarbeitung eine entscheidende Rolle spielen.

Eine zentrale Annahme kognitiver Modellvorstellungen für Zwänge besagt, daß Gedanken, auch aufdringliche Gedanken, ein völlig normales Ereignis darstellen; dies wird unter anderem durch Befunde von Rachman & de Silva (1978) belegt, wonach praktisch alle Menschen aufdringliche Gedanken erleben. Dies erscheint allgemein verständlich: Wenn Menschen nicht gerade mit bestimmten geistigen oder Konzentration erfordernden Aktivitäten beschäftigt sind (z.B. eine Prüfung absolvieren; Autofahren lernen; eine Menüzusammenstellung für eine Abendeinladung überlegen usw.), gehen ihnen eine ganze Reihe von Gedanken „durch den Kopf". Solche Gedanken laufen praktisch automatisch ab, sie begleiten unser Handeln, ob wir nun kochen, mit den Hunden spazierengehen oder beim Friseur sitzen usw. Dieser

Ablauf von Gedanken ist für den Alltag ebenso wichtig wie für neue, kreative Aktivitäten (z. B. beim Problemlösen). Die Gedanken sind auch nicht unbedingt affektiv besetzt; affektive Bedeutung erlangen diese Gedanken erst in einem Prozeß der *Bewertung*. Dieser Prozeß der *Selektion* und *Bewertung* von Gedanken ist für ein kognitives Modell von Zwängen ganz zentral; demnach spielt gerade die Bewertung für die Aufrechterhaltung eines solch aufdringlichen Gedankens eine entscheidende Rolle.

Fast alle Menschen denken beispielsweise im Straßenverkehr (z. B. beim Autofahren ...) – quasi automatisch – daran, daß sie einen Unfall haben, jemanden verletzen könnten usw. Ein Patient mit Zwangsgedanken den Straßenverkehr betreffend und entsprechenden Kontrollzwängen denkt diesen Gedanken ebenfalls – und bewertet ihn im höchsten Maße als negativ: „So etwas darf ich gar nicht denken ...", „... ich wäre schuld am Tod anderer Personen ..." usw.

Diese Bewertung als negativ usw. ist für den Patienten ein Hinweis auf die Relevanz und Wichtigkeit des Gedankens und bildet einen zentralen Faktor für die weitere kognitive Beschäftigung und damit Aufrechterhaltung des Gedankens (bis hin zur zwanghaften Beschäftigung mit eben diesem Gedanken).

Nach Salkovskis (1989) ist diese Form der Informationsverarbeitung durchaus sinnvoll; „wichtige" Gedanken werden aus dem „Strom" der Informationsverarbeitung herausgefiltert und stehen für eine weitere Bearbeitung (z. B. zum Lösen von Problemen) zur Verfügung: „Ideen sind dann besonders notwendig, wenn es Hinweise darauf gibt, daß das psychische oder physische Gleichgewicht in Gefahr ist" (Salkovskis, 1989, S. 205). Bei Zwangsstörungen spielen jedoch verschiedene *Beliefs* in der Filterung von Gedanken eine wichtige Rolle, nämlich:

✗ Thematik der Verantwortlichkeit,

✗ Thematik der Schuld,

✗ Thematik der Unsicherheit und des Zweifels,

✗ Thematik eines negativen Ausgangs.

Insbesondere die Übernahme von *Verantwortung* für negative Gedanken ist für Zwangspatienten besonders charakteristisch; Rachman (1993) unterscheidet dabei zwischen einer moralischen und psychologischen Verantwortlichkeit. Am Beispiel einer Patientin (Frau E.) läßt sich dies verdeutlichen:

Frau E., eine 30jährige alleinstehende Angestellte, lebt bei ihren Eltern; sie ist derzeit ohne Arbeit, weil sie nicht in der Lage ist, den Anforderungen ihres

Berufes nachzukommen. Ihre Wasch- und Kontrollrituale nehmen täglich mehrere Stunden in Anspruch. Dazu gehören das Waschen und Desinfizieren alltäglicher Gegenstände, weil Bakterien, Viren, Pilze usw. zu Ansteckungen und gefährlichen bis hin zu tödlichen Krankheiten führen könnten. Bei Kontakten mit Menschen, für die sie Verantwortung fühlt (Familie, insbesondere Kinder, ...) sind diese Kontroll- und Waschrituale völlig exzessiv. Sie kann den Gedanken an eine mögliche Schuld hinsichtlich einer Krankheit nicht ertragen und nimmt dafür die Rituale in Kauf, die sie in ihrem Leben völlig behindern. Die Befürchtungen gehen über nachprüfbare Zusammenhänge hinaus; so fürchtet sie u. a. die ewige Verdammnis als Folge einer ungenauen Desinfektion oder Kontrolle und einer damit verbundenen Krankheit.

Nach verschiedenen Studien (Edwards & Dickerson, 1987; Reynolds & Salkovskis, 1991) gehen ängstliche und depressive Verstimmung den negativen aufdringlichen Gedanken häufig voraus. Die Einschätzung einer Situation – verbunden mit einem aufdringlichen Gedanken – führt nach diesem Modell zu einer völlig unrealistischen Überschätzung der persönlichen Verantwortung. Im Sinne einer Rückkoppelung über die Unkontrollierbarkeit der Gedanken wirkt dies wieder im Sinne einer Zunahme von Hilflosigkeit und depressiver Verstimmung.

Die angeführten Merkmale – so die Annahme kognitiver Modelle – Bestandteile des Beliefs-Systems von Zwangspatienten; die mit einem aufdringlichen Gedanken verknüpfte Verantwortlichkeits- und Schuldthematik läßt den Patienten nicht mehr los, er beschäftigt sich immer und immer wieder mit dem Inhalt des Gedankens. Dazu kommt, daß Zwangspatienten offensichtlich von einem dauernden Gefühl der Unsicherheit geplagt werden (vgl. Beech, 1974; Beech & Vaughan, 1978). In alten psychiatrischen Schriften werden Zwänge auch als „la maladie du doute" bezeichnet. Zwanghaftes Verhalten könnte – und hier gibt es Querverbindungen zu den oben angesprochenen kulturellen Aspekten – eine Chance für die Reduktion der als aversiv erlebten Unsicherheit darstellen. Charakteristisch für Zwänge ist ebenfalls, daß Zwangspatienten in allen Situationen eine abnorm hohe subjektive Erwartung negativer Ereignisse aufweisen (vgl. Carr, 1974). Hier tauchen Parallelen zu Prozessen der Informationsverarbeitung auf, wie sie für depressive Patienten charakteristisch sind.

Für die Stabilisierung des Zwangsgedankens spielt der Versuch des Patienten, diesen Gedanken zu *neutralisieren*, eine ganz fatale Rolle (vgl. dazu Salkovskis, 1985, 1989): Demnach erklärt sich der Patient für Inhalt, Frequenz und mögliche Konsequenz der Zwangsgedanken verantwortlich; die Folge davon ist, daß er *auch* dafür verantwortlich ist, verschiedene neutralisierende Rituale in Gang zu setzen (s. dazu Abb. 6). Diese besitzen zumeist den Charakter verdeckter (= gedanklicher) oder beobachtbarer (= verhaltensmäßiger) Zwangsrituale (z. B. bestimmte Zahlen denken bzw. in bestimmter Weise kontrollieren).

Die Konsequenz des Neutralisierens besteht darin, daß die störenden Gedanken noch häufiger werden, weil das Neutralisieren

a) nur kurzfristig gelingt (Rebound-Effekt, s. Wegner, 1989; Clark, Ball & Pape, 1991) und

b) ein weiteres Signal für die Bedeutsamkeit, Verantwortlichkeit usw. des Gedankens darstellt.

Die zentralen Bestandteile eines kognitiven Zwangsmodells lassen sich wie in Abbildung 6 darstellen.

Erläuterung

Die Person erlebt einen aufdringlichen Gedanken (1), sie findet diesen Gedanken schlimm, abscheulich … (2), dies beunruhigt die Person (3) und führt zum Bedürfnis nach Neutralisierung (4).

Aber (s. Rückkoppelung): Das Neutralisieren (4) gelingt nur unvollständig, dies erhöht wiederum die Erregung/Unruhe (3), und beides ((4), (3)) ist für die Person ein Hinweis auf die Bedeutung des Gedankens (2) und erhöht die Beschäftigung mit dem Gedanken (1) usw.

Beispiel: Ein alleinstehender 35jähriger Patient mit etwa 17 Jahre andauernden Kontrollzwängen und Zwangsgedanken wird von verschiedenen aufdringlichen Gedanken (= 1) geplagt. Diese Gedanken beziehen sich sowohl auf längst vergangene, als auch auf gegenwärtige Situationen („… ich habe möglicherweise auf einer Urlaubsreise vor 5 Jahren einen Unfall verursacht …"

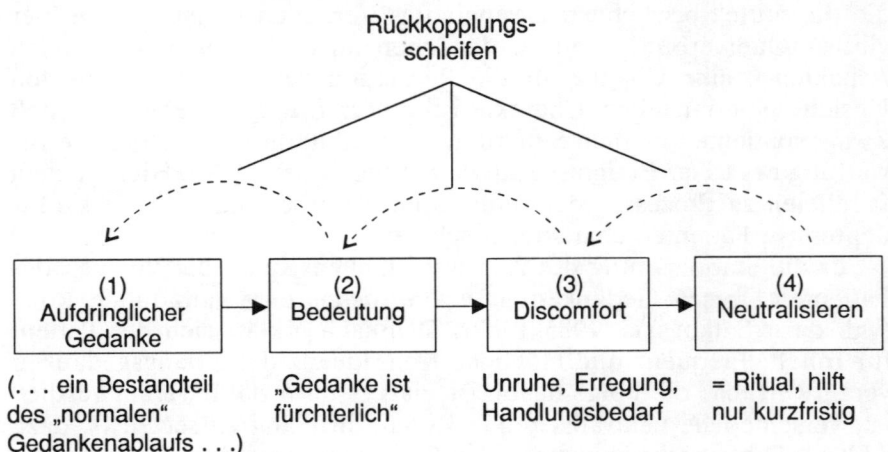

Abbildung 6: Bestandteile eines kognitiven Zwangsmodells (in Anlehnung an P. Salkovskis, 1989)

58

usw.). Gemeinsam ist den verschiedenen Gedanken, daß sie durch die Bedeutung (= 2), die ihnen der Patient zumißt, nicht einfach vergessen werden können. Mit den einzelnen Gedanken verknüpft der Patient große Unsicherheit und spezielle Verantwortung und er erwartet jeweils (zum Teil sehr vage) katastrophale Entwicklungen (etwa: Gefängnisstrafe und beruflicher Ruin als Folge des Unfalls). Dies alles ist für den Patienten äußerst beunruhigend und steigert seine Angst und Erregung (= 3) und zwingt ihn gewissermaßen zum Handeln in Form des Neutralisierens (= 4). Die verschiedenen gedanklichen und verhaltensmäßigen Formen der Kontrolle führen nur zu einer kurzfristigen Beruhigung, der Gedanke ist nicht abgeschlossen und für den Patienten somit erneut bedeutsam usw. Die Menge aufdringlicher Gedanken ist fast endlos, so daß sich der Patient fast andauernd mit den Gedanken beschäftigt, er ist kontinuierlich beunruhigt und durch eine endlose Kette von gedanklichen und verhaltensmäßigen Kontrollzwängen beeinträchtigt.

Die problematische Rolle des *Neutralisierens* im Rahmen dieses kognitiven Zwangsmodells erscheint durch einschlägige Studien (zum Teil auch durch Befunde aus der Allgemeinen Psychologie) gut belegt (s. a. Salkovskis, 1989; Salkovskis & Reynolds, 1994):

1. Entscheidend für das aversive Erleben eines Gedankens ist die eigene Reaktion auf diesen Gedanken, d.h. dessen *Bewertung;* dabei spielen Annahmen hinsichtlich der Verantwortlichkeit usw. eine wichtige Rolle (vgl. Emmelkamp, 1987). Negative aufdringliche Gedanken führen offenbar zu einer Verschlechterung der Stimmung (s. Teasdale, 1983; Reynolds & Salkovskis, 1992). Im Sinne eines Regelkreises (Stimmungskongruenz) werden diese Gedanken dann besonders leicht zugänglich, schwer zu unterdrücken usw.

2. *Neutralisierende* Verhaltensweisen führen zu Stabilisierung von Zwangsgedanken:
   - Neutralisieren verhindert eine Exposition und damit Widerlegung und Löschung der Bedeutung eines Gedankens (s. dazu auch Kap. 5, Behandlung).
   - Neutralisieren erhöht die Beunruhigung und erhält die Vermutung der Verantwortlichkeit aufrecht.
   - Neutralisieren führt zu weiterer kognitiver Verarbeitung des Gedankens in dem Sinne „... der Gedanke ist zwar schlimm, aber wichtig ...“.

3. Es gibt einen *paradoxen Effekt* des Neutralisierens: Das Neutralisieren aufdringlicher Gedanken führt zu erhöhter Erregung, Unruhe und zwar sowohl unmittelbar (als Begleitkomponente des Neutralisierens), als auch langfristig, d.h. dann, wenn das Neutralisieren nicht mehr durchgeführt wird (vgl. dazu Wegner et al., 1987). Zusätzliche Relevanz besitzt hier auch der Aspekt der Selbstbeob-

achtung, nämlich der speziellen Vigilanz gegenüber den eigenen Gedanken und internalen Abläufen (s. Salkovskis & Campbell, 1994).

Für die beobachtete Tatsache, daß die Unterdrückung von Gedanken zu deren Stabilisierung führt, lassen sich zwei Vermutungen auf theoretischer Ebene anführen, nämlich

a) die Hypothese der *Stimmungskongruenz;* dies bedeutet, daß Personen mit dysphorischer Stimmung größere Schwierigkeiten haben, entsprechende Gedanken zu unterdrücken, und

b) die Hypothese des *kognitiven Aufwandes;* damit ist gemeint, daß dysphorische Personen ganz allgemein Schwierigkeiten haben, Gedanken zu beenden (s. dazu auch Wegner, 1989; Conway et al., 1991; Howell & Conway, 1992).

Aus allgemeinpsychologischer Sicht erscheint es eine wichtige und gesunde Funktion des menschlichen Gedächtnisses zu sein, in einer Problemsituation (und dysphorische Stimmung, Depression ... ist ein gutes Beispiel dafür), Gedanken zu behalten und sie *nicht* zu vergessen, weil sie sonst für eine mögliche Problemlösung nicht zur Verfügung stehen. Aus der Perspektive des Zwangspatienten ist dieser Umstand natürlich geradezu fatal.

4. *Therapiestudien* zur kognitiven Behandlung von Zwangsgedanken erweisen sich als durchaus effektiv (Emmelkamp, Visser & Hoekstra, 1988; Lakatos, 1994). Gegenstand der Behandlung waren in erster Linie die Aspekte der *Bewertung* der Gedanken. Wenn es gelang, diese Bewertung zu ändern, erwies sich die kognitiv orientierte Intervention als ausgesprochen zielführend. Dies spricht zumindest indirekt für das hier vorgelegte kognitive Modell.

5. In Anlehnung an die *Bestrafungsliteratur* könnte sowohl die negative Bewertung als auch die aversiv erlebte Unruhe als Hinweisreiz auf die Bedeutsamkeit und Relevanz des Gedankens gesehen werden; dies beinhaltet einen *informativen* Aspekt von Verhaltenskonsequenzen. Interessanterweise zeigt sich bei der Bestrafung von Vermeidungsverhalten, daß dies *nicht* zu einer Senkung der Rate dieses Verhaltens und zur Ausformung von Alternativen führt; dies läßt sich nach Herrnstein (1969) dadurch erklären, daß das Vermeidungsverhalten für den Organismus offenbar immer noch *weniger* unangenehm ist, als ein mögliches Alternativverhalten. Abgesehen von der Einordnung in reaktanztheoretische Modelle kann man diese Tatsache auch im Lichte *kognitiver* Theorien sehen: Die Bestrafung des Verhaltens (zum Teil durch die eigene Bewertung, aber auch durch Kritik von seiten der Umgebung) gilt als kognitiver

Hinweisreiz auf die Bedeutsamkeit des Verhaltens; als Folge dieser Bestrafung wird das Vermeidungsverhalten nun als besonders wichtig usw. angesehen und im Verhaltensrepertoire stabilisiert. Eine weitere Erklärung für die aus lerntheoretischer Sicht paradoxen Befunde der Stabilisierung von Vermeidungsverhalten als Folge von Bestrafung könnte mit einer Zunahme der Belastungs- und Streßbedingungen als direkte Folge der Bestrafung gegeben sein: Die aversive Situation begünstigt den Rückgriff des Organismus auf gewohnte, aber schädliche Rituale.

Ausgesprochen brauchbar erscheinen die kognitiven Modellvorstellungen vor allem, um die selektive *Entwicklung* und den *Verlauf* von Zwängen zu erklären; da praktisch alle Menschen mit zum Teil unerwünschten Gedanken konfrontiert sind und viele Personen diese Gedanken sicher auch negativ bewerten, bleibt die Frage zu klären, warum nicht viel mehr Menschen Zwänge entwickeln als dies ohnehin der Fall ist. Im folgenden *Verkettungsmodell* (siehe Abb. 7) sollen einige wichtige Aspekte – vor allem Übergänge und Verkettungen – illustriert werden; das Modell lehnt sich an allgemeinpsychologische Modelle an und berücksichtigt insbesondere Überlegungen und Befunde von Salkovskis (1985, 1989) sowie typische klinische Merkmale des Verlaufes von Zwängen.

Als wichtiger Hintergrund für das Verkettungsmodell müssen Merkmale der genetischen Prädisposition, der familiären Transmission und Gesichtspunkte der Entwicklung im Rahmen von Sicherheit und Autonomie (s. Röper, 1992) angesehen werden; diese Merkmale sind gewissermaßen auf einer dritten Ebene anzuführen, die in einer Abbildung nur schwer darzustellen ist. Dazu kommen die in einzelnen experimentellen Arbeiten als relevant anzusehenden Aspekte des „Rebound-Effekts" (Wegner, 1989; Clark, Ball & Pape, 1991), der Stimmungskongruenz (Bower, 1981; Schwarz, 1987) sowie Merkmale des kognitiven Aufwandes (Conway et al., 1991; Howell & Conway, 1992), die eine Stabilisierung von Gedanken begünstigen.

Gut zu verstehen ist in diesem Modell, daß Zwangsgedanken in den meisten Fällen zu einer *Erhöhung* von Angst und Unruhe führen; die zwanghaften Rituale werden eingesetzt, um diese Unruhe zu bekämpfen und zu senken. Aus dieser Perspektive ist das Neutralisieren auch als funktional äquivalent mit beobachtbarem zwanghaften Verhalten zu sehen.

Einzelne Bestandteile des Modells sind durch verschiedene empirische Untersuchungen – insbesondere aus dem Bereich der Allgemeinen und Kognitiven Psychologie – gestützt (vgl. Niler & Beck, 1989; Frost & Sher, 1989); als „Verkettungs"-Modell wurde es deshalb bezeichnet, weil erst die mehr oder weniger zufällige Aneinanderreihung

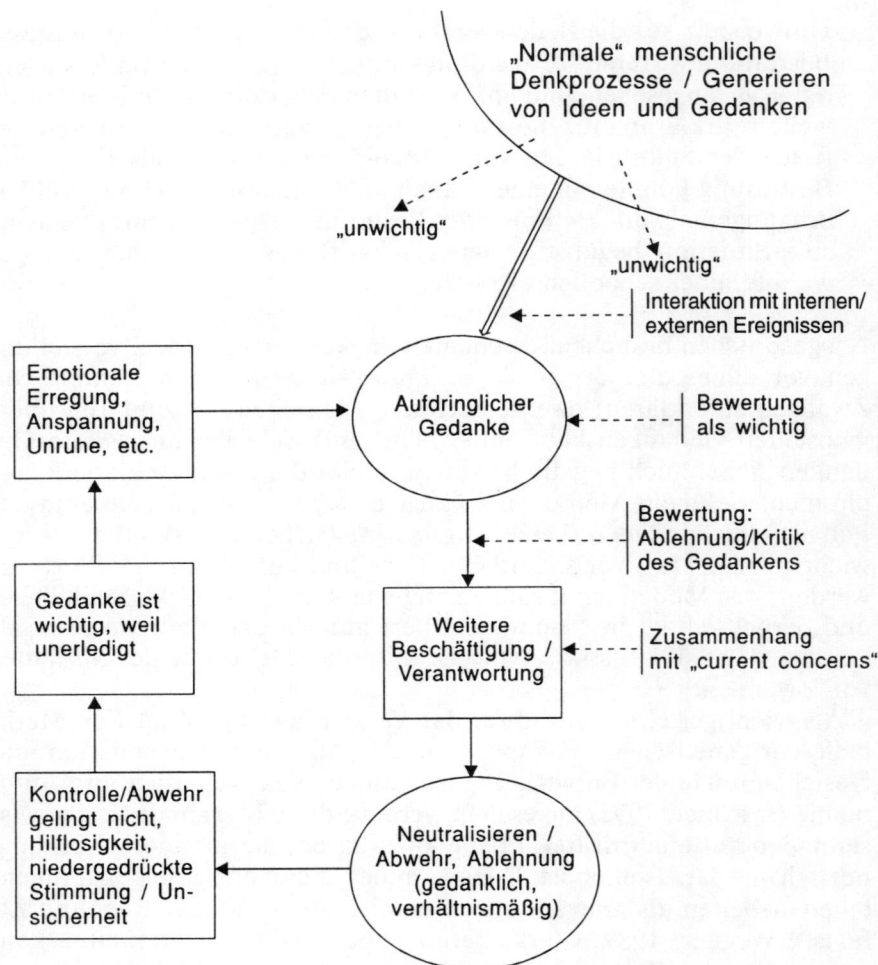

"Normale" menschliche Denkprozesse / Generieren von Ideen und Gedanken

"unwichtig"

"unwichtig"

Interaktion mit internen/ externen Ereignissen

Emotionale Erregung, Anspannung, Unruhe, etc.

Aufdringlicher Gedanke

Bewertung als wichtig

Bewertung: Ablehnung/Kritik des Gedankens

Gedanke ist wichtig, weil unerledigt

Weitere Beschäftigung / Verantwortung

Zusammenhang mit „current concerns"

Kontrolle/Abwehr gelingt nicht, Hilflosigkeit, niedergedrückte Stimmung / Unsicherheit

Neutralisieren / Abwehr, Ablehnung (gedanklich, verhältnismäßig)

Abbildung 7: Wichtige Elemente eines Verkettungsmodells zur Erklärung von Zwängen (insbesondere von Zwangsgedanken).

und das zufällige Zusammentreffen von Gedanken, Bewertung, externen Ereignissen, „current concerns", Annahmen der Person über Verantwortung usw. zu einer *Stabilisierung* des Zwanges führen. Das Thema der Schuld scheint dabei eng mit den aufdringlichen Gedanken verknüpft; Kontrollen und Wiederholungen dienen als Versuche, mit der entstehenden Unruhe und Belastung zurandezukommen. Dies geschieht insbesondere auch durch eine Rückkoppelung über unangenehme emotionale Zustände, die schließlich – zum Teil im Wege über den Versuch, Sicherheit herzustellen und mit den eigenen Entscheidungsschwierigkeiten zurandezukommen – zur Stabilisierung von Zwangsgedanken führen.

Bewertung kognitiver Modellvorstellungen

Kognitive Modellvorstellungen über die Entstehung und Aufrechterhaltung von Zwängen stellen mit Sicherheit eine enorme Bereicherung dar. Dies gilt insbesondere für die Rolle von Zwangsgedanken, die ja auch bei Zwangshandlungen zumeist eine Rolle spielen. Zentral erscheinen vor allem folgende Komponenten:

- Gedanken sind als Elemente im Rahmen der menschlichen Informationsverarbeitung zu sehen,

- problematisch ist die Bewertung vor dem Hintergrund von Verantwortung und von negativen Erwartungen,

- prinzipiell berücksichtigt werden prädisponierende Bedingungen internaler und externaler Art (vgl. dazu Gray, 1971) und

- problematisch ist vor allem die Rolle des Neutralisierens, die im Wege über unangenehme Emotionen zur Stabilisierung des Zwangsgedankens führt.

Es ist sicher nicht unproblematisch, das Modell als rein „kognitiv" zu beurteilen, weil sowohl Verhaltensabläufe, als auch physiologische und emotionale Prozesse innerhalb des Modells eine sehr wichtige Rolle spielen; „kognitiv" wurde hier lediglich zur Kennzeichnung einiger zentraler und für das Modell wichtiger Elemente verwendet. Es ist dem Modell aber als Vorteil anzurechnen, daß es die Interaktion mit unterschiedlichen Ebenen des Organismus berücksichtigt.

Zum Aspekt der Stabilisierung von unerwünschten Gedanken durch die Unterdrückung derselben gibt es durchaus kritische und widersprüchliche Befunde (s. Muris et al., 1993). Hier konnten die Effekte der Unterdrückung von Gedanken zumindest kurzfristig nicht gefunden werden. Eine gewisse Klärung könnte zum einen mit dem bereits angesprochenen Rebound-Effekt (s. Clark et al., 1991) gegeben sein, wonach sich die Unterdrückungseffekte eher langfristig zeigen. Zum anderen gibt es Hinweise über die Rolle des Handlungs-Gedächtnisses (s. Rubenstein et al., 1993), das hier vermutlich eine vermittelnde Rolle spielt.

Weitgehend unklar ist bis heute die Funktion von sogenannten „unsinnigen" kognitiven zwanghaften Prozessen, wie das Addieren von Zahlen, das Nennen spezieller Zahlen oder auch das Aufsagen von „sinnlosen" Sätzen und Sprüchen und dergleichen mehr.

4.3 Zwänge als emotionale Netzwerke: Kognitionen, Physiologie und Verhalten (System-Modell)

In Ergänzung zu kognitiven Modellvorstellungen wird für Zwangspatienten eine Störung kognitiver und emotionsverarbeitender Prozesse angenommen (vgl. Lang, 1979; Foa & Kozak, 1986). Die bio-informationale Theorie von Lang (1979) geht davon aus, daß Angst und ähnliche Emotionen eine *Netzwerkstruktur* im menschlichen Gedächtnis aufweisen. Innerhalb dieser Struktur sind folgende Informationen gespeichert:

- Informationen über Stimuli/Situationen;

- Informationen über mögliche verbale, verhaltensmäßige und physiologische Reaktionen und

- Informationen über die Bedeutung von Situationen, über die Bedeutung von Reaktionen und über deren Zusammenhang.

Die Ausformung solcher Strukturen erweist sich für den menschlichen Organismus als außerordentlich nützlich: Das Individuum ist in der Lage, durch die Aktivierung des Netzwerkes sehr rasch und effektiv Situationen zu erkennen und entsprechend deren Bedeutung zu reagieren. Verhängnisvoll können solche propositionalen Strukturen allerdings dann werden, wenn sich aufgrund problematischer Erfahrungen und damit verbundener Lernprozesse eine *pathologische* Gedächtnisstruktur ausgebildet hat. Patienten mit Zwängen leiden zwar nicht unter einem generell schlechten Gedächtnis, sie scheinen jedoch wenig *Vertrauen* in die eigene Erinnerung zu besitzen (McNally & Kohlbeck, 1993). Auch Rubenstein et al. (1993) weisen darauf hin, daß Zwangspatienten im Vergleich mit Normalpersonen bei Gedächtnisuntersuchungen keineswegs schlechter abschneiden; kennzeichnend für Patienten scheint allerdings zu sein, daß sie *Fehl-Erinnerungen* zeigen, d.h. sie haben Schwierigkeiten sich zu erinnern, ob eine bestimmte *Handlung* (siehe Handlungsgedächtnis!) durchgeführt worden ist. Dies begründet in hohem Maße den Zweifel und die Unsicherheit von Zwangspatienten. Pathologische (z.B. Angst-) Strukturen erweisen sich als a) hoch persistent, b) intern kohärent und c) hochgradig irrational (Foa & Kozak, 1986).

So zeigt sich beispielsweise bei einem Patienten mit massiven agoraphobischen Ängsten in etwa folgende Struktur der Informations- und Emotionsverarbeitung:

„Es ist sehr gefährlich, ins Kaufhaus zu gehen (Information und Bewertung der Situation), dort werde ich zittern, schwitzen, benebelt sein, nicht vernünftig denken und wahrnehmen können usw. (Information und Bewertung möglicher Reaktionen), und wenn ich nicht in der Nähe des Ausgangs bin und rechtzeitig weglaufe, werde ich umfallen, mich blamieren, eventuell sterben usw. (Information über Zusammenhang von Situation und Reaktion sowie über die Konsequenzen). Dies passiert mir andauernd und in sehr vielen Situationen (Persistenz), es läuft immer wieder nach demselben Schema ab (Kohärenz), und ich bin völlig hilflos, machtlos, und daran wird man auch nie etwas ändern können (Irrationalität)".

Bei der Behandlung von Angststörungen zeigt sich, daß eine Veränderung dieser Angst-Struktur im Wege über emotionale Verarbeitungsprozesse möglicherweise einen entscheidenden Mechanismus für die Bewältigung der Ängste darstellt.

Wenn man die Überlegungen der bio-informationalen Theorie von Lang (1979) bzw. zur damit verbundenen pathologischen Struktur auch für die Analyse von Zwängen heranzieht, so sind folgende Aspekte wichtig:

Im Vergleich zu anderen Angststörungen zeigen Zwangspatienten u. a. deshalb ein so heterogenes klinisches Erscheinungsbild, weil die pathologische Struktur dieser Patienten ebenfalls eine extreme Varianz aufweist (vgl. Kozak, Foa & McCarthy, 1988). Diese breite Varianz der Annahmen über die Gefährlichkeit von Situationen, über mögliche Vermeidungsreaktionen und ihre Bedeutung hängt mit einem speziellen Mechanismus bei Zwängen zusammen: Bei sehr vielen Ängsten (und anfangs wohl auch bei der Ausformung von Zwängen) versucht der Patient, spezielle gefürchtete Situationen zu vermeiden; dieses auch als *passive Vermeidung* bezeichnete Reaktionsmuster bezieht sich auf die Vermeidung des Kontaktes mit anderen Personen, mit Toiletten, mit öffentlichen Verkehrsmitteln usw. Mit anderen Worten: Beim passiven Vermeidungsverhalten ist klar, welche Situationen durch das *Nicht*-Ausführen einer Handlung umgangen werden können. Wegen der enorm großen Anzahl möglicher Situationen und entsprechender Bewertungen wird passive Vermeidung bei Zwangspatienten unmöglich: Der Patient greift von sich aus, d. h. aktiv, zu einer Reihe von Verhaltensmustern (Ritualen), die ihm zumindest kurzfristig eine Reduktion der Unruhe und damit eine gewisse Sicherheit verschaffen. Von der Entwicklung der Problematik her muß man vermutlich sagen, daß bereits die *Wiederholung* bestimmter Verhaltensweisen eine gewisse Sicherheit schafft. Die recht zwanghaften Rituale auf Verhaltens- und kognitiver Ebene lassen sich als Strategien der *aktiven Vermeidung* bezeichnen.

Bei Patienten hängen Ärger und Unruhe einerseits und die Ausformung von zwanghaften Ritualen (insbesondere Kontrollen, Zweifel ...) andererseits eng zusammen (s. Tallis & de Silva, 1992). Beides scheint eine Reaktion auf Streßbelastungen zu sein und ist in funktionaler Hinsicht ganz ähnlich zu bewerten.

Patienten mit Zwängen (insbesondere Zwangsgedanken) verbinden nun unwahrscheinlich viele Situationen mit der Vorstellung von Gefahr oder von Beeinträchtigung; diesen Umstand kann und muß man als eine Art *kognitiver Beeinträchtigung* sehen. Nach Kozak, Foa & McCarthy 1988) betrifft diese Beeinträchtigung folgende vier Bereiche:

1. *Entscheidungs*schwierigkeiten, Unsicherheit, Zweifel: Patienten mit Zwängen benötigen sehr viele Informationen und brauchen lange Zeit, um zu Entscheidungen zu gelangen; sie sind sich auch dann noch über die Richtigkeit dieser Entscheidung sehr unsicher („… im Zweifelsfalle noch einmal nachschauen …").

   Die angeführten Entscheidungsschwierigkeiten („indeciveness") werden von Frost & Shows (1993) als spezifisches Merkmal von (Kontroll-)Zwängen angesehen. Zusammenhänge mit dem Thema der Unsicherheit (s. Röper, 1992) liegen insofern auf der Hand, als Zwänge einen Versuch darstellen, die Unsicherheit in einer speziellen Situation zumindest kurzfristig zu reduzieren.

2. Patienten mit Zwängen rechnen in sehr vielen Situationen mit der Wahrscheinlichkeit *negativer Konsequenzen*, u. a. auch damit, selbst Fehler zu machen. Bei Patienten fällt eine deutliche Überschätzung der subjektiven Wahrscheinlichkeit für die Gefährlichkeit einer Situation auf.

3. Im Zusammenhang damit steht die Einschätzung, daß diese negativen Konsequenzen eine große *Gefahr* darstellen; in Kombination mit der Wahrscheinlichkeit (Erwartung × Wert) erwarten Zwangspatienten dann jeweils sehr wahrscheinlich sehr bedrohliche Ereignisse.

   Frau E. überschätzte zum einen die Wahrscheinlichkeit einer Ansteckung durch Krankheitskeime; dies wird zum anderen erst in Kombination mit der *Bewertung* des möglichen Ergebnisses fatal: Krankheit und Tod eines Familienmitgliedes oder gar die befürchtete ewige Verdammnis sind so bedrohliche Ereignisse, daß der Logik der Patientin nach selbst geringste Wahrscheinlichkeiten ausgeschaltet (d. h. aktiv vermieden) werden müssen.

4. Im Bereich entscheidender *Lernmechanismen* zeigen Zwangspatienten eine ihrem Netzwerk entsprechende problematische Informationsverarbeitung; sie diskriminieren und generalisieren entsprechend der Gefährdungen, die sie als gegeben annehmen (vgl. dazu auch Carr, 1974).

Ein spezielles Problem stellen zwanghafte *Bilder* dar (vgl. de Silva, 1986): Solche Bilder sind häufig Begleitkomponenten von Zwängen, auch wenn sie entweder gar nicht oder in verbaler Form (als Proposition) geschildert werden. De Silva (1986) etwa unterschied einzelne

Unterformen solcher Bilder (passive Zwangsvorstellungen, aktive Bilder, Katastrophenbilder, störende Bilder), über deren Häufigkeit und funktionale Rolle bei der Aufrechterhaltung von Zwängen noch weitgehend Unklarheit herrscht.

Für das Vorliegen der einzelnen Beeinträchtigungen bei Zwangspatienten gibt es inzwischen eine Reihe von Befunden (vgl. Persons & Foa, 1984; Kozak, Foa & McCarthy, 1988). Das beeinträchtigte Denken („intrusive thinking") scheint ein für Zwänge, allerdings nicht für Ängste besonders charakteristisches Merkmal zu sein (Purdon & Clark, 1993). Ein weiterer Hinweis auf die selektive Informationsverarbeitung von Zwängen stammt aus den Untersuchungen von Foa et al. (1993) sowie von Lavy, v. Oppen & v. d. Hout (1994). In differentialdiagnostischer Hinsicht ist es noch wichtig anzumerken, daß die propositionale Struktur als theoretisches Konstrukt betrachtet werden muß; sie läßt sich nicht einfach durch Befragen des Patienten (Interview) erschließen, sondern ergibt sich aus einer Kombination unterschiedlicher Datenquellen. Wie bei allen experimentell-psychopathologischen Ergebnissen ist bei der Interpretation der unterstellten Beeinträchtigungen durchaus eine gewisse Vorsicht geboten:

Die Tatsache von problematischer Informationsverarbeitung bzw. einer speziellen Netzwerkstruktur erlaubt nicht unbedingt einen Schluß auf eine mögliche *Ursache* von Zwängen; auf der anderen Seite sind die Befunde therapeutisch gesehen sehr hilfreich: Das therapeutische Vorgehen verlangt eine *Umstrukturierung* der kognitiven und emotionalen Struktur beim Patienten (vgl. Foa & Kozak, 1986); dies wird u. a. Gegenstand der Überlegungen in Kapitel 5 sein.

Die Modellvorstellung von P. Lang (1979) bzw. Foa & Kozak (1986) lassen sich zusammenfassend zur Präzisierung des Selbstregulations-Systems heranziehen; eine theoriegeleitete funktionale Analyse von Zwängen sollte dabei die einzelnen Ebenen und Rückkoppelungen innerhalb des allgemeinen Systems menschlichen Verhaltens berücksichtigen (vgl. dazu Kanfer, Reinecker & Schmelzer, 1990).

Das von Kanfer, Reinecker & Schmelzer (1990) ausgearbeitete allgemeine System- Modell menschlichen Verhaltens könnte für den Praktiker als Raster zur theoriegeleiteten Analyse von Zwängen im Einzelfall dienen; in der folgenden Abbildung 8 wurden lediglich die einzelnen Elemente benannt, die im konkreten Fall der Präzisierung bedürfen. Zum Zwecke der Übersichtlichkeit wurden auch die in diesem Kapitel besprochenen theoretischen Elemente nur ansatzweise benannt; sie können durch den Leser selbständig zur Verdeutlichung der möglichen Genese und zur Aufrechterhaltung bei Zwängen herangezogen werden (z. B. Aspekte des Zwei- Faktoren-Modells; kognitive Modellvorstellungen oder Annahmen über die propositionale Gedächtnisstruktur bei Zwangspatienten).

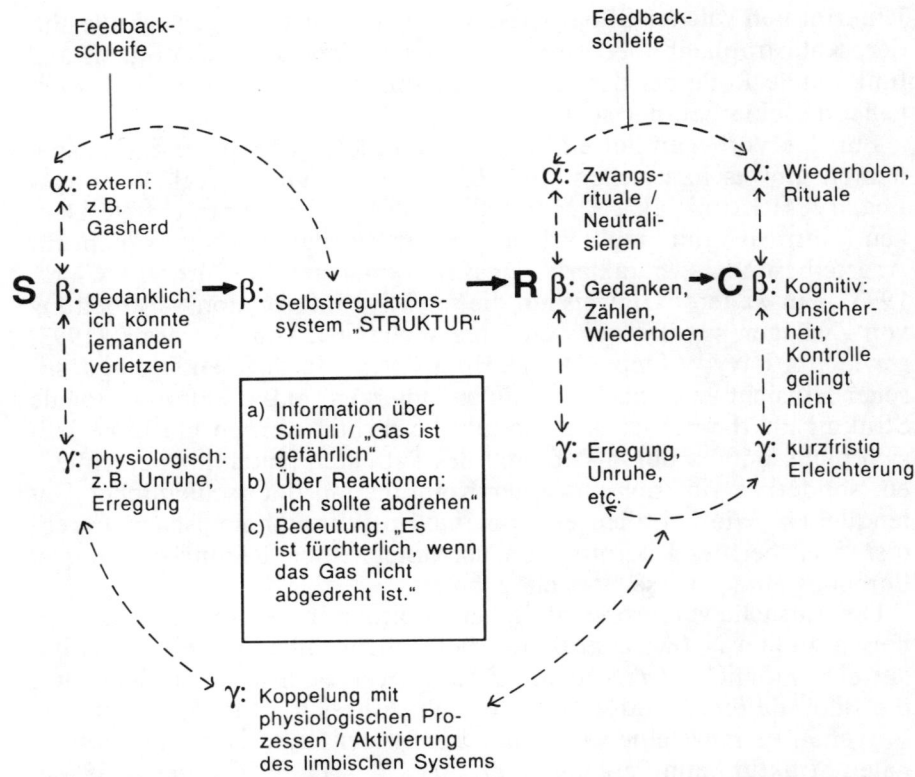

Abbildung 8: Analyse von Zwängen im System-Modell menschlichen Verhaltens

Wenn man die angeführten theoretischen Modellvorstellungen zusammenfaßt, so kann man speziell für die vergangenen circa 10 bis 15 Jahre eine ausgesprochen erfreuliche Entwicklung konstatieren: Wir verfügen heute zwar über keine einheitliche und schon gar nicht über eine unumstrittene Theorie der Zwangshandlungen und Zwangsgedanken. Die im vorliegenden Kapitel angeführten einzelnen Modellvorstellungen enthalten jedoch einen Grad an Differenzierung einerseits und sind durch experimentelle und klinische Befunde andererseits so gut gestützt, daß sie ausgesprochen brauchbare Erklärungen zu liefern vermögen. Dies gilt insbesondere für ihre Bedeutung als Grundlagen von effizienten Therapieverfahren. Daß die Therapie bei Zwängen immer noch ein schwieriges Unterfangen darstellt, weiß jeder, der sich als Therapeut längere Zeit damit beschäftigt hat; dies wird auch im folgenden Kapitel über die Behandlung von Zwängen zum Ausdruck kommen.

5. Die Behandlung von Zwängen

Auf der Grundlage der vorangegangenen Überlegungen werden in diesem Kapitel einige zentrale Bausteine für die Behandlung von Zwängen angeführt; dabei werden nach den Aspekten der *Vorbereitung* einer Intervention die *Prinzipien* für die Therapie von Zwangshandlungen und Zwangsgedanken im Mittelpunkt stehen: *Konfrontation* und *Reaktionsverhinderung* haben sich dabei als wichtigste Behandlungs-Elemente herausgestellt. Dazu kommen einige ergänzende Aspekte, die ebenfalls angeführt werden. Besondere Beachtung verdienen *kognitive* Behandlungsprinzipien und die Therapie von Zwangsgedanken. In diesem Bereich sind in den vergangenen Jahren entscheidende Fortschritte zu verzeichnen. Das Kapitel wird mit Überlegungen zum Problem der Generalisierung und eines langfristigen Management von Zwängen – zum Teil auch damit verbundener Probleme – abgeschlossen.

5.1 Vorbereitung der Behandlung

Eine sorgfältige und wohlüberlegte Vorbereitung der Behandlung bildet ein unverzichtbares Merkmal fundierten klinisch-psychologischen Vorgehens. Fachleute weisen immer wieder auf die Bedeutung der therapeutischen *Beziehung* gerade bei der Behandlung von Zwangsstörungen hin (z.B. Marks, 1987; Turner & Beidel, 1988; de Silva & Rachman, 1992). Praktikern sind die damit verbundenen Probleme vertraut – häufig im Sinne einer Gratwanderung zwischen feindseliger Ablehnung und totaler Vereinnahmung durch den Patienten. Sehr transparent wird die Thematik durch die Schilderung einer Patientin (L.M., 1991), in der die „Innensicht" sowohl der Pathologie, als auch der befreienden Veränderung sehr plastisch geschildert wird.

Es ist bekannt, daß der Gestaltung der therapeutischen Beziehung speziell in den ersten Kontakten (dazu gehören bereits telefonische Anmeldungen oder Kontakte über Drittpersonen ...) größte Bedeutung zukommt (Kanfer et al., 1990; Schindler, 1991). Man muß aber festhalten, daß es in der Therapie nicht möglich ist, die Gestaltung der Beziehung (quasi als „unspezifischer Faktor") von den Merkmalen der technischen Durchführung (quasi als „spezifischer Wirkfaktor") zu trennen. Die Durchführung der Therapie kann nur vor dem Hintergrund einer therapeutischen Relation erfolgen und umgekehrt ist die therapeutische Beziehung nur herzustellen, wenn dies Hand in Hand mit der Umsetzung derjenigen Veränderungsstrategien einhergeht, die sich bei der Behandlung von Zwängen als zielführend herausstellen. Aus diesem Grunde werden zunächst einige für die therapeutische Beziehungsgestaltung zentrale Aspekte und Probleme angesprochen, die es schon bei der Vorbereitung der Behandlung (im engeren Sinne) zu berücksichtigen gilt.

Es ist das Ziel dieser ersten Kontakte zwischen Patient und Therapeut, ein gemeinsames *Arbeitsbündnis* herzustellen, indem beide Partner zur Lösung der Probleme beitragen. Bereits gegen Ende des Erstkontaktes sollte der Patient im Therapeuten eine Person sehen, die das Problem ernstnimmt, die kompetent und willens ist, ihm bei der Analyse und Veränderung beizustehen, kurz: Daß es sich für ihn, den Patienten *lohnt*, wiederzukommen und die Therapie auf sich zu nehmen. Auf der anderen Seite sollte dem Patienten frühzeitig klar sein, *welche* Anforderungen die Therapie an ihn stellt und inwiefern Aktivität und Eigeninitiative eine notwendige Vorbedingung für die Intervention darstellen.

Gerade bei Patienten mit Zwängen sind diese ersten Schritte des therapeutischen Prozesses (vgl. Kanfer & Grimm, 1981; Schmelzer, 1986) bekannterweise mit großen Schwierigkeiten verknüpft:

- Patienten mit Zwangsstörungen sind einer Behandlung ihres Problems gegenüber sehr *ambivalent* (vgl. Turner & Beidel, 1988); dies scheint in gewisser Weise mit ein Merkmal des Problems zu sein: Unsicherheit, Zweifel usw. über die nächsten Schritte im Leben und hier auf die Therapie bezogen. Dies reflektiert teilweise auch massive Angst des Patienten vor einer konkreten Behandlung.

  Beispiel: Eine 35jährige Patientin mit lange andauernden Zwängen berichtet im Erstgespräch, daß sie noch eine Reihe anderer Personen und Institutionen kontaktiert habe, die auch für eine Behandlung in Frage kämen: Stationäre Therapie in der Nervenklinik, Psychosomatische Klinik, Sozialpsychiatrischer Dienst, ambulante Therapie bei einer Kollegin ... Diese Patientin war sich lange Zeit nicht sicher, ob und welche der Behandlungen für sie sinnvollerweise in Frage käme.

- Patienten mit Zwängen weisen üblicherweise eine zum Teil nicht nur subjektiv entmutigende Kette von *erfolglosen Behandlungsversuchen* auf; dies führt dazu, daß Patienten dem Therapeuten oder der Einrichtung gegenüber anfangs mit großer Skepsis begegnen. Aufgabe des Therapeuten ist es dann, dieses allgemeine und verständliche Mißtrauen abzubauen; nur wenn es gelingt, beim Patienten *Hoffnung* in eine Veränderung zu wecken, kann man eine Therapie als sinnvoll und zielführend ansehen.

Damit im Zusammenhang steht die bei vielen psychischen Störungen bekannte, bei Zwangspatienten aber besonders auffällige Tendenz zur *Verheimlichung* des Problems; selbst nächste Angehörige oder Freunde sollten nicht von der Störung oder der Therapie erfahren. Details eines Problems werden von Patienten weitgehend schamhaft verheimlicht.

Beispiel: Ein 30jähriger alleinstehender Patient mit extremen Kontrollzwängen begibt sich mehrere hundert Kilometer entfernt zur Therapie; als wir ihn auf die Möglichkeit zur Therapie in seiner Heimatstadt hinweisen, lehnt er entrüstet ab: Er sei absichtlich so weit gefahren, weil niemand aus seiner Umgebung von seinem Problem und der damit verbundenen Therapie erfahren dürfe.

- Damit im Zusammenhang steht eine häufig unzureichende *Motivation* für die Durchführung einer Behandlung; unter „Motivation" wird hier die Bereitschaft verstanden, konkrete Schritte in Richtung auf das Ziel der Therapie zu unternehmen.
Viele Patienten leiden zwar enorm unter ihren Schwierigkeiten, eine therapeutische *Veränderung* ist aber möglicherweise mit so großen Ängsten und Befürchtungen verbunden, daß auch kleinste Schritte nicht realisierbar erscheinen. Es hat unserer Auffassung nach wenig Sinn, von „unmotivierten" Patienten zu sprechen (vgl. Kanfer, Reinecker & Schmelzer, 1990, speziell Teil II, Phase 2): Aufgabe des Therapeuten ist es vielmehr, gemeinsam mit dem Patienten realistische Ziele zu entwerfen und die positive Attraktivität dieser Ziele herauszustellen. Das Thema der Motivation besitzt gerade bei der Therapie von Zwängen höchste Relevanz und wird aus diesem Grunde noch etwas ausführlicher aufgegriffen.

Beispiel: Ein 25jähriger Patient wies eine Reihe von zum Teil bizarren Kontrollzwängen auf: Er brauchte zur Kontrolle, ob Haustür, Wohnungstür usw. geschlossen und dadurch niemand (z. B. auch keine Insekten) verletzt worden ist, mehrere Stunden. Der Patient betrat seine Wohnung erst spät abends und fiel nach mehreren Stunden der Kontrolle total erschöpft ins Bett. Seine Zwänge hingen mit einem sehr ungeregelten, bohemienhaften Lebensstil zusammen. Die Zwänge waren praktisch als einzig stabilisierender Faktor in seinem Leben anzusehen. Im Rahmen der Intervention wäre es notwendig gewesen, daß der Patient auch verschiedene Merkmale dieses Lebensstils veränderte, um die Zwänge in den Griff zu bekommen. Die damit verbundenen Ziele erschienen dem Patienten explizit nicht attraktiv genug und er brach die Therapie nach wenigen Sitzungen ab.

- Die oben (s. Kap. 3) angesprochenen Merkmale von Zwangspatienten erschweren eine günstige Patient–Therapeut-*Interaktion;* dazu gehören Aggressivität, Feindseligkeit und Rigidität auf seiten des

Patienten, die vom Therapeuten ein hohes Maß an Ruhe, Flexibilität und Toleranz verlangen. Die Schaffung einer tragfähigen Interaktion ist gerade bei der Behandlung von Zwangspatienten eine unverzichtbare Voraussetzung für das Gelingen der Therapie. Daß dies langfristig gesehen Probleme der Abhängigkeit und Schwierigkeiten bei der Ablösung (Beendigung der Therapie) aufwerfen kann, sei hier nur erwähnt.

Als Beispiel für die anfängliche Kombination von Aggression, Feindseligkeit und Rigidität läßt sich die Therapie bei einem 18jährigen Mädchen mit massiven Ordnungszwängen anführen:
Die Patientin äußerte sich dem Therapeuten gegenüber im Erstgespräch (in Anwesenheit der Mutter) sehr aggressiv; sie war vorher einige Zeit in der Kinderklinik stationär behandelt worden und verlangte vom Therapeuten eine rasche und effiziente Behandlung. Andererseits testete sie offenbar die Kompetenz und das Vertrauen des Therapeuten: „Wissen Sie überhaupt, wie das aussieht, wenn ich stundenlang in meinem Zimmer aufräumen muß …?" „Haben Sie da eigentlich Erfahrung …?" Die Patientin äußerte auch sehr rigide Vorstellungen über den Verlauf der Intervention: „Sie müssen in jedem Fall die Therapie bei mir zu Hause durchführen, sonst hat das alles keinen Sinn …!" (die Patientin wohnte circa 60 km entfernt) oder: „Eine weibliche Therapeutin wäre mir übrigens viel lieber!"

Der Umgang mit diesen konkreten Schwierigkeiten zu Beginn des therapeutischen Prozesses ist bei Zwangspatienten sicher nicht einfach; neben den angeführten Hinweisen haben wir kürzlich allgemeine Strategien für den therapeutischen Prozeß dargelegt (Kanfer, Reinecker & Schmelzer, 1990). Neben den diagnostischen und theoretischen Kompetenzen eines Therapeuten und einer entsprechenden Erfahrung soll auch die Notwendigkeit einer kontinuierlichen Supervision betont werden.
Vor Beginn der eigentlichen Behandlung sollte sichergestellt sein, daß der Patient mit der Intervention einverstanden ist; es hat überhaupt keinen Sinn, einen Patienten zu drängen und ihm immer wieder die Chance einer Besserung und die damit verbundenen Vorteile vor Augen zu halten. Wenn der Patient zögert, ob er die Behandlung auf sich nehmen möchte, so sollte man ihm unbedingt *Zeit* geben, dies zu überlegen (vgl. auch Turner & Beidel, 1988). Entscheidend ist dabei, daß der Patient ernsthaft zu erkennen gibt, daß er mit der vom Therapeuten vorgeschlagenen Behandlung einverstanden ist. Dabei muß klar sein, daß

a) die zentralen Aspekte der Therapie in der Weise durchgeführt werden, wie dies vom Therapeuten aus theoretischen Überlegungen heraus für sinnvoll erachtet wird,

b) dieses Vorgehen dem Patienten im Detail erklärt wird (s. unten, Plausibles Modell) und der Patient Informationen über die einzelnen Schritte der Behandlung erhält.

Eine Überraschung oder „Überrumpelung" des Patienten ist weder aus therapeutischen, noch aus ethischen Gründen akzeptabel.

Zur Vorbereitung der Therapie gehört es auch, mit dem Patienten zusammen ein *realistisches* Verständnis von den Möglichkeiten der Therapie zu entwickeln; dazu gehören in erster Linie Klärungen der *Ziele*, die im Lebenskontext des Patienten sinnvoll und erreichbar sind. Manche Kollegen weisen Patienten darauf hin, daß es sich bei ihrem Problem um eine „chronische Störung" handelt, die man lindern oder beeinflussen, aber niemals ganz beseitigen könne (hierzu werden manchmal Beispiele wie Insulinpflichtigkeit bei Diabetes Mellitus usw. genannt). Solche Hinweise können – auch wenn sie einen richtigen Aspekt der Behandlung bei Zwängen treffen – durchaus problematisch für die Motivation des Patienten sein; zielführender sind deshalb Hinweise, daß die Behandlung des Zwanges dem Patienten helfen sollte, mit diesem Problem besser zurandezukommen. Die damit verbundene positive Lebensperspektive schafft für viele Patienten eine günstige motivationale Voraussetzung zur Eigenaktivität und zum langfristigen Selbstmanagement.

Zwänge sind – dies wird dem Therapeuten im Rahmen der Verhaltensanalyse relativ bald klar – nicht isoliert, sondern als eingebettet in einen komplexen Lebenszusammenhang anzusehen; auf der Makro-Ebene sind deshalb nicht nur die engeren nosologischen Aspekte zu berücksichtigen, sondern auch die Einschränkungen und Vernetzungen im persönlichen und familiären Bereich (vgl. Marks, 1987). In sehr vielen Fällen gewinnt man als Therapeut und als außenstehender Betrachter den Eindruck, daß sich die Zwangsproblematik nicht in dieser Form entwickeln hätte können, wenn nicht die Familie in entsprechender Weise „mitgespielt" hätte. Vor der Durchführung der Therapie sind deshalb die möglichen Veränderungen und ihre Auswirkungen auf das familiäre und soziale Netz des Patienten sehr detailliert zu berücksichtigen; dies sollte in Anlehnung an Schulte (1976) bereits im Rahmen der Zielbestimmung mit der Frage geschehen, welche Folgen eine mögliche therapeutische Veränderung für den persönlichen Bereich des Patienten und für seine soziale Umgebung nach sich zieht. Gerade bei der stationären Behandlung von Zwangspatienten ist man von „Erfolgen" der Therapie möglicherweise völlig überzeugt; nach der Entlassung des Patienten in das heimische Setting ist man vom Rückfall dann unter Umständen ebenso überrascht. Diese Berücksichtigung der sozialen Einbettung heißt nicht unbedingt „Familientherapie bei Zwangspatienten", sondern eine genaue und konsequente Analyse der Makro- Bedingungen. Familientherapie stellt dabei nur eine und unseres Erachtens nicht einmal die wichtigste oder zielführendste Konsequenz dar.

Motivationale Aspekte

Die Bedeutung motivationaler Bedingungen für die Therapie psychischer Störungen kann nicht hoch genug eingeschätzt werden; sie bilden im Vorfeld und in der Vorbereitung auf die Therapie eine unabdingbare Voraussetzung. Dies gilt insbesondere auch für die Umsetzung technischer Aspekte (siehe Exposition und Reaktionsverhinderung). Im folgenden Abschnitt werden einige aus therapeutischer Sicht wichtige Merkmale für die Motivation angeführt.

1. Therapie bei Zwängen ist zumeist eingebettet in jahrelange – zum Teil nur sehr begrenzt erfolgreiche – Therapieversuche (s. dazu auch Erlbeck & Gokeler, 1993). Die Pathologie des Patienten geht mit Resignation, Enttäuschung und Hoffnungslosigkeit einher. Dazu kommt häufig (primär oder sekundär) depressive Verstimmung, die die Änderungsbereitschaft nicht gerade begünstigt.

Eine erste Aufgabe des Therapeuten besteht darin, der allgemeinen *Demoralisierung* entgegenzuwirken. Das Verständnis des Therapeuten, das Stellen der richtigen Fragen vor dem Hintergrund der Kenntnis des klinischen Zustandsbildes und die Kompetenz des Therapeuten schaffen beim Patienten schon ganz zu Beginn der therapeutischen Intervention einen Hinweis auf eine prinzipielle Veränderungsmöglichkeit. Der Patient sollte vermittelt bekommen, daß er keineswegs die einzige Person mit der Störung ist, daß seine Gedanken zwar ein Problem darstellen, aber daß dies durchaus ein bekanntes und häufiges Phänomen auch im Alltagsleben darstellt (Rachman & de Silva, 1978). Hinweise auf Beispiele von anderen Patientinnen und Patienten, Erklärungen im Sinne einer plausiblen Einordnung der Problematik in die Biographie des Patienten schaffen eine erste Klärung und bilden eine Möglichkeit für die Veränderung der Hoffnungslosigkeit des Patienten. Ein Patient drückte dies gegen Ende des Erstgespräches sinngemäß folgendermaßen aus: „... ich hatte immer gemeint, ich sei der Einzige mit einem so absurden Problem; viele meiner Versuche haben nicht weitergeholfen und ich war schon so verzweifelt! ... Zum ersten Mal habe ich nun das Gefühl, daß ich an der richtigen Stelle gelandet bin ...". Konkrete erste Erleichterung erleben Patienten insbesondere auch dann, wenn die Therapeutin ihre Fragen nicht nur auf problematische und störende Aspekte lenkt: Die Exploration von gesunden An-

74

teilen auf seiten des Patienten, die Klärung von Stärken und vorhandenen Kompetenzen lenkt das Augenmerk des Patienten weg von der Auffassung, als ganze Person „gestört" und damit unfähig bzw. wertlos zu sein. Die angesprochenen Kompetenzen bilden in vielen Fällen einen konkreten therapeutischen Ansatzpunkt.

2. Patientinnen und Patienten kommen mit unterschiedlichsten Wünschen zur Therapie; der Hinweis auf das Leiden und auf die Pathologie ist für eine therapeutische *Veränderung* noch nicht unbedingt eine ausreichende Voraussetzung. Aufgabe des Therapeuten ist es somit, eine möglichst präzise *Motivationsklärung* vorzunehmen; dies beinhaltet in erster Linie die Frage, ob und in welcher Weise der Patient bereit ist, Aktivitäten in Richtung auf ein spezifisches Ziel zu unternehmen. Zur Motivationsklärung gehört insbesondere die Identifikation von möglichen Hindernissen und eine Klärung von Erwartungen des Patienten bei der Erreichung therapeutischer Ziele. Beispiele für Hindernisse wären etwa Ängste vor einer Veränderung, oder auch fehlende Informationen und Kompetenzen; bei der Klärung von Erwartungen im Zusammenhang mit der motivationalen Analyse kann auf Perspektiven auf ein Leben ohne Zwänge, auf Erwartungen an den konkreten Therapeuten oder auch auf Erwartungen hinsichtlich einer eigenen Beteiligung an der Veränderung verwiesen werden.

Mandler (1975) hat verdeutlicht, daß Veränderungen für die meisten Menschen konflikthaft bis aversiv sind; dies gilt auch für Zwangspatienten, die unter ihrem Problem zwar massiv leiden, mit den pathologischen Denk- und Verhaltensmustern allerdings jahre- oder jahrzehntelang gelebt haben. Konkret gesagt möchte der Patient zwar seine Wasch- und Kontrollzwänge (bzw. seine Zwangsgedanken) ablegen. Für ihn bedeutet dies aber auch die Notwendigkeit, neue und ungewohnte Denk- und Verhaltensmuster einzuüben und zu stabilisieren.

3. Man kann durchaus darüber diskutieren, ob der *Aufbau von Motivation* zu den Aufgaben des Therapeuten gehört. In der Arbeit mit Zwangspatienten stellt dies allerdings einen unerläßlichen Schritt dar. Dies schließt nicht aus, daß sich ein Patient angesichts verschiedener Optionen auch *gegen* eine therapeutische Veränderung entscheiden kann. Der Aufbau von Änderungsmotivation beinhaltet vor allem ein Abgehen von negativen und globalen Angaben, wie z. B.: „Die Zwänge sollten weg sein …!" Bereits die Konkretisierung der Ziele, die Umformulierung in positive Zielvorstellungen und die Erledigung erster Aufgaben durch den Patienten stellen erste Schritte im Aufbau von Änderungsmotivation dar (z. B.: „Was

könnten Sie bereits heute tun, damit Sie zu einem ersten, kleinen Schritt in Richtung auf das Ziel gelangen …?").

Zum Aufbau von Motivation gehört auch entsprechende Transparenz, die Beteiligung des Patienten am Therapieprozeß und die Präzisierung erster, kleiner Schritte. Motivationale Unterstützung beinhaltet auch – und dies ist wesentlicher Bestandteil einer tragfähigen Therapeut-Klient-Beziehung – konkrete Ermutigung des Patienten (z. B.: „Dies war ein erster, wichtiger Schritt; es ist sehr erfreulich, daß Sie dies geschafft haben …"). Unterstützung kann sich sehr direkt auf einzelne Übungen im natürlichen Setting in Anwesenheit des Therapeuten beziehen. Diese Unterstützung spielt vor allem zu Beginn der Intervention eine ganz wichtige Rolle; sie kann und sollte im späteren Verlauf der Therapie zurückgenommen (ausgeblendet) werden, wenn der Patient die ersten positiven Erfahrungen in dem neuen Verhalten gemacht hat.

Bildlich gesprochen könnte man den Aufbau von Motivation als das gemeinsame Ziehen von Patient und Therapeut an einem Strang verstehen; Cotherapeuten, Familienmitglieder usw. sollten dann an der Veränderung beteiligt werden, als sie ebenfalls mithelfen können, in dieselbe Richtung zu ziehen; dies ist wegen der Vernetzung des Problems nicht immer einfach und bedarf einer sensiblen ebenso wie konsequenten Berücksichtigung funktionaler Bedingungen. Grundsätzlich muß man anmerken, daß Therapie selbstverständlich immer nur zusammen *mit* dem Patienten und niemals *gegen* ihn möglich ist; eine präzise Ziel- und Motivationsklärung schafft hierfür günstige Voraussetzungen. Daß Motivationsklärung und Motivationsaufbau auch Grenzen haben, ist jedem Therapeuten gerade im Umgang mit Zwangspatientinnen und Zwangspatienten klar (s. dazu auch das Kap. zum Thema „Mißerfolge").

Prognostische Faktoren

Vor der eigentlichen Darstellung der Interventions-Prinzipien sollte man sich einige Faktoren vor Augen halten, die für die Prognose einer Intervention bedeutsam sind; solche Faktoren sind auch deshalb zu berücksichtigen, weil sie mit dem therapeutischen Vorgehen interagieren können.

Nach einer Sichtung der einschlägigen Literatur gelten folgende Aspekte als Faktoren mit einer *guten Prognose:*

1. Guter psychischer und physischer *Gesundheitszustand* des Patienten *vor* dem Auftreten der Störung; dies wird zumeist auch als „prämorbide Anpassung" bezeichnet.

2. *Episodischer Verlauf* der Zwangsproblematik; dies beinhaltet, daß der Patient im Verlauf seiner Problematik auch Phasen der zeitweisen Besserung erlebt hat.

3. Sogenannte „atypische" *Zustände* gelten als Faktoren mit guter Prognose; dies beinhaltet, daß die Intervention beispielsweise bei massiver Angst oder Depression ihrerseits einen therapeutischen Ansatzpunkt bietet, was sich positiv auf die Zwangsstörung auswirkt.

4. Eine kurze *Dauer* (nicht unbedingt geringe Intensität) der Störung bildet ebenfalls einen Faktor mit guter Prognose.

5. Die Identifikation und damit Bearbeitung kritischer Lebensereignisse wird in der Studie von Lo (1967) als günstig angesehen; dies ist nicht unumstritten. Ingram (1961) etwa hält dies für irrelevant.

Abgesehen von therapeutischen Interventionen werden für Zwänge verschiedene sprunghafte – allerdings äußerst unsystematische – Möglichkeiten der Verbesserung berichtet; solche Remissionen scheinen z. B. für Pilgerfahrten in Indien nachgewiesen, andere ähnliche Fälle werden bei drastischen externen Ereignissen, etwa im Falle von Naturkatastrophen oder auch bei Kriegshandlungen berichtet.

Neben den Faktoren mit guter Prognose sind auch eine Reihe von Bedingungen zu erwähnen, die a priori Faktoren mit *schlechter Prognose* darstellen:

1. Hinweise auf eine klare prämorbide Störung verschlechtern die Chance einer Verbesserung des Zwanges deutlich.

2. Die Dauer der Störung (und damit zusammenhängend deren Intensität) bei Beginn der Therapie gilt ebenfalls als prognostisch ungünstiger Faktor.

3. Einige Studien gehen davon aus, daß der Zustand des Unverheiratetseins einen ungünstigen Prädiktor für eine Besserung darstellt.

4. Als übereinstimmend problematisch gilt das Vorliegen von „overvalued ideas" (Foa, 1979; Marks, 1987): Wenn der Patient vermutet, daß seine Ängste und Befürchtungen im Kern eine realistische Grundlage besitzen, so gilt dies als ein Faktor, der eine Therapie und damit Verbesserung sehr erschwert.

Neben den positiven und negativen Prognosefaktoren stellen sich einige Aspekte auch als prognostisch offenbar unbedeutsam heraus: Das Geschlecht des Patienten, Faktoren der Intelligenz, zwanghaftes Verhalten in der Kindheit, sowie ein akuter versus schleichender Beginn der Zwangsproblematik. Bei Betrachtung der einzelnen Prognosefaktoren sind gewisse Inkonsistenzen festzustellen; diese sind nach Black (1974) in erster Linie darauf zurückzuführen, daß die meisten Studien nicht prospektiv angelegt waren. Methodisch und klinisch sauber angelegte und durchgeführte Untersuchungen könnten durchaus weitere Faktoren ergeben, die bedeutsam sein können. Das Vorliegen prognostisch ungünstiger Faktoren, eventuell sogar noch in Kombination mit entsprechenden Erwartungen von Therapeuten, sollte jedoch keinesfalls dazu führen, Patienten mit einer Kombination problematischer Aspekte möglicherweise als „unbehandelbar" abzulehnen. Gerade diese Patienten sollten für den Therapeuten und auch für Theoretiker eine Herausforderung darstellen. Mit entsprechenden Bemühungen und realistischen Erwartungen kann Therapie durchaus eine Hilfe für den Patienten bilden, sein Leben besser zu bewältigen.

5.2 Behandlung: Konfrontation und Reaktionsverhinderung

Das für die Behandlung von Zwängen wichtigste und unverzichtbare Element besteht in der _Konfrontation_ (Exposition) des Patienten mit der gefürchteten Situation (= ES, vgl. Marks, 1987) und in der Verhinderung von Vermeidungsreaktionen _(Reaktionsverhinderung)._ Die Prinzipien gehen auf Entwicklungen in den sechziger Jahren zurück (vgl. Meyer, 1966) und brachten eine entscheidende und geradezu sprunghafte Verbesserung in den Therapiemöglichkeiten von Zwangspatienten. Das Verfahren wurde dann innerhalb der verhaltenstherapeutischen Forschung weiterentwickelt (vor allem in der Forschergruppe am Maudsley-Hospital in London) und gilt mittlerweile als Standardverfahren bei der Behandlung von Zwängen. Durch die psychologische Fundierung und durch einschlägige empirische Befunde erfüllt das Verfahren die entscheidenden Kriterien eines klinisch-psychologischen Therapieverfahrens (vgl. Perrez, 1982).

Vorgehen

Der Einsatz des Verfahrens verlangt eine präzise Identifikation derjenigen Situationen, die als Auslöser für die Zwangshandlungen und Zwangsgedanken angesehen werden können.

Die Bedeutung einer detaillierten plausiblen Erklärung an den Patienten als Voraussetzung für den Beginn der Therapie kann nicht hoch genug eingeschätzt werden; es ist notwendig, den Patienten darauf hinzuweisen, daß die Behandlung für ihn durchaus mit Unannehmlichkeiten verbunden sein wird und daß es im Prozeß der Therapie Schwankungen und Rückschläge geben kann. Das Ansprechen von problematischen Themen und damit verbundenen Emotionen bildet einen wichtigen Faktor im therapeutischen Prozeß (s. Pennebaker, 1993); eine sensible und beharrliche Gesprächsführung stellt für den Patienten eine Chance für eine erste Umstrukturierung von Erlebnissen und Gedächtnisinhalten dar. Die Auseinandersetzung mit den vom Therapeuten angesprochenen Themen – gerade wenn sie aversiven Charakter besitzen – bildet eine Chance zur Auseinandersetzung, ein Abgehen von bisherigen Vermeidungsmustern und zur Löschung von Angst (s. Kimble, 1961); damit wird die Möglichkeit für alternative, weniger pathologische und hinderliche Gedanken, Emotionen und Handlungen eröffnet.

Vor dem Einsatz des konkreten Therapieverfahrens sollten Therapeut und Patient genügend Zeit dafür aufwenden, um beim Patienten ein ausreichendes Verständnis für seine Probleme, deren mögliche Entstehung und deren Behandlung zu entwickeln. Verständliche, in der Alltagssprache verfaßte Texte können dabei ausgesprochen hilfreich sein; daß dabei nicht auf fachliche Genauigkeit verzichtet werden muß, zeigt das Buch von N. Hoffmann (1990). Wenn dem Patienten das konkrete Vorgehen hinreichend erklärt wurde, er somit ein realistisches Verständnis seiner Störung und der Therapie gewonnen hat, kann eine erste Konfrontation mit der entsprechenden Situation folgen. Zur Verdeutlichung des Vorgehens läßt sich etwa folgende Skizze verwenden:

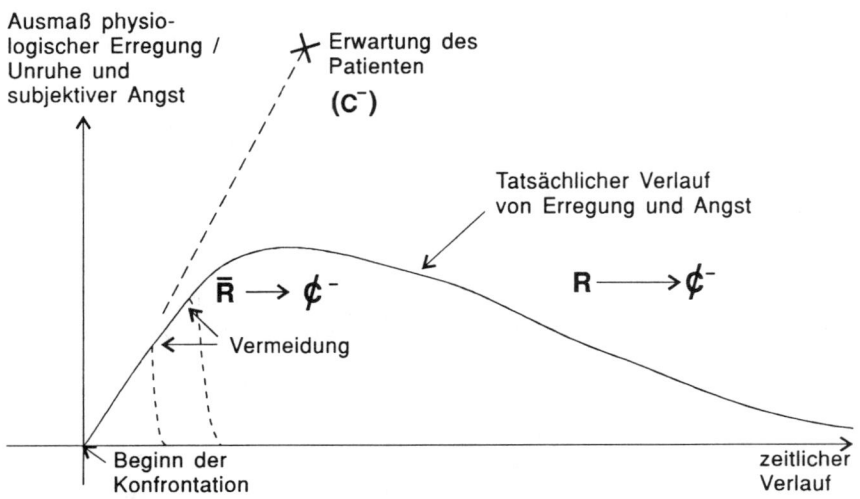

Abbildung 9: Skizze für den Ablauf von Angst/Unruhe bei der Konfrontation bzw. Vermeidung der Situation

Das Verfahren stellt – kognitiv interpretiert – eine Möglichkeit zur Prüfung der Hypothesen des Patienten dar: Bei Beginn der Konfrontation steigen Angst und Unruhe stark an; der Patient erwartet, daß „etwas Fürchterliches" passiert, wenn er sich längere Zeit mit der Situation auseinandersetzt. Daraufhin vermeidet der Patient, d. h. er verläßt die Situation. Damit kommt es kurzfristig zu einer Reduktion der Angst ($\bar{R} \rightarrow \mathcal{C}^-$). Im Rahmen der Reaktionsverhinderung wird nun verhindert, daß der Patient die Situation verläßt; nach einer gewissen Zeit erreicht die Angst/Unruhe ein Plateau und der Patient macht die *konkrete Erfahrung*, daß das Aushalten der Situation *nicht* zu der erwarteten „Katastrophe" führt ($R \rightarrow \mathcal{C}^-$).

Im Laufe mehrerer Konfrontationen *erlebt* der Patient, daß die *Bewältigung* der schwierigen Situation zu einer Abnahme seiner Angst und Unruhe und der damit verbundenen Zwangsrituale führt. Notwendig ist das Verfahren der Reaktionsverhinderung deshalb, weil das Vermeidungsverhalten extrem löschungsresistent ist (vgl. dazu experimentelle Befunde bei Kimble, 1961). Das Vermeidungsverhalten muß konsistent unterbunden werden, damit der Patient überhaupt alternative Erfahrungen machen kann (vgl. Foa & Steketee, 1979; Sturgis & Meyer, 1981; Turner & Beidel, 1988; Baer, 1993).

Die *Durchführung* der Konfrontation und Reaktionsverhinderung erfolgt zunächst innerhalb des therapeutischen Settings und in Anwesenheit des Therapeuten (zumeist mit Co-Therapeutin oder Co-Therapeuten). Die *Dauer* einer Sitzung hängt von der deutlichen Abnahme der Angst beim Patienten ab; diese Abnahme der Angst wird auch vom Patienten subjektiv erlebt und berichtet, der Therapeut sollte jedoch unbedingt Verhaltens- und physiologische Indikatoren der Angst und ihrer Abnahme im Verlauf genau verfolgen. Üblicherweise werden für eine Sitzung 1 ½ bis 2 Stunden – zum Teil auch deutlich länger – benötigt. Das entscheidende Kriterium für die Beendigung der Konfrontation bildet die klinische Einschätzung des Therapeuten, daß Angst und Unruhe beim Patienten deutlich abgenommen haben.

Auch die Realisierung der Reaktionsverhinderung innerhalb der Sitzung wird mit dem Patienten vorher im Detail besprochen; die Reaktionsverhinderung soll sicherstellen, daß der Patient im Verlaufe der massiven Belastung die Situation nicht verläßt (d. h. vermeidet). In den meisten Fällen reicht die Anwesenheit des Therapeuten (oder Co-Therapeuten) aus, damit der Patient der Situation nicht entflieht; gelegentlich ist es notwendig, ihn verbal und nonverbal (z. B. durch Gesten) eindringlich auf die Notwendigkeit des Verbleibs in der Situation hinzuweisen und in ganz seltenen Fällen kann man auf leichte Berührungen (z. B. am Arm nehmen) zurückgreifen, um den Patienten in der Situation zu halten. Im Prinzip ist dies jedoch wenig wünschenswert, weil der Patient dabei nicht lernt, daß er selbst in der Lage ist, die Situation zu bewältigen (problematische Attribution von Erfolg).

Die Durchführung von Konfrontation und Reaktionsverhinderung erfordert in der Regel 10 bis 20 Sitzungen unterschiedlicher Dauer; die Sitzungen werden nach Möglichkeit *nicht* wöchentlich, sondern zumindest am Anfang täglich oder jeden zweiten Tag durchgeführt. Da das therapeutische Setting für den Patienten zumeist eine unproblematische Umgebung darstellt, sollte der Therapeut in den ersten Sitzungen Möglichkeiten der Konfrontation bereitstellen (z. B. Berühren von Türklinken, des Bodens, Aufsuchen der Toilette ...). Der wichtigste Abschnitt des Therapieprozesses erfolgt jedoch in der Konfrontation in der natürlichen Umgebung des Patienten. Dies ist üblicherweise diejenige Situation, die die typischen Auslöser für die Zwangsrituale enthält. Das Vorgehen verlangt vom Therapeuten klarerweise ein hohes Maß an Flexibilität und vom Patienten ein ebenso hohes Maß an Vertrauen gegenüber dem Therapeuten. Aus diesem Grunde wurde mehrfach die Notwendigkeit der Schaffung einer entsprechend tragfähigen therapeutischen Interaktion betont.

Beispiel: Eine 42jährige Patientin mit einem 18 Jahre andauernden Waschzwang hatte sich durch ihre Problematik total isoliert: Sie konnte einzelne Gegenstände nur berühren, wenn sie sich vorher und nachher einem lange dauernden Reinigungsritual unterzogen hatte. So konnte sie etwa das Telefon nicht mehr abheben oder auch die Tür bei einem Besuch nicht öffnen, weil sie viel zu lange brauchte, um sich vorher zu reinigen. Die Wasch- und Reinigungsrituale verkomplizierten den Ablauf des Haushaltes bis hin zur Unerträglichkeit (z. B. Kochen, Wäsche waschen, Radio einschalten, Zeitung lesen ...).
Nach einigen wenigen vorbereitenden Konfrontationen im therapeutischen Setting (Berühren des Bodens, des Tonbandgerätes, eines Stiftes ...) wurde die eigentliche Konfrontation zusammen mit einer Co-Therapeutin bei der Patientin zu Hause durchgeführt: die Patientin hatte nacheinander eine ganze Reihe von vorher abgesprochenen Gegenständen zu berühren (Konfrontation), ohne daß sie dazwischen die Waschrituale durchführen durfte (Reaktionsverhinderung). Dies war für die Patientin anfangs sehr belastend, schuf ihr aber bald einen Freiraum für angenehme Dinge, die sie jahrelang nicht mehr tun konnte (z. B. Kuchen backen, telefonieren, jemanden besuchen, Babysitten usw.).

Ein wichtiger Punkt bei der Konfrontation und Reaktionsverhinderung besteht darin, dem Patienten selbst möglichst bald die Verantwortung für die Auseinandersetzung mit der schwierigen Situation zu übergeben; dieser Aspekt des Selbstmanagements ist vor allem für eine *Stabilisierung* des neuen Verhaltens von entscheidender Bedeutung. So sollte der Patient auch *zwischen* den einzelnen Sitzungen vorher vereinbarte Situationen üben; die Situationen können vorher genau besprochen werden; der Patient sollte sich darüber stichwortartige Notitizen machen, damit Schwierigkeiten und Probleme in der nächsten Therapiesitzung erörtert werden können.

Speziell bei der Behandlung von *Kontrollzwängen* ist ein hohes Ausmaß an Selbstmanagement von entscheidender Bedeutung: Patienten mit Kontrollzwängen bewältigen schwierige Situationen im Rahmen der Konfrontation und Reaktionsverhinderung zumeist recht problemlos, solange Therapeut oder Co-Therapeut anwesend sind. Es ist bekannt, daß die Patienten die *Verantwortung* für die gefürchteten Konsequenzen bei Verhinderung der Kontrolle an den Therapeuten abgeben. Es ist deshalb schon in der Konfrontation in Anwesenheit des Therapeuten wichtig, daß man als Therapeut diese Verantwortung nach Möglichkeit nicht übernimmt.

Beispiel: Ein 28jähriger, alleinstehender Mann war durch eine Reihe von Kontrollzwängen in seinem Lebensvollzug und in seinem beruflichen Fortkommen deutlich behindert. So konnte er die Wohnung nur nach vielfachen Kontrollen von E- Herd, der Lichter usw. verlassen, er ging häufig zurück, um zu kontrollieren, ob die Tür abgeschlossen war usw. Während der Arbeit wurde er von quälenden Gedanken geplagt, was alles passieren könnte, wenn er die Kontrolle nicht sorgfältig genug durchgeführt hätte.
In der Konfrontation bei Patienten zu Hause sollte er den E-Herd kurz einschalten, die Wärme der Platte kurz testen, dann ausschalten und ohne sich umzusehen die Küche verlassen. Diese und eine Reihe weiterer Übungen fielen dem Patienten in Anwesenheit des Therapeuten relativ leicht; er versuchte zwar laufend, sich beim Therapeuten zu versichern, ob das Licht, der E-Herd usw. ausgeschaltet sei usw. Der Therapeut lieferte diese Sicherheit nicht explizit; der Patient fühlte sich aber trotzdem einigermaßen sicher, was er in etwa folgendermaßen ausdrückte: „Da Sie ja zumindest hingeschaut haben, wird der E-Herd vermutlich ausgeschaltet sein; Sie würden sicher nicht die Verantwortung dafür übernehmen, daß hier eine Katastrophe passiert ...!"

Konfrontation und Reaktionsverhinderung („Exposure and Response Prevention", vgl. Marks, 1987) können in vieler Hinsicht als zwei Seiten ein und derselben Münze angesehen werden; bei der Durchführung ist auf folgendes zu achten: Ideen und Zwangshandlungen, die die Angst und Unruhe beim Patienten *erhöhen*, erfordern eine konsequente *Konfrontation* gegenüber dieser Situation (z. B. der Gedanken angesichts eines Messers, jemanden verletzen zu können, erfordert die entsprechende Konfrontation mit diesem Gegenstand ...).

Zwangshandlungen und Ideen, die die Angst *senken* (z. B. Reinigen, Zählen ...) erfordern eine konsequente *Reaktionsverhinderung;* hier wird die Handlung oder der Gedanke als problematische Form der Angstreduktion (nämlich des Neutralisierens, vgl. Salkovskis, 1989) angesehen. Dies gilt es zu verhindern, weil nur so eine echte Konfrontation und damit Löschung der Angst und Unruhe erfolgen kann.

Bei der praktischen Durchführung von Konfrontation und Reak-

82

tionsverhinderung gilt es einige klinische Aspekte zu berücksichtigen, die hier in Anlehnung an Marks (1987) sowie Turner & Beidel (1988) angeführt werden:

- Vor der Durchführung von Konfrontation und Reaktionsverhinderung ist sicherzustellen, daß der Patient nicht durch *organische Krankheiten* beeinträchtigt ist; zu denken ist in erster Linie an kardiovaskuläre Erkrankungen, an Asthma, Diabetes Mellitus usw. Vor der Durchführung des Verfahrens sollte deshalb abgesichert werden (am besten durch eine schriftliche ärztliche Stellungnahme), daß keine *medizinischen* Bedenken gegen die durchaus belastende Therapie bestehen. Im Zweifelsfalle oder bei bestehenden chronischen Belastungen bietet sich die Durchführung von Konfrontation und Reaktionsverhinderung im stationären Setting an.

- Eine Durchführung von Konfrontation und Reaktionsverhinderung ist nur bei entsprechender *Motivation* des Patienten möglich. Eine mit der Zwangsproblematik deutlich verknüpfte depressive Verstimmung des Patienten verlangt zunächst, sich der *Depression* als therapeutischem Ansatzpunkt zuzuwenden. Erst wenn die Depressivität und Hoffnungslosigkeit einigermaßen behoben ist, kann man von einer entsprechenden Motivation des Patienten zur Behandlung der Zwangsproblematik ausgehen (vgl. dazu Hand & Zaworka, 1981).

- Die Rolle der *Medikation* in der Therapie von Zwängen wird heterogen diskutiert; für die Durchführung von Konfrontation und Reaktionsverhinderung ist nach Möglichkeit darauf zu achten, daß der Patient die Medikamente (insbesondere Anxiolytika) absetzt. Dies gilt auch für den Konsum von Alkohol, der nicht selten als problematische Strategie der Ablenkung und Bewältigung eingesetzt wird. Die Notwendigkeit zur Absetzung psychotroper Medikation ist deshalb besonders bedeutsam, weil das Erleben der Angst (und vor allem ihrer Reduktion!) im Verlaufe der Konfrontation und Reaktionsverhinderung einen entscheidenden Wirkmechanismus für das Verfahren bildet.

- Eine zielführende und effektive Konfrontation ist nur dann möglich, wenn die entsprechende Situation und das zwanghafte Verhalten detailliert, präzise und verhaltensnah beschrieben sind. Marks (1975, 1987) hat immer wieder betont, wie wichtig eine präzise Identifikation derjenigen Situationen ist, die den *Auslöser* für das ritualistische Verhalten darstellen. Eine grobe Beschreibung, etwa „... wenn ich zu Hause bin, bin ich so ängstlich und muß mich häufig waschen ..." wäre etwa völlig unzureichend. Konfrontation kann nur bei klar angegebenen Situationen (Berühren eines speziellen Telefonhörers in einer öffentlichen Telefonzelle am Bahnhof ...) und des ritualisti-

schen Vermeidungsverhaltens (z. B. Besprühen mit Desinfektions-
mittel und Wischen mit einem Papiertaschentuch ...) erfolgen.

Die Habituationsgeschwindigkeit für emotionale Reaktionen weist
große Variationen auf: Individuelle Merkmale, z. B. spezielle Muster
physiologischer und emotionaler Reaktionen, sind dabei ebenso zu
berücksichtigen wie die Tatsache, daß verschiedene emotionale Reaktionen selbst unterschiedliche Habituationszeiten besitzen. Dies
erklärt u. a. auch, warum Assoziationen mit speziellen emotionalen
Zuständen (sexuelle Erregung; Gefühl von Schuld ...) zum Teil
ungemein schwer zu behandeln sind. In noch stärkerem Ausmaß
betrifft dies gedankliche Rituale, bei denen – sekundäre – Vermeidungsstrategien ganz einfach nicht zu verhindern sind.

Patient und Therapeut müssen für die Durchführung des Therapieverfahrens die entsprechende *Zeit* aufbringen; das Ende einer therapeutischen Sitzung ist häufig nicht genau abzusehen, so daß eine
flexible Termingestaltung notwendig wird. Eine Therapiesitzung kann
durchaus einen gesamten Nachmittag oder bis zu vier oder sechs Stunden in Anspruch nehmen. Manche Therapeuten haben auch Schwierigkeiten, die Therapie außerhalb ihrer Ambulanz oder Klinik durchzuführen. Wenn Patienten Argumente hinsichtlich der Zeit und des
damit verbundenen Aufwandes anführen, so kann dies zumeist als
Hinweis auf motivationale Probleme angesehen werden; diese bedürfen der Klärung, bevor die Therapie begonnen wird.

Die *Bezugspersonen* des Patienten sollten über die Durchführung
der Therapie informiert sein; in vielen Fällen können Partner oder
Partnerin langfristig die Rolle von Cotherapeuten übernehmen. Dies
erfordert eine gewissenhafte Schulung und Aufklärung derselben;
Personen der natürlichen Umgebung haben die Zwangsproblematik
zwar zumeist jahrelang miterlebt, bringen dafür allerdings kaum ein
psychologisches oder therapieorientiertes Verständnis mit, im Gegenteil: Sie „unterstützen" den Patienten in seinen Ritualen, indem
sie ihn kritisieren, ihm eine Reihe von Dingen abnehmen, ihm kurzfristige Sicherheit geben usw.
Die Durchführung von Konfrontation und Reaktionsverhinderung
erfordert zumindest eine minimale Kooperation von seiten der Bezugspersonen des Patienten; wenn diese Kooperation schon nicht
cotherapeutisch nutzbar gemacht werden kann, so sollten die Angehörigen im Sinne eines „Stillhalteabkommens" zumindest verpflich-
tet werden, nicht *gegen* die therapeutischen Bestrebungen zu arbeiten.

Aus praktischen Gründen ist die Mitarbeit eines Cotherapeuten sehr
hilfreich: Dies gilt insbesondere für Übungen, in denen die Anwesenheit eines gleichgeschlechtlichen Therapeuten unabdingbar ist,

z. B. beim Duschen, Aufsuchen einer Toilette usw. Die Mitarbeit eines Cotherapeuten bildet nicht nur für den Therapeuten selbst eine Erleichterung, sie bildet für den Patienten eine Chance zur Generalisierung sowie für den Cotherapeuten eine Möglichkeit des Einstiegs in die Praxis unter engster Supervision.

Variationen

Bei der Durchführung von Konfrontation und Reaktionsverhinderung müssen verschiedene Abwandlungen berücksichtigt werden, die sich zum Teil aus theoretischen und klinischen Überlegungen, teilweise aber auch aufgrund praktischer Umstände ergeben.

Eine erste Frage betrifft das *Setting* der Therapie-Durchführung: Konfrontation und Reaktionsverhinderung läßt sich stationär oder ambulant durchführen. Die Entscheidung darüber hängt sowohl von klinischen (z. B. Schwere der Zwangsproblematik), als auch von pragmatischen Aspekten ab (z. B. Entfernung vom Wohnort, Kostenübernahme ...). Einige wichtige Argumente zugunsten stationärer vs. ambulanter Therapie (bzw. umgekehrt) sind in Tabelle 5 angeführt (s. dazu auch Crombach, 1991; Ecker, 1991; Tillmanns & Tillmanns, 1992; Reinecker, 1994).

Tabelle 5: Argumente für stationäre bzw. ambulante Therapie bei Zwängen

Stationäre Therapie	Ambulante Therapie
Kontrolle der Umweltbedingungen	Zwänge sind in das natürliche Setting eingebunden
Spezielle Aktivitätsangebote	Einbezug des sozialen und familiären Systems
Erleichterung der Kontaktaufnahme	Notwendigkeit des Aufbaus von Alternativen im Alltag
Intensität der therapeutischen Beziehungen	Kontinuität einer länger dauernden therapeutischen Beziehung
Kontrolle der medikamentösen Behandlung	Wegfall „künstlicher" Klinikbedingungen
Kurzfristige Entlastung des Patienten	Keine bzw. geringe Stigmatisierung
Erleichterung der Umgebung bei gravierenden Problemen	Geringere Probleme bei der Generalisierung
	Zumeist kostengünstiger

Als großer Vorteil der *stationären* Therapie muß die Nutzung eines intensiven und einheitlichen therapeutischen Konzeptes angesehen werden. Die Entfernung von zu Hause stellt für manche Patienten einen enormen Faktor der Erleichterung dar, und eine Klinikbehandlung führt in wenigen Wochen in sehr vielen Fällen zu deutlichen Verbesserungen. Zur *Stabilisierung* der Behandlung sollte allerdings unbedingt für eine ambulante Nachbetreuung gesorgt sein.

Vorteile der *ambulanten* Therapie sind ganz klar mit den Möglichkeiten einer realitätsnahen Intervention gegeben; die Behandlung erfolgt damit in dem Kontext, der in funktionaler Hinsicht eng mit der Pathologie verknüpft ist. Damit sind hier die Probleme der Aufrechterhaltung und Generalisierung im Vergleich zur stationären Behandlung als weniger problematisch anzusehen.

Als nächste Variation ist die Frage der *Präsentation* von problematischen Situationen zu erörtern: Die Konfrontation mit einer vom Patienten als sehr schwierig erachteten Situation kann „*massiert*" (d.h. mit einer extrem belastenden Situation) versus „*graduiert*" (d.h. schrittweise) erfolgen. Die Befunde zu diesen beiden Polen einer möglichen Konfrontation sind nicht ganz einheitlich: Eine Reihe von Befunden sprechen dafür, daß eine rasche und massive Darbietung bei Zwangspatienten offensichtlich die besten Ergebnisse bringt (vgl. Marks, 1987; Turner & Beidel, 1988). Für ein schrittweises Vorgehen spricht die Möglichkeit des Patienten zu effizientem Selbstmanagement.

Das entscheidende Merkmal der Stimuluspräsentation scheint aber weniger zu sein, ob die Situation graduiert versus massiert dargeboten wird; entscheidend ist vielmehr, daß eine echte *Auseinandersetzung* mit der Situation ohne eine Vermeidung oder Ablenkung erfolgt.

Im Zusammenhang damit ist die Frage zu diskutieren, ob Situationen in der *Realität* oder in der *Vorstellung* präsentiert werden sollten; im Prinzip ist zu sagen, daß eine Konfrontation in der Realität in all jenen Fällen vorzuziehen ist, wo sich dies aufgrund praktischer Möglichkeiten realisieren läßt (z. B. Konfrontation mit Schmutz; Kontrolle von Schlössern usw.). Wenn sich die Befürchtungen des Patienten jedoch in hohem Maße auf mögliche zukünftige Katastrophen usw. beziehen, so ist die Konfrontation in der Vorstellung die Methode der Wahl (vgl. Foa, Steketee & Grayson, 1985; Foa, Steketee & Ozarow, 1985). Ein Problem mit der Konfrontation in der Vorstellung ist durch kognitive Ablenkungs- und Vermeidungsstrategien gegeben, die eine konsequente Reaktionsverhinderung sehr schwierig machen; zu diesem Zweck hat Salkovskis (1983) vorgeschlagen, eine möglichst detaillierte Beschreibung einer Szene und ihrer Konsequenzen auf Tonband zu sprechen und dem Patienten häufig darzubieten. Diese Gleichförmigkeit der Darbietung hat den zusätzlichen Vorteil geringer Stimulus-

Variation, was sich wegen geringer Ablenkungsmöglichkeiten als besonders günstig erweist (vgl. Thyer, 1985).

Als eine dritte Variation bei der Darbietung der Situation (Konfrontation) empfehlen manche Therapeuten, daß sich der Patient ablenken sollte, falls ihm die Situation zu belastend oder zu unangenehm wird. Häufig wird dabei auf Strategien der Relaxation (Entspannung) zurückgegriffen. Dieses Vorgehen ist bei der Konfrontation und Reaktionsverhinderung *prinzipiell nicht* angezeigt: Konfrontation verlangt eine Auseinandersetzung des Patienten mit der entsprechenden Situation; Löschung der Angst tritt als Folge eines langen, direkten Kontaktes mit der angstauslösenden Situation ein (vgl. Kimble, 1961; Marks, 1987). Dabei ist es keinesfalls notwendig, daß auslösende Situationen in übertriebener und damit unrealistischer Form dargeboten werden (um das Angstniveau besonders hoch zu halten), wie es zum Teil in der Implosionstherapie geschieht (vgl. dazu Rimm & Masters, 1979). Entscheidend aber ist, daß der Patient seine Aufmerksamkeit auf die präsentierte Situation lenkt. Verschiedene Untersuchungen zur Rolle der Ablenkung haben ebenfalls gezeigt, daß der Therapieeffekt durch Strategien der Ablenkung deutlich behindert wird (vgl. Grayson, Foa & Steketee, 1982, 1986). Eine optimale Voraussetzung für die Abnahme der Angst im Verlaufe der Konfrontation ist dann gegeben, wenn die Person im Kontakt mit der Situation die kontinuierliche Abnahme der Angst und Unruhe erlebt. Ähnliches wie für diverse „psychologische" Mechanismen der Ablenkung gilt auch für die begleitende Medikation (z. B. durch Anxiolytika) oder für den Mißbrauch von Alkohol, um eine Konfrontationssituation leichter zu bewältigen. Abgesehen von der Sekundärproblematik sollte der Patient dazu angehalten werden, auf solch problematische „Bewältigungsversuche" im Sinne einer Abnahme der Angst zu verzichten.

Als letzte Variation kann die Frage angeführt werden, ob und inwieweit eine kontinuierliche Anwesenheit des Therapeuten in den Konfrontationssitzungen notwendig ist bzw. ob dies auch *selbstkontrolliert* erfolgen kann. Entscheidend ist vor allem die Frage, ob der Patient selbständig in der Lage ist, die Konfrontation korrekt durchzuführen und vor allem auf Vermeidungsstrategien zu verzichten (Reaktionsverhinderung). Zur Entscheidung dieser Frage liegen bisher verschiedene Studien vor; Emmelkamp & de Lange (1983) sowie Marks (1987, 1992) führen an, daß eine effektive Konfrontation und Reaktionsverhinderung auch *ohne* Anwesenheit des Therapeuten durchgeführt werden kann. Dies gilt insbesondere dann, wenn Personen der natürlichen Umgebung (z. B. ein Partner) die sonst vom Therapeuten geleistete Stützfunktion übernehmen.

Die Frage der Notwendigkeit eines Therapeuten bei der Konfrontation und Reaktionsverhinderung läßt sich vermutlich nicht einfach mit

Ja oder Nein beantworten; im Rahmen der klinischen Erfahrung zeigt sich, daß diese Anwesenheit und die Anleitungen des Therapeuten vor allem in den ersten Konfrontationssitzungen wohl unverzichtbar ist: Wenn Patienten dies anfangs selbständig übernehmen, so greifen sie üblicherweise auf subtile Vermeidungsstrategien zurück, die sich in den vergangenen Jahren so automatisiert haben, daß sie der Patient selbst nicht bemerkt (und auch nicht berichtet). Ein Patient könnte bei der Konfrontation mit Bakterien und Schmutz beispielsweise Türklinken mit einem Finger, mit dem Ellbogen oder mit der Schulter öffnen – anstelle im Sinne einer richtigen Konfrontation die ganze offene Hand zu benutzen. Aus diesem Grund erscheint im Anfangsstadium der Therapie die Anleitung durch den Therapeuten und dessen Anwesenheit (auch zum Zwecke der Beobachtung) praktisch unabdingbar.

Ein *langfristiges Ziel* der Therapie muß es natürlich sein, daß sich der Patient möglichst selbständig mit schwierigen Situationen des Alltags auseinandersetzt; hier ist es weder wünschenswert noch möglich, daß der Therapeut in jedem Falle anwesend ist. Diese Selbständigkeit ist jedoch erfahrungsgemäß die *Folge* eines Lernprozesses und kann nicht schon bei Beginn der Konfrontation und Reaktionsverhinderung vorausgesetzt werden. In der Praxis bietet sich an, dem Patienten schrittweise Aufgaben zur selbständigen Konfrontation *zwischen den Sitzungen* mit dem Therapeuten zu stellen; in den Kontakten mit dem Therapeuten bestehen dann Möglichkeiten zur Besprechung und ggf. Korrektur der vom Patienten selbständig durchgeführten Übungen.

Ethisch-normative Aspekte

Speziell in der Aus- und Weiterbildung tauchen häufig zwei Fragen auf, die in der praktischen Durchführung von Konfrontation und Reaktionsverhinderung häufig nicht explizit gestellt und diskutiert werden.

Die erste Frage beinhaltet das Thema der *Zumutbarkeit* von verschiedenen Situationen an Patienten; dies hängt mit subkulturellen Normen ebenso zusammen wie mit Aspekten der Ethik im Umgang mit Patienten. Die Konfrontation mit Schmutz, Staub usw. bei Waschzwängen erfordert selbstverständlich, daß sich der Patient mit entsprechenden – bisher verschiedenen – Gegenständen und Situationen auseinandersetzt. Diese Konfrontation muß keineswegs das Wühlen in Mülltonnen oder einen langen Aufenthalt in einer stark verschmutzten Autobahntoilette beinhalten. Der Patient sollte aber mit denjenigen Situationen konfrontiert werden, die für seinen funktionierenden Lebenskontext Bedeutung haben.

Ähnliches wie für die Konfrontation gilt für die Reaktionsverhinderung: Diese muß keinesfalls in übertriebener Form ein Verbot enthalten, einige Wochen nicht zu duschen oder vor dem Essen die Hände nicht mehr zu waschen. Dies entspricht zum einen nicht den Standards mitteleuropäischer Zivilisation und ist zum anderen therapeutisch gesehen sinnlos. Der Patient sollte im Rahmen der Therapie lernen, daß eine „normale" Konfrontation mit bisher gemiedenen Situationen problemlos – d.h. nicht mit massiver Angst und entsprechenden Reinigungszwängen – erfolgen kann; er sollte ebenfalls lernen, und dies schildern die meisten Patienten im Rahmen der Zielbestimmung, daß Wasch- und Zwangsrituale auf ein kulturell übliches und für sie selbst nicht mehr behinderndes Maß beschränkt werden sollten.

Als eine Art Faustregel für die Zumutbarkeit von Konfrontation und Reaktionsverhinderung an die Patienten erscheint es sinnvoll, den Patienten nur mit denjenigen Situationen zu konfrontieren, denen man sich als Therapeut auch prinzipiell aussetzt. Dies gilt auch für die Reaktionsverhinderung. Damit sollen Standards eines einzelnen Therapeuten nicht zur gültigen Norm erhoben werden; die Frage der Zumutbarkeit läßt sich jedoch schon im Rahmen der therapeutischen Aus- und Weiterbildung (im Sinne der sog. Selbsterfahrung) nicht nur diskutieren, sondern selbständig erleben. In noch deutlicherem Maße gilt dies für kontinuierliche kollegiale Supervision, in der die Erörterung und möglicherweise Relativierung und Korrektur von Standards einen wichtigen Platz einnimmt.

Eine zweite angesprochene Frage betrifft den Grad, bis zu dem man als Therapeut die notwendige Reaktionsverhinderung realisieren sollte. Es wurde oben angesprochen, daß die Reaktionsverhinderung bereits durch die Anwesenheit des Therapeuten, durch verbale und nonverbale Hinweisreize und zum Teil durch leichte Berührungen (etwa am Arm ...) im Grunde problemlos realisiert werden kann. Eine ganz wichtige Maxime bei der Durchführung von Reaktionsverhinderung beinhaltet den Verzicht auf physische und psychische Gewalt: Wenn ein Patient eine Situation unter allen Umständen verlassen will, so sollte und darf er nicht daran gehindert werden. Der Verzicht auf psychische Gewalt beinhaltet u.a., daß ihm nicht Konsequenzen angedroht werden, die ihm in psychischer Hinsicht Schaden zufügen könnten (z.B. sofortiger Abbruch der Therapie usw.). Im sehr seltenen Fall des Verlassens einer Konfrontationssitzung trotz der Anwesenheit und Unterstützung des Therapeuten sollte man dies als einen Hinweis auf eine unzureichende Bearbeitung der vorgelagerten Stufen im therapeutischen Prozeß ansehen (Z.B. Motivationsklärung; Zielbestimmung usw., vgl. Kanfer, Reinecker & Schmelzer, 1990).

Die Behandlung von Zwängen fordert in der Regel nicht nur eine möglichst konkrete Durchführung von Konfrontation und Reaktionsverhinderung; bei der Durchführung des Verfahrens spielen eine Reihe von weiteren Faktoren eine Rolle, deren Bedeutung nicht unterschätzt werden sollte. Dazu gehören in erster Linie therapeutische Strategien, die als Bestandteile praktisch jeder guten therapeutischen Interaktion angesehen werden und die deshalb nicht selten als *„unspezifische Wirkfaktoren"* betrachtet werden. Die Bedeutung dieser Faktoren für den Prozeß und für das Ergebnis von psychotherapeutischer Behandlung wurde immer wieder betont (vgl. Frank, 1985; Schindler, 1988, 1991; Schaap et al., 1993).

In der Behandlung von Zwangspatienten können und müssen folgende Faktoren angeführt werden (vgl. dazu auch Kirk, 1983):

1. *Beruhigung* des Patienten: Dies betrifft vor allem die Versicherung, daß er nicht „verrückt" ist usw.

2. *Unterstützung:* Dazu gehört u. a. die Information an den Patienten, daß es für seine Problematik prinzipielle Hilfe gibt usw.

3. *Erklärung:* Der Patient will nicht nur konkrete Hilfe für sein Problem; dringend und quälend ist für den Patienten zumeist auch die Frage: „Warum habe ich diese Störung ...?". Im Rahmen eines plausiblen Ätiologiemodells kann und muß dem Patienten darauf eine zumindest subjektiv befriedigende Antwort gegeben werden.

4. *Ermutigung* des Patienten, erste Schritte im Rahmen des Therapieprogramms in Angriff zu nehmen. Statements wie „Ich denke, das können Sie schaffen ..." an den Patienten erhöhen seine Zuversicht und die Chance, daß er schwierige Situationen in Angriff nimmt.

5. *Verstärkung* des Patienten für seine Bemühungen; dies beinhaltet vor allem Anerkennung und Lob für die Auseinandersetzung mit schwierigen Situationen (nicht unbedingt für die angstfreie Bewältigung, sondern für den Prozeß der Auseinandersetzung).

Es hat wenig Sinn, diese sog. unspezifischen Wirkfaktoren von den sog. spezifischen (Konfrontation und Reaktionsverhinderung) zu trennen: Die konkrete Durchführung der sog. spezifischen Wirkfaktoren beinhaltet immer auch zumindest die fünf angeführten Faktoren. Nicht einmal im Forschungskontext ist es möglich, diese Faktoren systematisch zu trennen.

Weitere wichtige Ergänzungen von Konfrontation und Reaktionsverhinderung bilden sog. „kognitive Techniken"; diese Faktoren spielen speziell bei der Behandlung von Zwangsgedanken eine zentrale Rolle und werden dort besprochen (s. unten, Kap. 5.3).

Eine erwähnenswerte Ergänzung bildet die zusätzliche Anwendung von Prinzipien des *Modellernens* (vgl. Bandura, 1969): Dabei gibt der Therapeut dem Patienten nicht nur die verbale Instruktion zu Konfrontation und Reaktionsverhinderung, sondern diese wird zusätzlich vorgezeigt (z. B. Berühren des Bodens; kurzes Händewaschen und Verlassen des Badezimmers usw.). In der Therapieforschung wird die Bedeutung des Modellernens – zum Teil sogar innerhalb einer Forschungsgruppe – kontrovers diskutiert: Während Rachman, Marks & Hodgson (1973) keine Verbesserung der Ergebnisse durch zusätzliches Modellernen fanden, zeigten nachfolgende Studien (z. B. Röper, Rachman & Marks, 1975), daß vor allem teilnehmendes Modellernen für den Patienten eine große Erleichterung darstellt und zu positiven Therapieeffekten führt. Auch in der klinischen Praxis erfordert der Einsatz von Modellernen eine gewisse Vorsicht: Das bloße Vorzeigen des geforderten Zielverhaltens reicht sicher nicht aus, um dem Patienten durch das Modellernen die Konfrontation zu erleichtern; dazu ein Patient einmal sinngemäß: „... Ich weiß, daß Sie den Boden berühren können – aber ich kann das nicht ...!". In dem Statement ist u. a. ein wichtiger Hinweis auf die Bedeutung teilnehmenden Modellernens enthalten; auch Bandura (1969) hatte in seiner genauen und theoretisch sehr fundierten Analyse des Modellernens auf den Unterschied von „mastery model" und „coping model" hingewiesen. Diesen Unterschied gilt es auch bei der Therapie von Zwangspatienten zu berücksichtigen.

Zusätzlich zu Konfrontation und Reaktionsverhinderung wird häufig die Notwendigkeit einer Therapie der Ehe bzw. Partnerschaft von Zwangspatienten betont. Klarerweise betrifft und beeinträchtigt eine lang andauernde Zwangsproblematik die Qualität einer Partnerschaft. Therapeuten haben dieses Problem lange gesehen (vgl. Hand & Tichatzky, 1979; Hand, 1988); auffällig ist, daß nur wenige Patienten das Angebot einer begleitenden Partnertherapie aufgreifen. Die Durchführung einer Partnertherapie verbessert zwar die Qualität der Interaktion, aber noch nicht unbedingt die Zwangsproblematik (vgl. Cobb, McDonald, Marks & Stern, 1980). Neuere Befunde zur Therapie von Zwängen zeigen, daß eine effiziente Verbesserung der Zwangsproblematik auch positive Effekte für die Partnerschaft hat. In pragmatischer Hinsicht sollte auf diejenigen zusätzlichen Therapieverfahren zurückgegriffen werden, die eine Stabilisierung der Situation des Patienten nach der Therapie begünstigen; dazu gehört sicher auch die Unterstützung in partnerschaftlichen Bereichen bis hin zur Partnertherapie (vgl. dazu Turner & Beidel, 1988).

EXKURS: Die Behandlung von „primärer zwanghafter Langsamkeit"
(„obsessional slowness")

Primäre zwanghafte Langsamkeit wurde oben (Kap. 1) als eine sehr
seltene Form zwanghaften Verhaltens bezeichnet; die Verhaltensweisen (Waschen, Zähneputzen, Ankleiden ...) laufen dabei in extrem langsamer Form ab. In theoretischer Hinsicht wird die Langsamkeit als aktives Vermeidungsverhalten gesehen; dies wird u. a. dadurch
begründet, daß (interne und externe) Versuche zur Beschleunigung des
Verhaltens beim Patienten deutliche Angst und Unruhe auslösen. Der
Patient gerät zudem in Zweifel, ob das Verhalten auch korrekt ausgeführt wurde (vgl. Rachman & Hodgson, 1980).

Da diese Unterform von Zwangsstörungen eben extrem selten ist,
gibt es kaum kontrollierte Studien; wichtig ist in erster Linie der Hinweis auf die Bedeutung einer klaren differentialdiagnostischen Abgrenzung. Zu denken ist an Intelligenz- und Fertigkeitsdefizite ebenso
wie an hirnorganische Beeinträchtigungen.

Bei der Intervention greift man in erster Linie auf Versuche zurück,
die Zeit für entsprechende Aktivitäten (in Absprache mit dem Patienten) einzuschränken. Dazu kommen operante therapeutische Strategien wie die graduelle Ausformung von Verhalten (shaping) und die
konkrete Hilfestellung (prompting), die schrittweise ausgeblendet werden (fading). Ähnlich wie bei der Konfrontation und Reaktionsverhinderung sollte der Patient erleben, daß die Beendigung eines Verhaltens
innerhalb eines Zeitlimits zwar mit einem deutlichen Anstieg der
Angst und Unruhe verbunden ist, daß diese aber im Verlauf der Zeit
absinkt.

Neben diesem Rückgriff auf klassische Therapieverfahren spielt bei
primärer zwanghafter Langsamkeit wohl eine Analyse des gesamten
Lebenskontextes eine ganz herausragende Rolle. Als Folge einer entsprechenden funktionalen Analyse muß man vermutlich den Aufbau
entsprechender sozialer und interpersonaler Fertigkeiten besondere
Aufmerksamkeit schenken. Diese Ausformung nicht-zwanghafter Alternativen sollte auch Aspekte der Freizeitgestaltung und entsprechende angenehme Aktivitäten beinhalten. Experten weisen darauf hin,
daß die Behandlung primärer zwanghafter Langsamkeit in vielen Fällen einen stationären Aufenthalt und einen extrem hohen therapeutischen Aufwand bei den häuslichen Übungen erfordert (de Silva &
Rachman, 1992). Für eine detaillierte Analyse der theoretischen und
therapeutischen Besonderheiten bei zwanghafter Langsamkeit wird auf
Rachman & Hodgson (1980) verwiesen. Die wenigen therapeutischen
Ansätze dazu geben insgesamt ein ausgesprochen entmutigendes Bild
hinsichtlich einer langfristigen Besserung ab.

5.3 Die Behandlung von Zwangsgedanken

Kognitive Prozesse spielen bei praktisch allen Zwangsstörungen eine bedeutsame Rolle; wie in Kapitel 1 ausgeführt wurde, sind diese Gedanken in rund 70 Prozent der Fälle mit dem Auftreten von beobachtbaren *Zwangshandlungen* verknüpft. Diese bieten in therapeutischer Hinsicht zumindest einen gewissen Ansatzpunkt. Als ausgesprochen problematisch stellt sich jedoch die Behandlung *rein* kognitiver Zwangsstörungen heraus (Gedanken, Grübeln, Bilder, Impulse ...). Diese Zwänge sind für die betroffenen Patienten zumeist äußerst unangenehm und belastend.

Fortschritte in der klinischen und theoretischen Entwicklung haben in den vergangenen Jahren zumindest zu einem besseren Verständnis über die mögliche Entstehung und Aufrechterhaltung von Zwangsgedanken geführt (vgl. dazu Kap. 4.2). Demnach ist es ganz zentral, bei Zwangsgedanken zwei Aspekte zu unterscheiden (vgl. Salkovskis, 1989; Salkovskis & Kirk, 1989; Salkovskis & Westbrook, 1989):

1. Gedankliche Zwänge, die *Stimulus*-Charakter besitzen; diese Gedanken führen zu einem Anstieg von Angst und Unruhe (vgl. dazu auch Foa & Tillmanns, 1980).

2. Gedankliche Zwänge, die *Reaktions*-Charakter besitzen; hier handelt es sich um kognitive Rituale, die einen Versuch zur *Reduktion* von Angst und Unruhe darstellen. Diese Gedanken sind den Zwangshandlungen insofern funktional äquivalent, als sie eine spezielle Form neutralisierenden Verhaltens bilden (vgl. Rachman, 1976).

Die Unterscheidung dieser beiden Aspekte von Zwangsgedanken ist ausgesprochen schwierig (Salkovskis & Westbrook, 1989; Salkovskis & Campbell, 1994):

- Aus methodologischen Gründen ist eine Identifikation gedanklicher Prozesse sehr problematisch; gedankliche Prozesse befinden sich „im Fluß" und dauern häufig nur wenige Momente. Der Bericht des Patienten *über* seine Gedanken ist mit dem Gedanken nicht unbedingt identisch.

- Da die *Inhalte* von zwanghaften Impulsen einerseits und von kognitiven Ritualen andererseits *identisch* sein können, ist die Unterscheidung sehr schwierig zu treffen. Ein typisches Beispiel sind vom Patienten als sehr unangenehm erlebte Gedanken (= Stimuli), die von ihm zum Zwecke des Neutralisierens mehrfach gedacht und wiederholt werden müssen (= Reaktion). Das Kriterium für die Abgrenzung der beiden Untergruppen ist allerdings *nicht* der *Inhalt* eines Gedankens, sondern seine Funktion in der gedanklichen und Ver-

Verhaltenskette (d. h. ob der Gedanke zur Erhöhung oder Senkung von Angst und Unruhe führt).

– Gedankliche Zwänge unterliegen nicht denjenigen situationalen Restriktionen, die für Zwangsverhalten gelten; sie sind sozusagen „tragbar", sie können unter extrem unterschiedlichen Bedingungen auftreten; derselbe Gedanke kann beim Einschlafen, beim Autofahren, beim Sport usw. auftauchen. Die einzelnen Gedanken sind damit stark generalisiert und von Patient und Therapeut gleichermaßen schwer unter Kontrolle zu bringen.

Das zugrundeliegende theoretische Modell für die Unterscheidung dieser beiden Komponenten von Zwangsgedanken – vor allem ihrer ganz unterschiedlichen Funktion – wurde in Kapitel 4.2, in Abbildung 6 verdeutlicht. Die einzelnen Bestandteile des Modells sind deshalb hier zu erwähnen, weil sie mögliche Ansatzpunkte für das therapeutische Vorgehen bieten.

Für die Therapie von gedanklichen Zwängen erweisen sich drei Gruppen von Behandlungsverfahren als zielführend, nämlich

1. Varianten von Konfrontationsverfahren,

2. Strategien zur Beendigung oder Unterdrückung von Gedanken und

3. eine heterogene Gruppe von kognitiven Techniken.

Wichtig ist es, darauf hinzuweisen, daß sich keine der Strategien quasi standardmäßig zur Behandlung von Zwangsgedanken heranziehen läßt; die Therapie erfordert in hohem Maße Flexibilität, Kreativität und Anpassung an die Situation des jeweiligen Patienten.

Die Behandlung von Zwangsgedanken erinnert in gewisser Weise an die Situation folgender Wette: Ein sehr reicher Mann bietet seinem ärmeren Freund einen hohen Geldbetrag, wenn dieser zwei Bedingungen erfüllt; er hat zum einen auf einen bestimmten Berg zu steigen und zum anderen darf er auf dem Gipfel *nicht* an Eichhörnchen denken. Diese Wette ist paradoxerweise deshalb nicht zu gewinnen, weil der ärmere Freund den für ihn sehr wichtigen Geldbetrag unbedingt in seinen Besitz bringen will. Er steigt auf den Berg und denkt ständig an das, woran er *nicht* denken darf – an Eichhörnchen.

1. Varianten von Konfrontationsverfahren

Wenn man die oben angeführte Unterscheidung in angst-erhöhende Gedanken einerseits (Impulse ...) und angst-senkende Gedanken

(Neutralisieren) andererseits unterstellt, so muß folgendes Prinzip im Auge behalten werden:

(+) Ideen, Gedanken usw., die die Angst und Unruhe *erhöhen*, erfordern eine *Konfrontation* des Patienten mit diesem Stimulus, damit eine Habituation (und damit langfristige Senkung) der Angst und Unruhe erfolgen kann.

(−) Ideen und Gedanken usw., die die Angst und Unruhe (kurzfristig) *senken* (= Neutralisieren), erfordern eine *Reaktionsverhinderung;* dies beinhaltet, daß genau die problematische Strategie des Neutralisierens, die dem Patienten scheinbar kurzfristig hilft, unterbunden werden sollte, damit es langfristig ebenfalls zu einer Senkung der Angst und Unruhe kommt (vgl. Marks, 1987, S. 433).

Zur Therapie von Zwangsgedanken werden kognitive Varianten des Prinzips von Konfrontation und Reaktionsverhinderung (Exposure und Response Prevention, Marks, 1987) herangezogen. Die Konfrontation erfolgt dabei in der *Vorstellung* oder durch ausführliches Schildern der Gedanken durch den Patienten. Dies fällt den meisten Patienten anfangs ziemlich schwer, weil der Gedanke Angst auslöst und üblicherweise der Patient sofort versucht, diesen Gedanken zu neutralisieren. Eine praktisch gesehen günstige Möglichkeit der Konfrontation mit Zwangsgedanken bietet sich dort an, wo die Gedanken an externe beobachtbare Auslöser gekoppelt sind.

Beispiel: Bei der Therapie einer 28jährigen Frau mit zwanghaften Tötungsgedanken gegenüber ihrem jüngeren von zwei Kindern sowie teilweise gegenüber dem Ehemann wurde die Patientin instruiert, ihren Gedanken ausführlich und im Detail zu schildern. Zum Zwecke der Auslösung der Gedanken legte der Therapeut während der Sitzung ein großes Küchenmesser auf den Tisch; die Patientin wurde instruiert, mit diesem Messer zu hantieren, Spitze und Klinge zu prüfen usw. Die Patientin wollte – wie im Alltag üblich – dem für sie sehr unangenehmen Gedanken entfliehen, indem sie ihn abbrach oder neutralisierende „gute" Gedanken einführte, z. B.: „... aber ich liebe mein Kind doch!" usw. Die Patientin sollte diese Neutralisierung nicht anwenden, sondern sie dachte längere Zeit an den Gedanken und erlebte nach wenigen Minuten eine Abnahme ihrer Angst und Unruhe. Damit wurde für die Patientin die wichtige Entkoppelung geschaffen: Sie lernte, daß der Gedanke mit Angst verbunden ist, daß der Gedanke selbst unangenehm ist, daß diese Unruhe aber abnimmt und vor allem, daß der Gedanke nicht unbedingt die (von ihr gefürchtete) Handlung nach sich zieht.

Viele Patienten berichten schon in den ersten therapeutischen Kontakten, daß die ausführliche Erörterung ihrer Gedanken, Impulse und Bilder dazu führt, daß diese weniger aufdringlich werden; die Instruktion des Therapeuten, die Gedanken und Bilder zu produzieren, bildet für den Patienten eine erste Chance, zumindest eine gewisse Kontrolle über die Gedanken zu bekommen (s. a. Pennebaker, 1993). Dies entspricht genau dem angeführten kognitiven Therapie-Modell von Zwangsgedanken:

Die Besprechung der Gedanken stellt zum einen eine erste Form der Konfrontation dar; zum anderen folgen *nicht* diejenigen problematischen Gedanken (= Bewertung: „das ist fürchterlich …"/„da muß ich sofort etwas dagegen tun …"), die üblicherweise zur Stabilisierung und Aufrechterhaltung des Gedankens beitragen. Konfrontation und Reaktionsverhinderung bilden somit eine optimale Form einer alternativen *Bewertung* des Gedankens; dies stellt eine gute Vorbedingung für seine Bewältigung dar.

Es ist in der Praxis ziemlich schwierig, einen Patienten dazu anzuhalten, sich mit einem für ihn sehr unangenehmen Gedanken über längere Zeit zu konfrontieren, ohne daß fast automatisch neutralisierende Rituale einsetzen. Vermeidungs*verhalten* läßt sich beobachten und eventuell verhindern; *gedankliche Rituale*, die funktional gesehen exakt denselben Zweck erfüllen; sind vom Therapeuten und Klienten gleichermaßen schwierig zu identifizieren. Dies mag einer der wichtigsten Gründe dafür sein, daß sich gedankliche Zwänge als so hartnäckig und schwer behandelbar herausstellen.

Im oben angeführten Beispiel – und dies läßt sich weitgehend verallgemeinern – war es sehr schwierig, die Patientin anzuhalten, den für sie unangenehmen Gedanken „zu halten"; es ist auch aus prinzipiellen Gründen gar nicht möglich sicherzustellen, daß sich die Patientin nicht immer wieder ablenkt, daß sie sich gegen den Gedanken wehrt, usw.

Bei der Behandlung von gedanklichen Zwängen spielt wegen der genannten Schwierigkeiten die *Selbstkontrolle* des Patienten eine ganz entscheidende Rolle: dies gilt in erster Linie für die Bereitschaft des Patienten, die unangenehme Situation zu ertragen und auf die kurzfristig erleichternden Rituale zu verzichten. Dazu kommt die weitere aktive Bereitschaft des Patienten, die mit dem Therapeuten vereinbarten Konfrontationsübungen auch zwischen den Sitzungen verläßlich und korrekt durchzuführen.

Beispiel: Die Patientin mit Tötungszwängen wurde instruiert, Messer usw. in der Küche liegen zu lassen und *nicht* wegzuräumen (Reaktionsverhinderung); zusätzlich sollte sie sich den einzelnen Tötungsgedanken dadurch mehrmals wöchentlich über längere Zeit aussetzen, daß sie sich in einem speziellen Stuhl *aktiv* damit auseinandersetzte. Dies beinhaltete einen zusätzlichen Aspekt der Stimuluskontrolle. Im Laufe der fast ein Jahr andauernden Therapie bekam die Patientin zumindest eine gewisse Kontrolle über ihre Zwangsgedanken, sie erlebte sie nicht mehr so aversiv, konnte mit ihrem jüngeren Kind längere Zeit allein bleiben usw.

Wichtige Voraussetzungen für die Habituation des Patienten, d. h. Abnahme von Angst und Unruhe, scheinen folgende Merkmale bei der Konfrontation zu sein (vgl. Salkovskis & Westbrook, 1989):

Die Situation sollte häufig und völlig gleichartig dargeboten werden (neue Aspekte bilden Ansatzpunkte für kognitive Vermeidung). Der Patient sollte sich über längere Zeit damit auseinandersetzen und die Konfrontation sollte nicht abrupt (erschreckend) erfolgen. In der Praxis läßt sich dies folgendermaßen realisieren (vgl. dazu auch Salkovskis, 1983, 1989): Der Patient notiert in wenigen Sätzen seine Zwangsgedanken und spricht sie in ruhiger und konstanter Stimme auf ein Tonband mit einer Endlosschleife; dieses Tonband sollte der Patient mehrfach über längere Zeit hinweg abhören, zumindest solange, bis die Angst und Unruhe ihren Höhepunkt deutlich überschritten haben. Erst schrittweise sollten Variationen der Konfrontation eingeführt werden, damit die Generalisierung der Habituation sichergestellt wird.

Erste Befunde zu diesem Vorgehen sind durchaus ermutigend (vgl. dazu Salkovskis & Westbrook, 1989; Wanderer & Ingram, 1991). Das Verfahren wird üblicherweise mit verschiedenen anderen Strategien der Bewältigung von Zwangsgedanken gekoppelt; dies entspricht einem mehrdimensionalen Vorgehen, wie es bei einer so komplexen und gravierenden Störung sicher angezeigt ist.

2. Unterdrücken oder Beendigen der Gedanken

Die verschiedenen unter diesem Gesichtspunkt zusammengefaßten Strategien stellen wohl die aus der Alltagssicht nächstliegenden Therapiemöglichkeiten dar. Das bekannteste Verfahren bildet das *Gedankenstoppen*, dessen therapeutischer Einsatz auf Wolpe (1973) zurückgeht.

In der Anwendung des Verfahrens lernt der Patient zunächst, auf ein lautes Geräusch hin (Klatschen des Therapeuten, lautes Rufen: „Stop!") einen vorher produzierten Gedanken zu unterbrechen. Dieses „Stop" kann vom Patienten selbständig übernommen und sollte schließlich verdeckt angewendet werden.

Bei der Umsetzung des Gedankenstoppens ist nicht nur der therapeutische Wirkmechanismus, sondern auch die Effektivität einigermaßen zweifelhaft. Es gibt zwar einige Hinweise auf die therapeutische Brauchbarkeit, die sich jedoch offensichtlich als eine Zunahme an allgemeinen Bewältigungsstrategien und nicht unbedingt als Habituation der Zwangsgedanken verstehen läßt (vgl. dazu Stern, Lipsedge & Marks, 1973). Manche Patienten, denen die Strategie vermittelt wurde, berichten beispielsweise, daß ihnen das Gedankenstoppen geholfen hatte, eine erste Form der Kontrolle über die Gedanken zu schaffen.

Es scheint für den Patienten extrem unangenehm zu sein, dem Gedanken völlig unvorhersehbar und hilflos ausgeliefert zu sein. Gedankenstoppen schafft unter Umständen eine für den Patienten leicht erlernbare und anwendbare Möglichkeit, die Gedanken zumindest zeitweise zu kontrollieren.

Gedankenstoppen muß auch vor dem Hintergrund theoretischer Modellvorstellungen als zweischneidiges Schwert angesehen werden: Zum einen ist die genannte Möglichkeit einer gewissen Kontrolle über die unangenehmen Gedanken nicht von der Hand zu weisen, zum anderen kann Gedankenstoppen eine problematische Form der Ablenkung bilden. Die Unterdrückung von Gedanken zeigt in Untersuchungen mit nichtklinischen Versuchspersonen paradoxe Effekte (vgl. Wegner et al., 1987): Der Versuch der Unterdrückung eines Gedankens führt paradoxerweise dazu, daß der Gedanke häufiger wird; genau dies wurde oben als ein zentrales Element im kognitiven Modell der Aufrechterhaltung von Zwangsgedanken angeführt; die Unterdrükkung könnte für die Person ein *Hinweis* auf die *Bedeutung* des Gedankens sein – was den beabsichtigten Effekt der Unterdrückung klarerweise zunichte macht (s. dazu Wegner, 1989; Conway et al., 1991; Howell & Conway, 1992; Salkovskis & Campbell, 1994).

Diese Überlegungen legen zwei Folgerungen nahe:

1. Zum ersten scheint es wichtig, daß sich das „Stop!" *nicht* auf die angsterhöhenden Zwangsgedanken und Impulse (mit Stimuluscharakter) beziehen sollte, weil sonst die Auseinandersetzung und Habituation verhindert wird. Das „Stop!" sollte sich vielmehr auf die neutralisierenden Rituale beziehen. Hier könnten Strategien des Gedankenstoppens durchaus dazu beitragen, daß das Neutralisieren unterbleibt, was in weiterer Folge die Habituation der Angst und Unruhe erleichtert.

2. Ein zweiter Punkt betrifft die Ausformung von *alternativen* Gedanken: Gedankenstoppen und verschiedene andere Formen der Ablenkung sollten dem Patienten die Chance für die Beschäftigung mit angenehmen Gedanken und Verhaltensweisen ermöglichen. Strategien der Ablenkung durch Selbstinstruktionen könnten sich dann als ausgesprochen sinnvoll herausstellen, wenn der Patient damit einen ersten Schritt zum Aufbau alternativer Denk- und Verhaltensmuster schafft.

Es wurde oben (in Kap. 4.2) angeführt, daß eine Analyse gedanklicher Zwänge im Kontext von Befunden der kognitiven Psychologie erfolgen sollte (vgl. dazu auch Rachman & Hodgson, 1980). Die Überlegungen von de Silva (1986) zeigen, wie wichtig eine Differenzierung verschiedener Untergruppen kognitiver Prozesse ist. Seiner Argumentation zufolge scheinen Strategien der *Ablenkung* bei zwanghaften *Bildern* ausgesprochen indiziert und effektiv. Die bisher heterogenen Befunde zu verschiedenen Möglichkeiten der Ablenkung bei gedanklichen Zwängen könnten damit zusammenhängen, daß eine entsprechende Differenzierung – möglicherweise auch noch in verschiedenen Stadien des therapeutischen Prozesses – bisher kaum realisiert wurde.

3. Kognitive Therapieverfahren

Kognitive Techniken spielen in der Therapie von Zwängen *immer* eine Rolle; die Anwendung von Konfrontation und Reaktionsverhinderung läßt sich z.B. als Prozeß der Hypothesenprüfung betrachten. So gesehen ist an der Anwendung kognitiver Techniken zur Therapie von Zwangsgedanken nichts Neues oder gar Revolutionäres. Im Titel der ersten Publikationen zu Konfrontation und Reaktionsverhinderung von Meyer (1966) wird bereits von einer „Veränderung der *Erwartungen*" gesprochen. Eine Gegenüberstellung kognitiver versus nicht- kognitiver Techniken erscheint problematisch und großteils unzutreffend. Auch die stellenweise erhobene Forderung nach einer „direkten Veränderung von Gedanken …" (vgl. Mc Fall & Wollersheim, 1979) bleibt ein leeres Schlagwort, solange nicht geklärt wird, welche Strategien zu dieser „direkten" Veränderung von Gedanken herangezogen werden können und sollen.

Die im folgenden angeführten Therapiebausteine bilden weniger „kognitive Techniken" im engeren Sinne, sondern Strategien zur Beeinflussung derjenigen kognitiven Elemente, die in Kapitel 4.2 und in Kapitel 4.3 als zentrale Bestandteile der Aufrechterhaltung von Zwangsstörungen angeführt wurden. Es handelt sich dabei insbesondere um den Aspekt der *Bewertung* (= „Bedeutung") von Gedanken, Impulsen und Bildern. Andere wichtige Elemente betreffen das Konzept der *Verantwortung, das Bedürfnis nach Kontrolle* und das zentrale Problem der *Angst* und *Unsicherheit* bei Zwangspatienten.

Eine kognitive Therapiekomponente bei Zwangsgedanken beinhaltet die rationale Auseinandersetzung mit den Gedanken des Patienten (vgl. dazu Salkovskis & Warwick, 1985). Dabei sollte der Therapeut mit dem Patienten keinesfalls die Wahrscheinlichkeit oder das Zutreffen der geäußerten Gedanken diskutieren; wenn sich nämlich der Therapeut in eine solche Argumentation einläßt, so stellt dies genau jene kurzfristige Beruhigung dar, die der Patient in seiner sozialen Umgebung sucht und stellenweise auch findet.

Beispiel: Eine 40jährige Patientin litt unter massiver Angst vor Kontaminationen, insbesondere durch AIDS; das Auftreten des Gedankens an eine mögliche Kontamination war von einem deutlichen Angstanstieg und entsprechen-

99

der Unruhe begleitet. Die Patientin versuchte den Gedanken deshalb möglichst rasch zu neutralisieren: Dazu gehörten spezielle Reinigungs- und Vermeidungsrituale auf der kognitiven und Verhaltens-Ebene, aber auch das Äußern gegenüber dem Ehemann, der die Patientin jeweils beruhigte. Dies führte zu einer kurzfristigen Senkung der Angst, aber zu keiner langfristigen Habituation und Bewältigung.

Der kognitive Ansatz besteht darin, nicht so sehr den Zwangsgedanken, sondern die dem Gedanken folgende *Bewertung* zum Gegenstand der Intervention zu machen. Schon die explizite Äußerung dieser Bewertung stellt eine erste Möglichkeit dar, sich mit dem Gedanken auseinanderzusetzen. Zu diesem Zwecke ist es sinnvoll, die einzelnen Bewertungen auflisten zu lassen. Dies läßt sich am Beispiel der Patientin mit zwanghaften Gedanken im Zusammenhang mit der AIDS- Kontamination verdeutlichen; der erste Zwangsgedanke, der eigentliche Stimulus „... AIDS ist eine ansteckende und unheilbare Krankheit ..."), verursachte bei der Patientin noch nicht unbedingt Angst und Unruhe, wenn nicht die *Bewertung* und die Konsequenzen mit dazu gedacht wurden („... ich werde qualvoll sterben, wenn ich mich durch meine Unvorsichtigkeit angesteckt habe ...").

Die Patientin wurde deshalb instruiert, zunächst die *Wahrscheinlichkeit* einer Kontamination bzw. Ansteckung in der linken Spalte einzuschätzen; davon getrennt sollte sie das Ausmaß von *Angst* und *Unruhe*, den der entsprechende Gedanke auslöste, in der rechten Spalte der Liste anführen (vgl. Tab. 6).

Der Ansatzpunkt kognitiver Therapie besteht nicht in einer direkten Veränderung der *Wahrscheinlichkeits*beurteilung; hohe Angst bietet vielmehr eine Einstiegsmöglichkeit in die Auseinandersetzung mit dem Zwangsgedanken. Durch eine Angstreduktion kommt es in der Folge auch zu einer Veränderung der Beurteilung der Wahrscheinlichkeit und Bewertung der Relevanz des Zwangsgedankens. Die vom Patienten zunächst als sehr hoch eingeschätzte Wahrscheinlichkeit (bis hin zu „overvalued ideas") gilt zu Recht als kaum veränderbar, sie hat darüber hinaus zumeist einen rationalen Kern, dessen Relevanz nicht zum Thema der Therapie erhoben werden sollte. Eine Abtrennung des *Angstgedankens* schafft insofern einen konkreten Einstiegspunkt, als der Patient lernen kann, sich mit den entsprechenden Ängsten auseinanderzusetzen (z. B. in Abb. 6 mit der Diskrepanz in der Beurteilung von Wahrscheinlichkeit und Angst bei Punkt 5). Hohe Angst bildet damit einen günstigen therapeutischen Ansatzpunkt, während dies für die hohe subjektive Wahrscheinlichkeit nicht zutrifft.

Die in Tabelle 6 von Frau L. angeführte Diskrepanz in der Beurteilung der Wahrscheinlichkeit und der damit verbundenen subjektiven Angst/Unruhe bildeten einen konkreten Einstieg in die Konfrontation

Tabelle 6: Beurteilung der *Wahrscheinlichkeit* eines Gedankens, sowie der damit verbundenen *Angst* und *Unruhe*

Zentraler Gedanke: „Ich muß äußerst vorsichtig sein damit ich mich und meine Familie nicht kontaminiere und möglicherweise mit AIDS anstecke ...!"

GEDANKE	Wahrschein-lichkeit des Zutreffens	GEDANKE	Angst und Unruhe
1. Körperlicher Kontakt (ausgen. sexueller) ist sehr gefährlich	90	1. Körperlicher Kontakt mit fremden Personen	40
2. In der Sauna könnte ich mich anstecken (Schweiß usw.)	80	2. Saunabesuch	90
3. Aufsuchen einer fremden Toilette beinhaltet ein großes Risiko	40	3. Toilette aufsuchen	80
4. Trinken aus einem fremden Glas ist riskant ...	10	4. Trinken aus dem Glas	80
5. Bereits der Gedanke an AIDS führt zur Ansteckung ...	0	5. Gedanke an AIDS	100

mit dem Angstgedanken; dies führte in der Folge zu einer Reduktion der Angst, zu einer Veränderung der Beurteilung von Wahrscheinlichkeiten und schrittweise zu einem weniger problematischen Leben bei den immer vorhandenen Situationen und Gedanken.

Bei der Entwicklung einzelner Gedanken und ihrer Bewertung ist es sehr wichtig, daß nicht vom Therapeuten implizite Versicherungen oder Beruhigungen eingeführt werden; der Patient sollte sowohl den Gedanken selbständig formulieren, als auch eine mögliche eigenständige Bewertung vornehmen. Als Strategie bietet sich die in der kognitiven Therapie übliche Vorgehensweise des *„sokratischen Dialogs"* an: Der Therapeut nimmt dabei die Rolle des naiven Interviewers ein, der durch sehr konkretes und beharrliches Fragen seinem Gegenüber dazu verhilft, sich der eigenen Gedanken und ihrer Bewertung klarer zu werden.

Die Veränderung der Einschätzung der *Wahrscheinlichkeit* allein führt selten zu einer grundlegenden Korrektur der Zwangsgedanken; selbst geringe Wahrscheinlichkeiten sind für den Patienten – wegen er multiplikativen Verknüpfung mit der Erwartung einer Katastrophe – immer noch sehr bedrohlich. Deshalb ist es im Rahmen eines kognitiven Therapieelementes auch bedeutsam, durch Entwicklung von Alternativen eine Veränderung der *Verantwortlichkeits-* und *Schuld-Thematik* anzustreben (s. Rachman, 1993; Lakatos, 1994, Lakatos & Reinecker, 1993). Dies kann allerdings nur in enger Verzahnung von kognitiven Strategien mit konkreten Übungen auf der Verhaltensebene geschehen.

Der Wert eines *„kognitiven"* Verfahrens liegt nicht so sehr darin, daß der Patient nun plötzlich die Irrationalität seiner Gedankengänge und Bewertungen einsieht und entsprechend handelt; wenn aber Gedanken und Bewertungen explizit sind, so bildet dies für den Patienten eine günstige Möglichkeit einer echten Auseinandersetzung (weil der bloße Gedanke sehr „flüchtigen" Charakter besitzt und für den Patienten damit keinen Ansatzpunkt bildet). Der größte Wert liegt aber darin, daß explizite Gedanken eine *direkte* Prüfung im Rahmen eines Expositionstrainings erlauben. So gesehen stellen kognitive Therapieelemente eine echte Bereicherung und *Ergänzung* – allerdings keine Alternative – zu Verfahren der Konfrontation und Reaktionsverhinderung dar (zur Diskussion von kognitiven versus Konfrontations- Verfahren vgl. auch Beidel & Turner, 1986).

Beispiel: In der Therapie der Zwangsgedanken betreffend AIDS setzte sich die Patientin nacheinander mit Situationen auseinander, die sie früher als ausgesprochen gefährlich beurteilt und vermieden hatte; sie machte im Verlaufe des Therapieprozesses die Erfahrung, daß ihr zwanghaftes Grübeln, ihre Sorge betreffend die Kontamination mit Krankheit und AIDS nicht in dem Maße berechtigt war, wie sie ursprünglich angenommen hatte. Sie machte vor allem die konkrete *Erfahrung,* daß die zwanghaften Gedanken und Vermeidungsrituale sie beherrschten und daß sie sich schrittweise freier in der sozialen und familiären Umgebung bewegen konnte, ohne daß dies „riskant" war. Dies führte zu einer veränderten Einschätzung und Bewertung von Situationen, wie sie ursprünglich in Tabelle 6 angeführt worden waren, und zu einer deutlichen Ausweitung ihres Verhaltensrepertoires sowie ihres Denkstils und ihrer Einstellungen.

In jüngerer Zeit wurde auch versucht, bei der Therapie von Zwangsgedanken die Prinzipien kognitiver Therapien in möglichst unverfälschter Form anzuwenden (vgl. dazu das Prinzip bei Beck & Emery, 1985). Einige empirische Studien dazu liegen vor allem aus der Forschergruppe um Emmelkamp vor (vgl. Emmelkamp, 1982, 1987; Emmelkamp, Visser & Hoekstra, 1988). In der letztgenannten Studie wurde erstmals das kognitive Verfahren der rational–emotiven Therapie mit dem Standardverfahren der Konfrontation und Reaktionsverhinderung bei der Therapie von insgesamt 18 Patienten verglichen. Die Befunde sind insgesamt gesehen auch für die kognitiven Elemente durchaus überzeugend. Offen bleibt in der Studie allerdings – und dies wird von den

102

Autoren in der Diskussion selbst vermerkt – ob nicht Konfrontation und Reaktionsverhinderung doch ein notwendiges Therapieelement darstellt. Dazu kommt, daß die Ergebnisse auf dem Niveau der Fragebogendaten natürlich kognitive Verfahren eher begünstigen; die klinische Beurteilung zeigte, daß die Patienten im Rahmen des Konfrontationsverfahrens in einem höheren Maße Besserungen aufwiesen als die Patienten im Rahmen der kognitiven Therapien. Die Diskussion ist insgesamt zu neu und die entsprechende Befundlage zu gering, um heute schon eine abschließende Beurteilung zu erlauben (Emmelkamp & Beens, 1991). Notwendig und erfreulich sind sicher weitere Studien in diese Richtung. Besonders wertvoll erschiene es dabei, dem Aspekt der Bewertung und der nachfolgend geschilderten Merkmale der Verantwortung und Unsicherheit noch gezieltere Beachtung zu schenken.

Als ein zentrales nosologisches Defizit bei Zwangspatienten wird seit langem die *Unsicherheit* von Zwangspatienten diskutiert (vgl. Carr, 1974; Beech, 1974; Beech & Vaughan, 1978). Damit in Zusammenhang steht das Gefühl der *Verantwortlichkeit* und das hohe Bedürfnis nach Kontrolle bei Patienten. Etwas vereinfacht könnte man sagen, daß sich der Patient durch Wiederholungen, durch Rituale usw. Sicherheit in einem Meer von Unsicherheiten schafft.

Aus klinischer Sicht kommt es bei der Therapie von Zwangsgedanken darauf an, daß der Patient lernt, mit einem Grad an Unsicherheit zu leben, der auch für „normale" Personen erträglich ist. Dies fällt Patienten, speziell Patienten mit Kontrollzwängen, üblicherweise extrem schwer.

Beispiel: Ein 29jähriger Angestellter wurde von verschiedenen Kontrollzwängen massiv beeinträchtigt; diese Gedanken bezogen sich u.a. auf das Abschließen des Schreibtisches, des Schrankes, das Löschen des Lichtes usw. Er beschäftigte sich stundenlang mit dem Gedanken, ob die Dinge so in Ordnung waren, wie er sie verlassen hatte. Die Kontrolle bestand in erster Linie darin, daß er einen Vorgang in Gedanken viermal wiederholte (= Ritual), damit war für ihn eine gewisse Beruhigung eingetreten und er konnte das Büro verlassen. Der Patient konnte nicht ganz genau angeben, was passieren würde, wenn die Kontrollen *nicht* durchgeführt worden wären (Bewertung, Ergebnis ...).

Bei der Intervention auf der Ebene der Unsicherheit hat es ebenfalls wenig Sinn, mit dem Patienten zu argumentieren, welchen Grad an Unsicherheit er eventuell aushalten könnte und müßte. In der Therapie geht es vielmehr darum, dem Patienten *generell* klarzumachen, daß der Alltag darin besteht, *mit* diesen Unsicherheiten zu leben. Dieser generelle Aspekt beinhaltet auf der Verhaltensebene ganz konkrete Übungen, in denen der Patient kleine *Risiken* eingeht. Er erlebt dabei, daß perfekte Kontrolle nicht notwendig ist – daß es sich trotz verschiedener Risiken leben läßt, und zwar besser, wenn man nicht darüber grübelt oder versucht, durch Rituale Sicherheit herzustellen (für das Unterbinden der Rituale bietet sich unter Umständen das Gedankenstoppen an).

Beispiel: In der Therapie des angeführten Patienten wurde vereinbart, daß er bewußt und absichtlich verschiedene objektiv unproblematische Risiken eingehen sollte; diese Risiken waren für den Patienten zunächst enorm groß und schwierig zu realisieren. Einen Einstieg schaffte der Patient, indem er über Nacht den Büroschreibtisch absichtlich nicht abschloß; ritualisierenden Gedanken begegnete er damit, daß er sich instruierte, er wolle sehen und lernen, was nun passiere. In der Folge lernte der Patient, mit einer gewissen Unsicherheit in seinem Lebens- und Arbeitsbereich dadurch besser zurechtzukommen, daß er eine Reihe entsprechender Übungen realisierte: Er ließ das Telefon im Büro über das Wochenende unabgeschlossen, ließ eine Schreibtischlampe brennen, sperrte den Kofferraum des Autos nicht ab usw. Im Laufe der Therapie weitete der Patient seinen gedanklichen und Verhaltensspielraum dadurch aus, daß er die Ungefährlichkeit bestimmter solcher Risiken direkt erlebte.

Man könnte das Lernen des Umgangs mit *Unsicherheit* ganz analog zum Prinzip der Konfrontation und Reaktionsverhinderung sehen: Hier wie dort geht der Patient subjektiv gesehen ein *Risiko* ein, um zu prüfen, welches Ergebnis mit einem bestimmten (neuen) Verhalten verbunden ist. So gesehen stellt die explizite Instruktion an den Patienten, mit Unsicherheit umzugehen, ebenfalls eine Form der Konfrontation und Reaktionsverhinderung dar. Diese Konfrontation wird aber für den Patienten besonders transparent gestaltet und realisiert. Zwanghaftes Verhalten und Denken einerseits und die Bereitschaft, mit gewissen Risiken und einer entsprechenden Unsicherheit zu leben andererseits, werden als unterschiedliche *Lebensstile* aufgefaßt. Dabei wird *nicht* die Bewertung unterstellt, daß ein „riskanterer" Lebensstil und damit verbundene Verhaltensweisen und Einstellungen „besser" seien. Unterstellt wird vielmehr ein *funktionales* Verständnis dieses Lebensstils: Der Patient leidet massiv unter seinem Bedürfnis nach kompletter Sicherheit, und deshalb sollte es Aufgabe der Therapie bei Zwangsstörungen sein, dem Patienten durch entsprechende Übungen ein für ihn weniger behinderndes Bedürfnis nach Sicherheit zu vermitteln. Wiederum vereinfacht gesagt: Der Patient kann und sollte im Verlaufe der Therapie lernen, mit verschiedenen Unabwägbarkeiten und Unsicherheiten zu *leben* und nicht in für ihn problematischer Weise mit den Zwangsritualen und Zwangsgedanken zu reagieren.

Gerade im Kontext kognitiver Therapieverfahren wird von verschiedenen Autoren die Bedeutung eines *„paradoxen"* Ansatzes angeführt (vgl. dazu Ascher, 1989). Es ist hier nicht der Ort, eine detaillierte konzeptuelle und theoretische Auseinandersetzung mit dem Begriff der Paradoxien zu leisten. Wenn mit einem „paradoxen" Vorgehen bei der

Behandlung von Zwangsgedanken gemeint ist, daß sich der Patient mit genau jenen Gedanken, Befürchtungen auseinandersetzen soll, die den Inhalt seiner Zwangsgedanken ausmachen, entspricht dies exakt dem Verfahren von Konfrontation und Reaktionsverhinderung, allerdings unter deutlich anderem Etikett. Zur Vermittlung des Vorgehens an den Patienten (etwa im Sinne der Erklärung, des plausiblen Änderungsmodells) kann dieses veränderte Etikett durchaus eine Bereicherung darstellen; um mögliche begriffliche Verwirrungen zu vermeiden, wird hier jedoch der Begriff der Paradoxien nicht mehr explizit verwendet.

Resumé

Die Behandlung von Zwangsgedanken bringt Therapeuten und Patienten in eine gleichermaßen schwierige Situation: Zum einen sollte der Patient lernen, seinen auslösenden Gedanken (Stimuli, Impulse) nicht mehr die Beachtung zu schenken, die eine problematische *Bewertung* und das Bedürfnis zum Neutralisieren (z. B. Wiederholen des Gedankens usw.) nach sich zieht. Im Kontext der Therapie ist es aber unabdingbar, einzelne gedankliche Prozesse im Detail zu besprechen und ihnen entsprechende Aufmerksamkeit zu schenken. Die Therapie von Zwangsgedanken bildet damit eine Art Gratwanderung zwischen der Notwendigkeit einer Konfrontation und Auseinandersetzung mit dem Gedanken einerseits und dem Bemühen, die *Bewertung* und damit die *Bedeutung* (Teasdale, 1993) des Gedankens zu verändern. Vielleicht ist dies mit einer der Gründe, warum sich die praktische Therapie von Zwangsgedanken – trotz eines einigermaßen klaren therapeutischen und theoretischen Modells – als ein so hartnäckiges und schwieriges Unterfangen darstellt.

5.4 Die Aufrechterhaltung und Generalisierung therapeutischer Effekte

Die Aufgabe einer wie immer gearteten therapeutischen Intervention bei Zwangspatienten besteht darin, für den Patienten zumindest vom Beginn bis zum Ende der Therapie eine Verbesserung zu gewährleisten. Nur wenn eine solche Verbesserung tatsächlich vorliegt, macht es Sinn, sich über die Aufrechterhaltung bzw. über die Generalisierung Gedanken zu machen.

Die Aufrechterhaltung therapeutischer Effekte verdient spezielle Beachtung: Auch eine deutliche Besserung zum Ende der Therapie garantiert noch keinesfalls, daß diese Effekte auch stabil bleiben. Patienten, die nach Therapieende als „gebessert" eingestuft werden, zeigen in der Studie von Foa et al. (1983) bei der Nachkontrolle eine sehr heterogene Entwicklung: Rund die Hälfte der Patienten hatte sich weiter verbessert, während die andere Hälfte rückfällig geworden war.

In der klinischen Praxis zeigt sich, daß die Beendigung der Therapie bei Zwangsstörungen höchst problematisch sein kann; dies gilt insbesondere bei stationären Therapien: Hier zeigen sich in der Klinik häufig deutliche, und zum Teil auch sehr erfreuliche Verbesserungen. Bei der Entlassung von Patienten in die häusliche Umgebung beobachtet man nicht selten komplette Rückfälle. Dies unterstreicht die Notwendigkeit, der Aufrechterhaltung des therapeutischen Effektes gezielte Beachtung zu schenken – die Stabilisierung nicht nur zu erhoffen, sondern sie sorgfältig zu planen.

Strategien

Um den genannten Problemen entsprechend begegnen zu können, ist es sinnvoll, bereits während der Behandlungsphase an verschiedene Besonderheiten bei der Aufrechterhaltung und Generalisierung zu denken. Verschiedene solcher Möglichkeiten werden im folgenden angesprochen (vgl. dazu auch Turner & Beidel, 1988).

Zeitplanung

Die Therapie bei Zwangsstörungen verlangt zumeist eine ausgesprochen intensive und dichte Phase der Treffen. Nicht selten sind mehrere wöchentliche Termine über mehrere Wochen hinweg. Dazu kommt, daß auch die zeitliche Dauer von den Erfordernissen der Konfrontation und Reaktionsverhinderung her jedesmal mehrere Stunden in Anspruch nehmen kann. Diese Art der notwendigen Gestaltung des Therapieplanes bringt nicht selten Probleme der *Abhängigkeit* des Patienten mit sich. Diese Abhängigkeit muß sich nicht nur auf die Person des Therapeuten beziehen, sondern beinhaltet unter Umständen eine Gewöhnung an eine spezielle Therapiegestaltung. Dies kommt in sinngemäßen Aussagen von Patienten deutlich zum Ausdruck: „Mittwoch habe ich immer Therapietermine bei Ihnen ... ich bin das schon so gewöhnt ... was, nächste Woche geht bei Ihnen nicht? ...".

Eine günstige Möglichkeit zum Umgang mit Problemen der Abhängigkeit des Patienten einerseits und unter Berücksichtigung des Ziels der Aufrechterhaltung der Therapieerfolge andererseits besteht in einer flexiblen Termingestaltung:

Nach einer Phase der intensiven Therapie mit Anwesenheit des Therapeuten können die Termine gegen Ende der Intervention „gestreckt" werden (z. B. 14tägig usw.). Für dringende Fälle sollte man dem Patienten die Möglichkeit eines telefonischen Kontaktes einräumen; dies sollte aber eher konkret vereinbart werden, etwa: „... Sie können mich gerne nächste Woche am Dienstag zwischen 11 und 12 Uhr anrufen; falls es Probleme gibt, können wir darüber sprechen ...".

Der Therapeut sollte dem Patienten auch bald klarmachen, daß eine Nachbetreuung im Sinne von „Auffrischungssitzungen" durchaus im Sinne der Therapie ist. Viele zukünftige Situationen lassen sich nur sehr schwer antizipieren, und von daher kann man dem Patienten anbieten, eventuelle Probleme im Rahmen solcher Sitzungen ausführlich zu besprechen und gemeinsam nach Lösungen im Licht der bisherigen Bewältigungsstrategien zu suchen.

Auch *nach* der formellen Beendigung der Therapie sollte ein loser, aber kontinuierlicher Kontakt mit dem Patienten gehalten werden. Als günstig erweisen sich *kurze* Kontakte (telefonisch oder persönlich), die dem Patienten die Sicherheit geben, Schwierigkeiten in zwei, drei oder vier Wochen mit dem Therapeuten besprechen zu können. Zwangsstörungen werden oft als *chronische* Behinderung beschrieben, so daß sich bei vielen Patienten die angesprochene Form einer kontinuierlichen Betreuung anbietet.

Gerade im praktischen Setting (sowohl ambulant als auch stationär) erweist sich die Planung und Durchführung von Follow-ups (Nachkontrollen) als äußerst wichtig und sinnvoll. Der Therapeut erhält nach einem halben oder nach einem Jahr Rückmeldung über den Verlauf beim Patienten im natürlichen Setting, der Patient hat die Gewißheit, daß eine Nachkontrolle erfolgt, und die Sammlung entsprechender Befunde liefert einen unschätzbaren empirischen Hintergrund über die langfristigen Effekte der Behandlung von Zwängen.

Selbstmanagement

Langfristig gesehen sollte die Therapie bei Zwangsstörungen dem Patienten helfen, mit verschiedenen Problemen in seinem Lebenskontext wieder selbständig zurande zu kommen. Die verschiedenen Fähigkeiten sind auf unterschiedlichen Regulationsebenen angesiedelt und hängen in komplexer Weise voneinander ab. Grundannahmen und Prinzipien haben wir kürzlich sehr ausführlich dargestellt („Selbstmanagement-Therapie", Kanfer, Reinecker & Schmelzer, 1990). Durch transparente Gestaltung der Therapie in den ersten Sitzungen lernen Patienten, daß sie nicht die einzige Person mit Zwangshandlungen und Zwangsgedanken sind; hier wird vermittelt, daß praktisch *alle* Menschen von inhaltlich ähnlichen Gedanken betroffen sind (Rachman & de Silva, 1978; Rachman, 1993). Entscheidend ist somit nicht der Gedanke, sondern dessen *Bewertung* als unakzeptabel und die Übernahme von *Verantwortung* für den Gedanken und dessen erwartete Konsequenzen. Hier kann man den Patienten auch darauf hinweisen, daß wichtige Gedanken offenbar schwieriger zu kontrollieren sind als unwichtige; der Hinweis auf verständliche Literatur ist hier ausgesprochen angezeigt (z. B. Baer, 1991, dt. 1993; Toates, 1990; Hoffmann, 1990).

Für unsere Zwecke ist es sehr wichtig, daß der Patient eine *aktive* Rolle im therapeutischen Prozeß einnimmt; dies läßt sich dadurch realisieren, daß er von der ersten Sitzung an schrittweise mehr Verantwortung für den therapeutischen Prozeß übernimmt. Zu Beginn besteht diese Selbstverantwortung darin, daß der Patient kleine Aufgaben und Hausaufgaben *zwischen* den therapeutischen Sitzungen übernimmt (Ausfüllen von Fragebögen; Anfertigen von Aufzeichnungen ...). In diesem ersten, u. a. von Marks (1987, 1992) immer wieder betonten wichtigen Schritt erfolgt für den Patienten eine erste Auseinandersetzung mit seinen Befürchtungen und Ritualen. In der intensiveren Phase der Therapie beschränkt sich die Konfrontation und Reaktionsverhinderung nicht nur auf die mehrstündigen Sitzungen zusammen mit Therapeuten oder Co-Therapeuten. Der Patient wird vielmehr dazu angehalten und angeleitet, die Übungen auch zu Hause durchzuführen. Konfrontation und Habituation sollte nicht im therapeutischen Setting, sondern zwischen den Sitzungen, in der häuslichen und beruflichen Umgebung des Patienten erfolgen (Marks, 1992). Hier *erlebt* der Patient, daß seine Gedanken nicht zu den von ihm befürchteten Konsequenzen führen. Dies ist in denjenigen Fällen besonders schwierig, wo sich die Gedanken auf die Zukunft, auf wenig konkrete Befürchtungen oder sogar auf die Zeit nach dem Tod (s. ewige Verdammnis ...) beziehen (vgl. Rachman, 1993). Mittelfristig lernt der Patient, schwierige Situationen nicht mehr zu vermeiden, sich mit ihnen vielmehr selbständig auseinanderzusetzen, um dem therapeutischen Ziel näher zu kommen. Selbstmanagement bleibt nicht dabei stehen, daß ein Patient eine erste Besserung erreicht hat; zentral ist vielmehr eine gezielte Rückfallprophylaxe im Sinne eines Übens von schwierigen Risikosituationen (s. Marks, 1992). Dazu gehört u. a. der Einbezug von Angehörigen und die Generalisierung von Effekten auf bisher ausgeklammerte Situationen.

Beispiel: Ein 25jähriger Patient mit einer ganzen Palette von Kontrollzwängen sollte zu Hause lernen, verschiedene Kontrollen zu unterlassen (Haustür, Autotür, Wasserhähne, Lichtschalter usw.). Als ein optimaler Aspekt der Entwicklung des Patienten zur Selbstkontrolle stellte sich heraus, daß der Patient nicht nur die genau besprochenen Türen, Schalter usw. nicht mehr kontrollierte. Er konfrontierte sich selbst mit Situationen, die nicht Gegenstand der Intervention bzw. Instruktion für die Hausarbeiten gewesen waren, nämlich mit dem Autoradio, dem Thermostat der Heizung und dergleichen mehr. Dies ist ein klarer Hinweis auf die Bereitschaft und Fähigkeit des Patienten zur Selbstkontrolle und damit zur langfristigen Aufrechterhaltung des Therapieerfolges.

Ein wichtiges Behandlungsziel – gerade unter dem Aspekt langfristiger Effekte – ist dann erreicht, wenn der Patient die Übungen selbständig durchführen kann; sobald der Patient das Prinzip und die Notwendigkeit von Konfrontation und Reaktionsverhinderung auf kognitiver, emotionaler und Verhaltensebene *begriffen* hat und selbständig anwendet, kann von effizientem Selbstmanagement gesprochen werden. Er macht damit langfristig auch gute Erfahrungen, was einen weiteren stabilisierenden Faktor darstellt.

Beispiel: Mit der im Diagnostik-Kapitel erwähnten Patientin mit zwanghaften Kontrollen Nahrungsmittel und vor allem Babynahrung betreffend wurde als Ziel das Betreten von Geschäften, Einkauf, der Besuch von Apotheken usw. vereinbart. Dabei sollte sie Kontrollen unterlassen und die Übungen schrittweise selbständig und ohne Begleitung durchführen. Die Aufgaben waren anfangs präzise vorgegeben: Betreten einer Apotheke, ca. 20 Min. dort bleiben, 5 x am Regal mit Babynahrung vorbeigehen, diese anschauen, berühren, in den Einkaufskorb legen ..., dabei Selbstbeobachtung des Verlaufes von Angst und Unruhe und der Unsicherheit. Die Übung wurde schließlich in das Alltagsleben der Patientin eingebaut, so daß der Übungscharakter in den Hintergrund trat, was letztlich eine konkrete Erleichterung für die Patientin darstellte.

Um ganz konkret sicherzustellen, daß der Patient das Therapieprinzip und dessen Anwendung begriffen und internalisiert hat, ist es durchaus günstig, ihn schildern zu lassen, was er einem Freund oder Bekannten in einer ähnlichen Situation raten würde; es ist auch ganz im Sinne der Verhinderung eines Rückfalls (relapse prevention), wenn mit dem Patienten mögliche zukünftige Schwierigkeiten besprochen werden. Diese Antizipation schwieriger Situationen hilft dem Patienten, solche Situationen frühzeitig zu erkennen und effiziente Strategien des Selbstmanagements zu ergreifen.

Gerade im stationären Setting stellt es sich als unbedingt notwendig heraus, den Patienten zu effizientem Selbstmanagement anzuleiten; eine Voraussetzung dazu ist, daß Therapeut oder Co-Therapeut zumindest einige Male Übungen *mit* dem Patienten in dessen häuslicher Umgebung durchführen und daß der Patient in der Folge angeleitet wird, Übungen zu Hause ebenfalls zu realisieren. Die Konfrontation in einer Klinik beinhaltet für den Patienten üblicherweise ganz andere Stimuli, als die komplexe Situation und deren Einbettung, die ihn zu Hause erwartet. Für den Übergang zum Selbstmanagement bietet sich eine probeweise Entlassung des Patienten, ein Aufenthalt am Wochenende oder dergleichen an. Es ist klar, daß praktische Umstände ein solches Vorgehen häufig sehr schwierig gestalten (z. B. Entfernung, Finanzierung usw.). Auf der anderen Seite ist die Anleitung des Patienten zur Durchführung der Therapie im häuslichen Setting so entscheidend, daß selbst größter Aufwand gerechtfertigt ist.

Zur Behandlung weiterer Probleme

Wie bei praktisch allen Patienten im psychotherapeutischen Kontext ist man bei der Therapie von Zwängen nicht nur mit dem Störungsbild im engeren Sinne, sondern üblicherweise mit einer ganzen Reihe von Problemen konfrontiert. Diese Probleme können unterschiedlich eng mit der Zwangsproblematik verknüpft sein. Speziell mit den Fortschritten in der Behandlung seiner Zwangsproblematik ist der Patient auch an der Lösung dieser „zusätzlichen" Probleme interessiert. Die Frage, *welche* Probleme es im Einzelfall sind, läßt sich nur im Kontext einer detaillierten funktionalen Analyse beantworten. Auffällig ist jedoch ganz allgemein, daß gerade solche weiteren Probleme in der Phase einer prinzipiellen Besserung sehr häufig zu einer erneuten Verschlechterung der Zwangsproblematik beitragen.

Es ist daher sehr sinnvoll, der Bewältigung solcher weiterer Probleme auch gezielte Aufmerksamkeit zu schenken. Zu denken ist in erster Linie an Schwierigkeiten im Rahmen der partnerschaftlichen Interaktion, an die Problematik der Selbstsicherheit oder an die generelle Angst, speziell im Zusammenhang mit Belastungssituationen oder auch an Aspekte des gestörten Schlafes. Für die angesprochenen Probleme gibt es in der klinisch-psychologischen Literatur in der Zwischenzeit sehr brauchbare und effiziente therapeutische Strategien, auf die hier nur hingewiesen werden kann:

- Partnertherapie: Schindler et al., 1980; Hahlweg, Schindler & Revenstorf, 1982; Scholz, 1987;

- Soziale Unsicherheiten: Behandlung grundlegender sozialer Defizite, vgl. dazu Ullrich & Ullrich, 1976; Feldhege & Krauthan, 1979; Hinsch & Pfingsten, 1983;

- Angst und Belastungssituationen: Margraf & Schneider, 1990; Marks, 1978, 1987;

- Schlafstörungen: Coates & Thoresen, 1982.

Im Zusammenhang mit der notwendigen und durchaus sinnvollen Behandlung weiterer Probleme ist eine gewisse Warnung angebracht: Das Vorliegen immer neuer Schwierigkeiten kann und darf den Therapeuten nicht dazu veranlassen, die Behandlung von Zwängen als prinzipiell unbeendbares Unterfangen zu sehen. Das Ziel – auch in der Therapie von Zwängen – muß vielmehr darin bestehen, daß der Patient lernt, mit alltäglichen Schwierigkeiten auch zu leben und die entsprechenden Belastungen zu ertragen. Therapie ist in diesem Sinne Hilfe zur Selbsthilfe.

Wenn man Chancen und Schwierigkeiten der Aufrechterhaltung rea-

110

listisch sieht, muß man die Befundlage sicher auch sehr nüchtern einschätzen: Die im nächsten Kapitel behandelte Übersicht über Effektivitätsstudien gibt wenig Anlaß zu grenzenlosem Optimismus. Im einzelnen lassen sich folgende kritische Punkte anmerken:

– Die Behandlung von Zwangspatienten ist mühsam, zeitaufwendig und auch für den Patienten zumeist ausgesprochen belastend. Viele Therapeuten lehnen eine Behandlung von Zwangspatienten mehr oder weniger konsequent ab. Damit sind klarerweise große Schwierigkeiten für eine entsprechende *Versorgung* der Patienten verbunden. Da es nur wenige Therapeutinnen und Therapeuten gibt, die die Bereitschaft und Fähigkeit zur Behandlung von Zwangspatienten aufbringen, gestaltet sich auch die Vermittlung eines Therapieplatzes oft als sehr mühsam.

– Die für den Therapeuten ebenfalls angenehmen Effekte einer Therapie, nämlich eine deutliche Besserung auf seiten des Patienten, zeigen sich bei Zwangspatienten häufig nicht (s. Mißerfolge, vgl. Kap. 7) oder erst nach sehr langer Zeit. Das für sehr viele andere Störungen anwendbare und durchaus sinnvolle Konzept der Kurztherapie erweist sich bei Zwangspatienten als nur sehr begrenzt anwendbar.

– Manche Patienten „begleiten" einen Therapeuten oft jahrelang – zumeist mit sehr großen Abständen. Nicht selten rufen auch zuvor als recht erfolgreich angesehene Patienten nach langer Zeit an und ersuchen – zumeist im Zusammenhang mit speziellen Belastungen – um eine erneute Behandlung. Erfreulich ist daran zumindest, daß man dem Patienten wieder ein Stück weiterhelfen kann, mit seinen Schwierigkeiten zurandezukommen.

– Patienten mit lang andauernden Zwangsstörungen werden häufig als „chronisch behindert" angesehen. Nicht selten resultiert daraus eine Art therapeutischer Resignation (sowohl von seiten des Patienten, als auch des Therapeuten). Man muß dazu auch anführen, daß sich der Eindruck der Chronizität durchaus aufdrängt (vgl. dazu Turner & Beidel, 1988): Patienten leiden zumeist schon vor Beginn der Therapie sehr lange Zeit an ihren Zwängen, die Therapie selbst stellt sich als sehr langwierig heraus und die Problematik häufiger Rückfälle trägt zu einer pessimistischen Einschätzung noch weiter bei. Auf der anderen Seite rechtfertigen sogar kleine Fortschritte bei verschiedenen gravierenden Problemen einen entsprechenden therapeutischen Aufwand.

– Die klinische Erfahrung ebenso wie entsprechende Studien (vgl. Espie, 1986) zeigen, daß die Gefahr eines Rückfalls dann besonders hoch zu veranschlagen ist, wenn die Patienten keine *positiven Alternativen* zu ihrem bisherigen zwanghaften Verhalten aufbauen. Im Rahmen der Zielbestimmung führt die Frage nach Konsequenzen einer Veränderung oder nach Alternativen häufig zu gewissem Staunen auf seiten des Patienten („Was könnten Sie tun, wenn Sie morgens nicht mehr drei bis vier Stunden im Bad benötigen ...?" usw.). Eine sorgfältige Planung entsprechender Aktivitäten auch im Sinne einer Umstrukturierung des Tagesablaufs beim Patienten trägt mit zur Stabilisierung von therapeutischen Effekten bei.

Bei der Behandlung von Patienten mit Zwangsstörungen fällt auf, daß man nur in sehr wenigen Fällen von einer *völligen* Verbesserung der Problematik sprechen kann. Obwohl fast alle Patienten bei entsprechender Kooperationsbereitschaft in der Therapie gewisse positive Veränderungen zeigen, können die wenigsten Patienten als völlig gebessert angesehen werden (vgl. Marks, 1981). Dies ist bemerkenswert vor allem im Kontrast zu ebenfalls sehr gravierenden Angststörungen (vgl. Phobien, Panikattacken, vgl. dazu Margraf & Schneider, 1990), bei denen Patienten nach der Therapie zum Teil völlig beschwerdefrei leben können.

Dieser zwanghafte *„Rest"* hat u.a. zu der Vermutung einer „Zwangspersönlichkeit" Anlaß gegeben. Abgesehen von den Problemen des damit unterstellten Persönlichkeitskonzeptes erscheint diese Annahme einer speziellen Persönlichkeitsstruktur ungerechtfertigt. Man muß wohl eher davon ausgehen, daß prädisponierende und nosologische Faktoren in Kombination mit der Zwangsproblematik eine so gravierende Beeinträchtigung im kognitiven und Verhaltensbereich darstellen, daß eine gänzliche Umstrukturierung kaum noch möglich ist.

Gerade dieser letztgenannte Aspekt einer nicht *vollständigen* Behandlung der Angst stellt sich als langfristig problematisch heraus: Nach Rachman (1979, 1989) stellt dies einen bedeutsamen Faktor für einen Rückfall dar. Rachman spricht in diesem Zusammenhang von einer „Rückkehr der Angst". Ein zweiter Faktor, der ebenfalls für einen Rückfall ausschlaggebend ist, spielt auch bei der Behandlung von Zwangsstörungen eine Rolle: Anstrengende und belastende Treatmentbedingungen stellen für einen Rückfall ebenso einen Prädiktor dar. Genau dies ist bei Konfrontation und Reaktionsverhinderung gegeben. Es gibt zwar einige Überlegungen, wie diesen Problemen möglicherweise zu begegnen ist, eine befriedigende Lösung dazu ist jedoch noch nicht in Sicht.

Die Behandlung von Zwängen bildet daher eine *Herausforderung* für den Therapeuten (vgl. dazu Kallinke, Lutz & Ramsay, 1979; Reinek-

112

ker, 1992). Im besonderen Maße gilt dies für Zwangsgedanken. Diese Herausforderung aufzugreifen bietet für den Therapeuten sicher einen ganz speziellen Reiz. Viele Aspekte der Entstehung, der Aufrechterhaltung und der Therapie bei Zwängen sind nach wie vor ein Rätsel. Auf der Grundlage neuerer theoretischer und therapeutischer Befunde ist die Therapie aber nicht mehr als „Stochern mit Stangen im Nebel" (vgl. Kap. 4) zu bezeichnen. Wir kennen nicht alle, aber einige Befunde, die für die Behandlung bedeutsam sind. Verantwortliches klinisches Handeln zeichnet sich auch dadurch aus, daß wir angesichts und trotz unsicherer Befundlage zum Handeln schreiten.

6. Effektivitätsstudien: Zur Wirksamkeit der Behandlung bei Zwängen

Zwangsstörungen gelten als sehr schwer behandelbar; in der älteren Literatur wird zum Teil sogar die Möglichkeit einer gezielten Beeinflussung gänzlich bezweifelt (vgl. Lewis, 1966; Kringlen, 1970). Dabei war das Störungsbild von psychoanalytischen Modellvorstellungen her begeistert aufgenommen worden; trotz des großen Interesses folgte im therapeutischen Bereich bald große Ernüchterung, und Freud (1925) sprach hinsichtlich der Zwangsstörungen explizit von einem unlösbaren Problem. Dennoch muß man sagen, daß viele Themen, die bei Zwängen eine wichtige Rolle spielen, bereits früh erkannt und angesprochen wurden (z. B. Ärger, Feindseligkeit, Aggressivität usw.). Vor der Entwicklung der in Kapitel 5 geschilderten Behandlungsverfahren der Konfrontation und Reaktionsverhinderung wurden schwere Fälle von Zwangspatienten zumeist hospitalisiert. Cawley (1974) berichtet dazu folgende Entwicklung nach fünf Jahren: Rund 25 Prozent haben eine deutliche Besserung, etwa 50 Prozent eine zumindest leichte Verbesserung und der Rest von wiederum 25 Prozent eine chronische Verschlechterung zu erwarten. Bei ambulanter Psychotherapie zeigt sich ein ähnliches Bild: Rund zwei Drittel der Patienten verbessern sich zumindest geringfügig, während ein Drittel keine Verbesserung oder eine Verschlechterung in Richtung eines chronischen Verlaufes zeigen (ebenfalls nach 5 Jahren). Auch Salzman & Thaler (1981) kommen in ihrer Übersicht über psychotherapeutische Behandlungsmöglichkeiten aus der Zeit von 1953 bis 1978 zu einer ausgesprochen pessimistischen Beurteilung der Situation.

Die in vielen Fällen hoffnungslose Situation führte dazu, daß psychochirurgische Operationen (zumeist Lobotomie) als letzter Ausweg gesehen werden; noch 1981 diskutierten Salzman & Thaler gehirnchirurgische Operationen bei Zwängen als eine sinnvolle Möglichkeit; dieses Vorgehen war zunächst mit großen Hoffnungen verbunden und einzelne Berichte klingen durchaus optimistisch. Bei näherer Analyse erweisen sich positive Effekte als kaum glaubwürdig (vgl. Rachman, 1980). Außerdem weist Rachman (1984) darauf hin, daß auch in theoretischer Hinsicht völlig unklar bleibt, an welchem (funktionellen) Punkt eine Operation ansetzen sollte, um eine entsprechende Besserung zu bewirken. Die Diskussion dazu ist heute wieder in den Hintergrund gerückt.

Unstrittig ist, daß die Behandlung auch *nach* der Entwicklung von Konfrontation und Reaktionsverhinderung (Meyer, 1966) und nach weiteren Differenzierungen und Verbesserungen des Verfahrens nach wie vor sehr schwierig bleibt. Einige der Probleme werden in diesem Kapitel behandelt: Zunächst werden kurz allgemeine Probleme der Forschung bei der Therapie psychischer Störungen angesprochen (6.1). Im nächsten Abschnitt (6.2) werden einige wichtige Befunde zur Therapie von Zwängen – allerdings nur exemplarisch – dargestellt und zum Abschluß (6.3) werden weiterführende Details der Psychotherapieforschung bei Zwängen erörtert (Kosten–Nutzen-Frage; Prozeßmerkmale usw.).

6.1 Forschungs-Probleme bei der Therapie von Zwängen

Die Therapieforschung stellt sich heute als sehr heterogenes Bemühen dar, Veränderungen bei Patienten als Effekte unterschiedlicher Strategien zu untersuchen. Als heterogen muß die Forschung deshalb bezeichnet werden, weil sich einzelne Variablen (z. B. Patientenvariable, Störungsmerkmale, Kriterien usw.) als so aufgefächert erweisen, daß eine einheitliche Untersuchung der Effektivität nicht mehr möglich ist. Empirische Untersuchungen sind dennoch der einzige Weg, um mehr über die Problematik und über therapeutische Änderungsmöglichkeiten zu erfahren (s. Grawe, Donati & Bernauer, 1994). Die einzelnen Untersuchungen setzen jedoch auf verschiedenen Ebenen an und verfolgen unterschiedliche Ziele. Dies entspricht auch dem oben angesprochenen Pluralismus. Einige der für die Effektivitätsforschung bei Zwängen besonders relevanten Probleme werden in diesem Abschnitt behandelt.

Makro-Aspekte

Der Begriff Makro-Aspekte meint diejenigen Abläufe und Prozesse im Leben eines Patienten, die vor bzw. neben dem engeren therapeutischen Prozeß (= Mikro-Aspekt) gravierenden Einfluß auf das therapeutische Geschehen haben. Dies läßt sich an folgender Skizze verdeutlichen (s. Abb. 10):

Die Überlegungen zu den makro-strukturellen Bedingungen und Einflußgrößen sollte uns dafür sensibel machen, daß etwa bloße Angaben über Besserungsraten durch ein spezielles therapeutisches Verfahren wenig aussagekräftig sind. Diese Besserungsraten sind häufig in allgemeinen Prozentangaben formuliert, beinhalten aber noch nicht diejenigen Faktoren, in deren Licht diese Raten gesehen werden müssen.

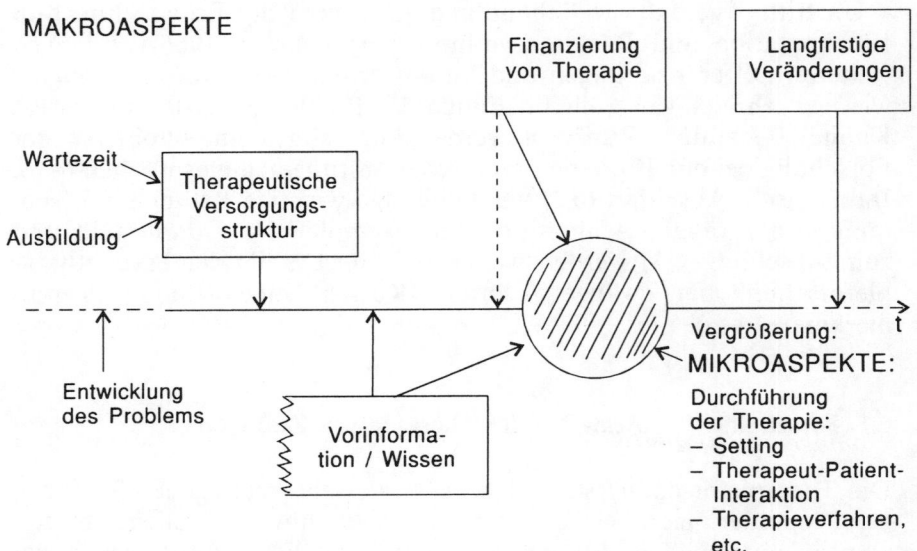

MAKROASPEKTE

Abbildung 10: Therapie von Zwängen/Einbettung in makrostrukturelle Bedingungen

Beispiel: Eine 30jährige Patientin leidet seit 8 ½ Jahren unter einem gravierenden Waschzwang; sie hat vor fünf Jahren ihren Beruf aufgeben müssen und ist kaum noch in der Lage, ihre 7jährige Tochter zu versorgen.

Diese Patientin hat von der Versorgungsstruktur einer Großstadt her eine völlig anders zu beurteilende Chance auf eine effiziente Therapie als in einer ländlichen Gegend. Probleme der Entfernung zur Therapie, der Aufwand, einen Therapieplatz zu bekommen, Schwierigkeit der Unterbringung der Tochter, der Finanzierung usw. beeinträchtigen die Besserungschance dieser Patientin ganz deutlich.

Es hilft der angeführten Patientin auch wenig, wenn man beeindruckende Effektivitätsstudien aus London, Philadelphia oder Hamburg anführt. Die zum Teil optimalen Bedingungen in diesen Forschungszentren gelten eben nicht für diese Patientin. Zusätzlich zu diesen strukturellen Merkmalen im Makro-Bereich muß man anführen, daß gerade bei Zwangspatienten an der Schnittstelle von Makro- und Mikro-Ebene eine Reihe spezieller Probleme zu erwarten sind. Salkovskis (1989) führte aus, daß selbst in optimalen Forschungs-Settings mit entscheidenden Selektionen zu rechnen ist:

- 25 Prozent der aufgenommenen Patienten lehnen die Behandlung ab, wenn ihnen das Vorgehen erklärt wird und

116

- weitere 12 Prozent steigen auch *nach* dem Beginn der Behandlung noch aus.

Angesichts epidemiologischer Befunde (vgl. dazu Kap. 2) ist es schon ganz offensichtlich, daß nur ein ganz kleiner Teil der Zwangspatienten eine Behandlung aufsucht bzw. überhaupt die Chance dazu besitzt. Aspekte der Motivation des Patienten, der Selbstselektion, der wahrgenommenen Änderungswahrscheinlichkeit (s. Health Beliefs Model usw.) spielen auf seiten des Patienten ebenso eine Rolle wie eine Kombination und Interaktion dieser Merkmale mit der Struktur der Versorgung. Dies gilt es im Auge zu behalten, wenn man über Effektivitätsstudien bei Zwangspatienten spricht.

Homogenitäts-Problem

In der Therapieforschung ist inzwischen klar, daß sich Patienten nur sehr schwer miteinander vergleichen lassen; dies gilt für Patienten innerhalb einer Untersuchung ebenso, wie für die Frage der Übertragbarkeit von entsprechenden Befunden auf *andere* Patienten. In der klassischen Psychotherapie-Forschung versucht man diesem Problem durch die Strategie der Randomisierung zu begegnen: Eine Zufallsauswahl von Personen für eine Studie sollte verhindern, daß Patienten mit speziellen Merkmalen (z. B. besonders motivierte Patienten, wenig gestörte Patienten usw.) in einer Gruppe überrepräsentiert sind.

Dieses Vorgehen erweist sich bei der Effektivitätsforschung von Therapien bei Zwangspatienten praktisch als nicht anwendbar. Die Stichproben sind üblicherweise so klein, daß eine Zufallsauswahl (Randomisierung) nicht möglich ist. Die meisten Untersuchungen (im Detail s. unten, Kap. 6.2) werden mit rund 10 bis 12 Patienten durchgeführt, daneben gibt es sehr viele echte Kleingruppenstudien mit n = 4 bis 7 Patienten; Studien mit mehr als 20 Patienten sind ausgesprochen selten.

Eine auch für den *Praktiker* sinnvollere Lösung des Homogenitäts-Problems bilden Einzelfall-Studien. Diese überwiegen auch mit rund 70 Prozent aller Untersuchungen zur Therapie von Zwängen (vgl. dazu Sturgis & Meyer, 1981). Als *Lösung* können solche Studien deshalb angesehen werden, weil für den einzelnen Patienten und für den Praktiker nicht entscheidend ist, welche Durchschnittseffekte bei der Behandlung von Zwängen erzielt werden. Im Vordergrund steht vielmehr eine präzise individuelle Erfassung des Problems des Patienten und die Anpassung der in Kapitel 5 beschriebenen Therapieelemente an die konkrete Lebenssituation des Patienten. Eine detaillierte Verlaufsbeobachtung (Mehr-Punkt-Messung) der Beschwerden und ihrer Veränderung sowie eine präzise Dokumentation einzelner therapeutischer Schritte begünstigen sowohl eine Feinsteuerung des therapeutischen Prozesses, als auch eine langfristige Planung des Vorgehens (z. B. Generalisierung, Follow-Up ...).

Eine genaue Dokumentation und Betrachtung des Einzelfalles besitzt überdies eine wichtige Funktion für die Aus- und Weiterbildung von Therapeuten (vgl. Ecker & Bruch, 1989). Daß damit auch eine optimale Möglichkeit für die Analyse von *Mißerfolgen* gegeben ist, sei hier bereits erwähnt (im Detail dazu, s. unten, Kap. 6.2).

Kriterien-Problem

Im Verlaufe der bisherigen Überlegungen wurde ganz allgemein von „Veränderungen" oder von „Verbesserungen" gesprochen; wenn man genau angeben soll, was mit „Verbesserungen" gemeint ist, zielt man auf die Angabe von Kriterien ab.

Das Kriterien-Problem gilt als eines der schillerndsten und schwierigsten in der gesamten Psychotherapieforschung (vgl. dazu Kazdin & Wilson, 1978). Dies hängt damit zusammen, daß sich erstens aus verschiedenen Perspektiven (z. B. Patient, Therapeut, Angehörige, Gesellschaft) ganz unterschiedliche Kriterien anlegen lassen. Zum anderen spielen bei Kriterien normative Gesichtspunkte mit eine entscheidende Rolle.

Beispiel: In der Therapie eines bereits angesprochenen 28jährigen Mannes mit multiplen Kontroll- und Waschzwängen bestand ein erstes Ziel der Intervention darin, daß der Patient wieder selbst mit dem Auto zur Therapie fahren konnte. Anfangs war seine Frau am Steuer gesessen, weil entsprechende Kontrollzwänge beim Patienten häufiges Umkehren zu wiederholten Kontrollen auslösten. Bei diesem Detailergebnis der Therapie – der wieder erworbenen Fähigkeit, das Auto zu lenken – ist sicher eine normative Perspektive mit im Spiel: Daß es wichtig, gut und wünschenswert sei, wenn ein 28jähriger erwerbstätiger Mann wieder Selbständigkeit gewinnt. Aus der Sicht des Therapeuten war damit ein erster Therapie-Effekt gegeben, für den Patienten bedeutete dies einen Teil einer beruflichen und persönlichen Identität, für die Ehefrau stellte dies eine Entlastung dar und für die Gemeinschaft wurde ihm damit ein Element seiner Erwerbsfähigkeit – als potentiell steuerzahlendes Mitglied – wieder vermittelt.

Die Angabe der Verbesserung in einzelnen Studien erfolgt zumeist in folgenden Abstufungen:

- stark verbessert (mit 70% Verbesserung oder mehr)

- verbessert (mit 31 bis 70% Verbesserung)

- ohne Verbesserung/Mißerfolg (weniger als 30% Veränderung).

118

Diese Prozentangaben der Veränderungen beziehen sich zumeist auf unterschiedliche Meßinstrumente (vgl. dazu Foa et al., 1983): Als Meßinstrumente dienen zumeist die in Kapitel 3.2 angegebenen Verfahren.

So wünschenswert Angaben auf unterschiedlichen Meß-*Ebenen* und Meß- Instrumenten auch ist (im Sinne einer multi-methodalen Diagnostik), so wirft dies das Problem einer einheitlichen Beurteilung von Effekten auf: In einem Fragebogen kann sich ein Patient als „stark verbessert" erweisen, während eine klinische Rating- Skala etwa nur eine „Verbesserung" ergibt. Wie schwierig damit eine einheitliche Beurteilung wird, liegt auf der Hand.

Die angeführten Kategorien zur Beurteilung haben sich zwar weitgehend bewährt und durchgesetzt, werfen aber dennoch noch einige Probleme auf:

Zum einen muß man sagen, daß die Klassifizierung in lediglich drei Gruppen äußerst grob und ungenau ist. Sie wird den Details einer Veränderung bei einzelnen Patienten vermutlich kaum gerecht. Aus Forschungszwecken erscheint aber diese Einteilung angemessen und akzeptabel.

Das andere Problem betrifft die *klinische* Relevanz einer Veränderung: Eine Patientin, die die Dauer ihrer abendlichen Waschrituale von bisher vier Stunden auf nunmehr zwei Stunden reduzieren konnte, weist auf dieser Ebene eine Besserung von 50 Prozent auf – sie kann als „verbessert" angesehen werden. Vermutlich beurteilt nicht nur der Therapeut dies so, sondern auch die Patientin selbst und ihre Umgebung. Ob man diese Veränderung allerdings als klinisch *relevante* Verbesserung ansehen kann, erscheint durchaus fraglich.

Noch deutlicher wird dies in Beispielen einer Therapie von Zwangsgedanken: Wenn eine Frau täglich rund 75 mal daran dachte, ihr Kind mit dem Messer usw. zu verletzen oder zu töten, so stellt eine Reduktion der *Häufigkeit* dieser Tötungsgedanken auf rund 10 mal pro Tag eine starke Verbesserung dar. Für die Patientin selbst ist diese Besserung möglicherweise subjektiv überhaupt nicht erkennbar (und dies hängt nicht nur mit einem höheren Anspruchsniveau zusammen): Für die Patientin ist der Gedanke, ihr Kind zu verletzen oder zu töten, schrecklich, grausam und bedrohlich – selbst wenn er nur einmal am Tag auftritt.

Diese Überlegungen sollten verdeutlichen, daß zum einen von unterschiedlichen Perspektiven aus unterschiedliche Kriterien angelegt werden können. Zum zweiten ist eine gewisse Einigung über Kriterien der Veränderung wünschenswert und notwendig. Drittens sollte klar sein, daß die im Forschungskontext sinnvollen Kriterien nicht problemlos auf den Kontext der praktischen Arbeit mit Zwangspatienten übertragen werden können.

6.2 Ergebnisse von Effektivitätsstudien

Nach der Entwicklung von Konfrontation und Reaktionsverhinderung als wirksame Verfahren zur Behandlung von Zwängen (Meyer, 1966) das Maudsley- Hospital in London zu einem ersten Behandlungs- und Forschungszentrum. Zu nennen sind hier neben anderen Namen I. Marks, S. Rachman, P. de Silva und R. Hodgson, die sich um die Theorienbildung und Forschung verdient gemacht haben. Neben diesem ersten Zentrum in England sind das Departement of Psychiatry der Temple University in Philadelphia (USA) (u. a. E. B. Foa, G. Steketee et al.) sowie das Academic Hospital, Departement of Clinical Psychology in Groningen (NL) (u. a. um die Forschergruppe von P. Emmelkamp und Mitarbeitern) als international führende Forschungseinrichtungen zu nennen.

In der Zwischenzeit gibt es in sehr vielen europäischen Ländern spezielle Behandlungs- und Forschungseinrichtungen. Zahlreiche Kolleginnen und Kollegen haben durch Forschungsaufenthalte am Maudsley-Hospital Erfahrungen in Konfrontation und Reaktionsverhinderung sammeln und diese in ihren Heimatländern weitergeben können (z. B. Griechenland, Frankreich, Schweden ...). Für Deutschland ist in erster Linie die Forschergruppe um I. Hand in Hamburg zu nennen. Dazu kommen G. Röper und H. Heyse in München sowie vor allem Kolleginnen und Kollegen an verhaltenstherapeutisch orientierten Kliniken.

Mit den auch in Deutschland qualitativ guten Forschungseinrichtungen sind allerdings Probleme der stationären und ambulanten Versorgung von Zwangspatienten alles andere als gelöst: Zum einen sind ländlich strukturierte Gebiete stark unterversorgt und zum anderen gibt es auch in größeren Städten nur sehr wenige Therapeutinnen oder Therapeuten, die entsprechende Kenntnisse und Erfahrungen zur Übernahme von Behandlung von Zwangspatienten mitbringen. Dieser problematische Aspekt der *Versorgung* ist sicher mit zu bedenken, wenn von prinzipiell guten Studien und Behandlungseffekten berichtet wird.

Exemplarische Effektivitäts-Studien

Es ist beim heutigen verzweigten Forschungsstand nicht mehr möglich, *alle* Effektivitäts-Studien zur Therapie von Zwängen anzuführen; ein vollständiger Überblick wäre auch für den Leser eher verwirrend. Als Alternative werden in Tabelle 7 einige *exemplarische* Therapiestudien angeführt; bei diesen Studien werden die wichtigsten Parameter angeführt. Der Bogen der Studien spannt sich von Einzelfall-Studien über unkontrollierte bis hin zu kontrollierten Gruppen-Studien (mit allerdings sehr unterschiedlichen Gruppengrößen). Das Problem einer einheitlichen Angabe eines Ergebnisses („gebessert" usw.) wurde oben angesprochen. Als bedeutsame Angabe erscheint noch die Frage, inwieweit eine Nachkontrolle (FU) durchgeführt wurde.

Details der jeweiligen Studien sind den Originalarbeiten zu entnehmen; auffällig ist vermutlich die extrem hohe Besserungsrate in der Studie von Foa & Goldstein (1978). Die Autoren geben die Verbesserung in der Höhe von 85 Prozent an; diese und ähnliche Besserungsquoten sind unbedingt im Lichte von

a) entsprechenden Forschungsbedingungen und

b) den bereits diskutierten Selektionsraten zu sehen.

In der klinischen Praxis – und zwar ambulant wie stationär – sind Effektivitäts-Quoten in dieser Höhe nicht zu erreichen; unter Berücksichtigung der oben genannten Aspekte muß man für die Behandlung von Zwängen von einer durchschnittlichen Besserungschance von etwas über 50 Prozent ausgehen (vgl. Salkovskis, 1989). Baer & Jenike (1986) berichten Besserungsraten von 60 bis 80 Prozent; Salkovskis (1989) bzw. Marks (1987) und Hand (1990) gehen von durchschnittlichen Verbesserungen von 60 bis 70 Prozent aus; diese Zahlenangaben sind dann noch etwas höher anzusetzen, wenn die Patienten bereit sind (Motivation!), die Behandlung von sich aus auf sich zu nehmen. Marks (1987) weist außerdem darauf hin, daß bei diesen Besserungsraten zu berücksichtigen ist, daß man nicht mit schädigenden Nebeneffekten (wie z. B. bei medikamentöser Behandlung) zu rechnen hat. Die Problematik der Angabe von Durchschnittswerten für Prognosen bei einzelnen Patienten liegt auf der Hand; die Wahrscheinlichkeit verschiebt sich nach oben oder unten – je nach dem Vorliegen von strukturellen und individuellen Bedingungen (z. B. Möglichkeiten eines Therapieplatzes, Motivation usw.). Mit der klaren und detaillierten Angabe von Behandlungsproblemen bei Zwangsstörungen rückte auch die Problematik der *Mißerfolge* in den Blickpunkt des Interesses (vgl. Foa, 1979; Foa et al., 1983). Dieses Problem wird in einem eigenen Abschnitt (Kap. 7.2) näher erörtert.

Therapie-Vergleichs-Studien: Medikamentöse Behandlung vs. Verhaltenstherapie

Eine gewisse Bedeutung haben Effektivitäts-Studien erlangt, in denen das Verfahren der Konfrontation und Reaktionsverhinderung mit medikamentöser Therapie verglichen wurde; dieser Vergleich ist insofern

121

Tabelle 7: Exemplarische Effektivitäts-Studien zur Behandlung von Zwängen

	Autor	Geschlecht		Alter	Dauer des Zwanges (Jahre)
1	Meyer, 1966	1 w		33	3
		1 w		47	36
2	Rachman, Hodgson & Marzillier, 1970	1 m		20	5
3	Meyer, Levy & Schnurer, 1974	11 w	4 m	$\bar{x} = 34$	$\bar{x} = 15$
4	Rachman, Marks & Hodgson, 1973	4 w	1 m	$\bar{x} = 29$	$\bar{x} = 13$
5	Foa & Goldstein, 1978	10 w	11 m	$\bar{x} = 35$	$\bar{x} = 12$
6	Emmelkamp, Visser & Hoekstra, 1988	9		$\bar{x} = 36$	$\bar{x} = 6,6$
		9		$\bar{x} = 24$	$\bar{x} = 6,6$

Problem	Behandlung	Ergebnis	Follow-Up
Zwangs-Gedanken, Rituale	In vivo Konfrontation, Reaktionsverhinderung	Deutliche Verbesserung	1,2 Jahre: Verbesserung aufrecht
Zwangsgedanken, Rituale, Vermeidungsverhalten	Vorstellungskonfrontation, In vivo Konfrontation, Reaktionsverhinderung	Deutliche Verbesserung	1,9 Jahre: Verbesserung aufrecht
Zwangsgedanken, Rituale	Kontamination in der Vorstellung, Modellernen, Konfrontation, Reaktionsverhinderung	Deutliche Verbesserung	6 Monate: Verbesserung aufrecht
Rituale	Konfrontation, Modellernen, Reaktionsverhinderung	3 ohne Beschwerden, 7 deutlich verbessert, 5 verbessert	0 bis 6 Jahre ($\bar{x} = 1,6$ Jahre): 2 ohne Beschwerden, 6 deutlich verbessert, 2 verbessert, 2 keine Veränderung, 3 kein Follow-Up
Zwangsgedanken, Rituale, Vermeidungsverhalten	Konfrontation, Reaktionsverhinderung, Modellernen	1 stark verbessert, 2 verbessert, 2 keine Verändeurng	6 Monats-Follow-Up: 1 stark verbessert, 3 verbessert, 1 unverändert
Rituale	Exposition, Reaktionsverhinderung	18 problemfrei, 2 verbessert, 1 unverändert	3 Monate bis 3 Jahre ($\bar{x} = 1,25$ Jahre): Aufrechterhaltung des Besserungseffektes
DSM-III: Zwänge, Rituale	Exposition, Reaktionsverhinderung	2 stark verbessert, 6 verbessert, 1 Mißerfolg	6 Monate: 2 stark verbessert, 7 verbessert, 0 Mißerfolg

weit über den akademischen Bereich hinaus bedeutsam, als die Versorgung psychischer Störungen durch den Hausarzt quantitativ gesehen mit Abstand den ersten Rang einnimmt. Von der Ausbildung her und von der Versorgungsstruktur her kommt bei Allgemein- Praktikern, aber auch bei Psychiatern und Nervenärzten der pharmakologischen Behandlung eine große Bedeutung zu.

Erstaunlicherweise stellen sich bei der Behandlung von Zwängen verschiedene Formen *anxiolytischer* Medikation als ineffektiv heraus: Die einschlägigen Medikamente senken zwar das physiologische Erregungsniveau; die subjektiv erlebte Unruhe und Angst sowie die Zwangshandlungen und Zwangsgedanken werden dadurch jedoch nicht positiv beeinflußt (vgl. dazu den Überblick bei Ananth, 1976).

Zwischen Zwangsstörungen und *Depressionen* gibt es enge Verbindungen, vermutlich auch auf der biologischen Ebene (vgl. dazu Turner, Beidel & Nathan, 1985). Auch auf der praktisch-klinischen Ebene bildet die depressive Verstimmung bei Zwangspatienten ein ernstes Problem. Zur Behandlung von Zwängen werden deshalb verschiedene Medikamente als zielführend erachtet, die üblicherweise zur Therapie von Depressionen herangezogen werden. Besondere Bedeutung haben in diesem Zusammenhang „trizyklische" (wegen ihrer chemischen Form) Antidepressiva erlangt. Imipramin, Clomipramin usw. stellen sich nicht nur als effektive Therapie von Depressionen heraus, sie beeinflussen bei bis zu 70 Prozent der Patienten auch Zwangsgedanken und Zwangshandlungen ausgesprochen positiv (vgl. Turner & Beidel, 1988). Hinsichtlich des Wirkmechanismus wird der Ansatzpunkt im noradrenergen oder Serotonin-System vermutet (vgl. im Überblick Ananth, 1986). Einzelne Untersuchungen zur Wirksamkeit von Clomipramin (z. B. Zohar & Insel, 1987) bei der Behandlung von Zwangsstörungen klingen durchaus ermutigend. Insel & Mueller (1984) berichten von ca. zwei Drittel Verbesserungen durch Antidepressiva; eine neuere Meta-Analyse zum Effektivitätsvergleich von trizyklischer Medikation versus Konfrontation und Reaktionsverhinderung zeigt für beide Vorgehensweisen quantitativ ähnliche positive Befunde (Christensen et al., 1987). Gerade unter dem mehrfach erwähnten Versorgungsaspekt sollte die Bedeutung dieses Forschungsbereiches nicht unterschätzt werden. Auch im Sinne einer Erforschung der bio-psychosozialen Wurzeln von Zwangsstörungen erscheint es wichtig, Details dieser biologisch-biochemischen Entwicklung auch aus klinisch- psychologischer Sicht genau zu verfolgen.

Die Hoffnungen auf eine sehr einfache Lösung der Behandlung von Zwängen haben sich durch trizyklische Antidepressiva jedoch nicht erfüllt; dies hängt mit *Grundlagen*-Problemen ebenso zusammen wie mit Fragen der *Anwendung* trizyklischer Antidepressiva:

– Der *Wirkmechanismus* von Clomipramin, Imipramin, Desipramin usw. ist bis heute offen; anders formuliert: Bis heute steht ein Nachweis aus, daß diese Medikamenten-Gruppe einen *spezifischen* „Anti-Zwangseffekt" besitzt. Von allen trizyklischen Antidepressiva zeigt Clomipramin am ehesten einen „spezifischen" Effekt (vgl. Insel & Mueller, 1984).

– Bei rund 30 Prozent der Zwangspatienten zeigt die antidepressive Medikation *nicht* die beabsichtigten Effekte (vgl. Marks, 1987). Dies weist zumindest darauf hin, daß die Annahme einer für alle Zwangspatienten zutreffenden homogenen Störung des serotonergen Systems kaum zutrifft.

– Die orale oder intravenöse Verabreichung von Clomipramin erweist sich zwar als effektiv, solange die Medikation andauert; beim Absetzen der Medikamente werden jedoch rund 70 Prozent Rückfälle beobachtet (vgl. Ananth et al., 1981; Ananth, 1986; Turner & Beidel, 1988). Pato et al. (1988) stellten eine Rückfallquote von 89 Prozent nach sieben Wochen fest, Insel & Mueller (1984) berichten sogar Rückfallquoten bis zu 100 Prozent. Dies und die mit einer Dauer-Medikation verbundenen *Nebeneffekte* lassen eine generelle Behandlung von Zwängen durch trizyklische Antidepressiva zumindest problematisch erscheinen.

– Die Anwendung von Clomipramin erscheint insbesondere dann sinnvoll, wenn (z.B. zur Motivation des Patienten) zunächst eine Behandlung der *depressiven Verstimmung* notwendig ist (vgl. Marks et al., 1980). Der Effekt von Clomipramin ist auch weitgehend auf Patienten mit depressiver Verstimmung beschränkt und hat sein Wirkungsmaximum nach circa 10 bis 18 Wochen. Kurzfristig gesehen erweist sich in der methodisch sehr korrekt durchgeführten Vergleichsstudie von Marks et al. (1980) das Verfahren der Konfrontation und Reaktionsverhinderung der antidepressiven Medikation als überlegen (vgl. dazu auch Marks, 1987). Ähnliche Befunde stammen aus der Vergleichsstudie von Konfrontation und Reaktionsverhinderung versus Clomipramin (Rachman et al., 1979).

Wenn man zusammenfassend die Ergebnisse von Vergleichsstudien und die entsprechenden Argumente gegeneinander abwägt, so muß auf die Frage der Brauchbarkeit trizyklischer Antidepressiva zur Behandlung von Zwängen eine differenzierte Antwort erfolgen (Turner & Beidel, 1988, sprechen von einem „qualifizierten Ja", S.97). Speziell zur Beeinflussung von depressiven Zuständen ist der anfängliche Einsatz von antidepressiver Medikation wohl ausgesprochen sinnvoll; dies hängt auch damit zusammen, daß Patienten mit extrem depressiver

Verstimmung kaum die Motivation für das belastende Therapieverfahren der Konfrontation und Reaktionsverhinderung aufbringen (vgl. dazu das Prozeßmodell von Hand & Zaworka, 1981). Im übrigen sollte gerade in der Praxis die Frage von Medikation vs. klinisch-psychologische Verfahren keine Frage des Dogmas, sondern des Therapiezieles im Sinne des einzelnen betroffenen Patienten sein.

Neben den angeführten trizyklischen Antidepressiva (Clomipramin usw.) wird neuerdings die große Bedeutung der Selektiven Serotonin Reuptake Hemmer (SSRI) hervorgehoben (Goodman, 1992; Goodman, Mc Dougle & Price, 1992; Zohar & Kindler, 1992; Montgomery & Manceaux, 1992; Fineberg et al., 1992). Als besonderer Vorteil neben der spezifischen Wirksamkeit wird auf die (im Vergleich mit anderen Antidepressiva) geringen Nebenwirkungen hingewiesen.

In einer detaillierten Übersicht über Therapievergleichsstudien zur Beurteilung der Effektivität von Verhaltenstherapie (Konfrontation und Reaktionsverhinderung) und Medikation (und zwar sowohl trizyklische Antidepressiva, als auch SSRI's) kommt Abel (1992) zu folgendem Ergebnis: Clomipramin und Fluvoxamin erscheinen besonders zur kurzfristigen Anwendung geeignet, weil sie eine rasche Wirksamkeit zeigen. Eine besondere Indikation für die Medikation ist dann gegeben, wenn zugleich zur Zwangsproblematik ein hohes Ausmaß an Depressivität vorliegt. Unter Gesichtspunkten der Versorgung wird zugunsten der Medikation auch immer wieder der geringe Zeitaufwand hervorgehoben. Die Problematik der deutlichen Nebenwirkungen bei trizyklischen Antidepressiva wird dabei ganz klar gesehen; SSRI's bieten unter diesem Gesichtspunkt eine echte Alternative. Exposition und Reaktionsverhinderung sind nach Abel (1992) besonders zur Behandlung zwanghafter Rituale angezeigt; als besonderer Vorteil verhaltenstherapeutischen Vorgehens erweist sich der Aspekt langfristiger Stabilisierung; dies erscheint gerade im Hinblick auf die hohen Rückfallquoten nach Absetzen der Medikation (s. oben) als höchst bedeutsam. Insgesamt genommen plädiert Abel (1992) für die Notwendigkeit eines interdisziplinären Zugangs bei der Behandlung von Zwangsstörungen.

Die bislang umfangreichste und fundierteste Studie zum Vergleich von Verhaltenstherapie, kognitiver Therapie und medikamentöser Therapie stammt von T. v. Balkom (1993). Er hatte eine Sichtung neuerer Studien vorgenommen und einen Vergleich im Rahmen einer Meta-Analyse vorgelegt (insgesamt 87 Studien mit 162 Behandlungsbedingungen). Bei der medikamentösen Therapie hatte v. Balkom (1993) sowohl trizyklische Antidepressiva, als auch SSRI's eingeschlossen und einen Vergleich mit Placebo-Bedingungen vorgenommen. Die Wirkung der einzelnen Verfahren wurde im Hinblick auf die Zwangsproblematik, auf die Angst, Depressivität und hinsichtlich der sozialen Anpassung vorgenommen.

126

Der Autor kommt zu einer etwas anderen Beurteilung, als eine ältere Meta-Analyse (Christensen et al., 1987); die aktiven Behandlungsverfahren waren insgesamt hoch effizient, v.Balkom (1993) fand allerdings *unterschiedliche* Effekte der einzelnen Behandlungsbedingungen: Medikamentöse Therapie wies Effektstärken im Bereich von 0,79 bis 1,20 auf, während verhaltenstherapeutisches Vorgehen Effektstärken zwischen 1,43 und 1,84 zeigte (beide sind von der Größenordnung her als sehr hoch zu beurteilen!). Interessant erscheint, daß Medikation die Effektivität verhaltenstherapeutischen Vorgehens nicht weiter steigerte, daß aber umgekehrt zusätzlich durchgeführte Verhaltenstherapie zu einer Verbesserung der Effekte medikamentöser Therapie führte. Zu einer detaillierteren Betrachtung wird auf die Analyse der Original-Arbeit verwiesen.

Die verschiedenen angeführten Vergleichsstudien sollten nicht im Sinne eines Konkurrenzkampfes gesehen bzw. interpretiert werden, weil bei der Anwendung spezieller Verfahren im konkreten Setting Umstände eine Rolle spielen können, die eine differenzierte Beurteilung notwendig machen. Im Sinne der betroffenen Patienten erscheint wohl ein interdisziplinärer Zugang – über ideologische und berufspolitische Gräben hinweg – wichtig und zielführend.

Langzeiteffekte der Therapie

Eine mit den Problemen der *Effektivität* eng verknüpfte Frage ist, ob die durch Konfrontation und Reaktionsverhinderung erzielten Effekte auch zeitlich stabil bleiben; in der Psychotherapieforschung wird dabei verlangt, daß positive Veränderungen auch eine gewisse Zeit *nach* der Beendigung der Therapie erhoben werden (Follow-up). Als erfreulich kann dabei festgehalten werden, daß sich die Behandlungseffekte zu rund 70 bis 80 Prozent auch ein Jahr nach der Therapie als stabil erweisen (vgl. Steketee et al., 1982; Kirk, 1983; Marks, 1987; Emmelkamp, 1986, 1987; Emmelkamp & Rabbie, 1981; Emmelkamp, Hoekstra & Visser, 1985).

Der Follow-up-Zeitraum einzelner Studien ist dabei sehr unterschiedlich (drei Monate bis sechs Jahre). Während eine Nachkontrolle von drei Monaten als deutlich zu kurz angesehen werden muß, ist ein über zwei Jahre hinausgehender Zeitraum aus zwei Gründen problematisch (und damit auch vom Nachweis der Stabilität der Effekte her nicht notwendig):

Zum ersten zeigen sich Rückfälle relativ bald nach Beendigung der Therapie, in den meisten Fällen innerhalb eines Jahres. Zum zweiten spielt bei sehr langen Follow-up- Zeiträumen das sog. „zwischenzeitliche Geschehen" eine bedeutsame Rolle: Veränderungen auf seiten des

Patienten – unabhängig in welche Richtung – lassen sich mit längeren Zeitabständen zur Therapie kaum noch auf entsprechende Wirkmechanismen des therapeutischen Verfahrens zurückführen.

In einer eigenen, umfangreichen Follow-up Studie wurden 235 ehemalige Patientinnen und Patienten der Klinik in Windach mittels eines detaillierten FU- Bogens kontaktiert; die Daten von 148 Personen (62%) ergaben folgendes Bild (Reinecker et al., 1993; s. Abb.11):

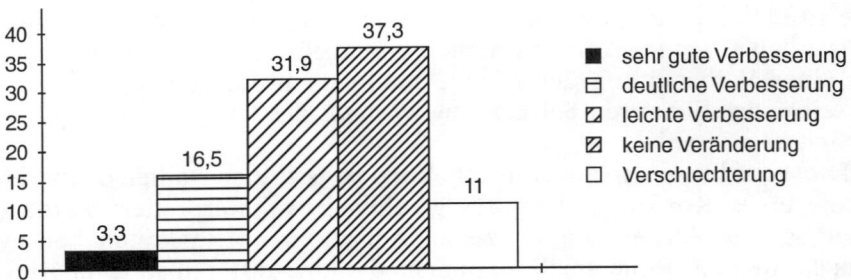

Abbildung 11: Beurteilung der Veränderung beim FU (3 bis 8 Jahre nach der Therapie)

51,7 Prozent der Patienten berichten nach 3 bis 8 Jahren immerhin noch von einer deutlichen bis geringen Verbesserung, während 11 Prozent sich offenbar verschlechtert haben; gerade dieser letztgenannte Befund kann alles andere als befriedigen. Die Daten liegen von der Größenordnung her im Bereich anderer Follow-up Studien, so daß etwas mehr als die Hälfte aller Patienten auch mehrere Jahre nach der Therapie noch mit einer stabilen Besserung rechnen können. Insgesamt lassen sich die Daten sicher sehr unterschiedlich beurteilen: Während ein gewisser Optimismus hinsichtlich der prinzipiellen Veränderungsmöglichkeit doch angebracht ist (s. dazu die einführenden Bemerkungen zu Beginn dieses Kapitels), kann die langfristige Besserungsrate sicherlich nicht voll befriedigen; im Vergleich mit anderen psychischen Störungen sind die Verbesserungen als eher niedrig einzuschätzen, so daß auch die Beurteilung der Zwangsstörung hinsichtlich ihrer Chronizität durchaus angebracht erscheint.

Wenn man einige Prädiktoren hinsichtlich einer langfristigen Veränderung herausgreift, so fällt auf, daß weder das Alter des Patienten, noch der Schweregrad der Zwangsproblematik einen Zusammenhang aufweisen; als problematisch stellt sich allerdings die Dauer der Störung heraus (Stabilisierung im Alltagsleben). Motivationale Aspekte spielen hinsichtlich einer Besserung eine herausragende Rolle. Als praktische Folgerung müßte man anmerken, daß eine Behandlung möglichst frühzeitig aufgesucht werden sollte, damit sich die Problematik nicht stabilisiert und die Veränderung erschwert.

Inhaltlich gesehen erweisen sich klare Besserungen und klare Mißerfolge am zeitstabilsten (Foa et al., 1983). Bei Patienten mit „gemischten" Effekten (z. B. partiellen Besserungen) sind Veränderungen sowohl in Richtung einer Verbesserung, als auch in Richtung eines Rückfalls möglich. In der klinischen Praxis wird man sicher diesen Patienten die größte Aufmerksamkeit schenken müssen (s. o., Kap. 5.2, Generalisierung der Therapieeffekte).

6.3 Detail-Aspekte der Effektivitäts-Forschung

Mit der Durchführung von Effektivitäts-Studien zur Behandlung von Zwängen sind verschiedene Detailprobleme verbunden, die durchaus für den Praktiker bedeutsam sind (s. Steketee & Lam, 1993); einige davon sollen in diesem Abschnitt erörtert werden, nämlich Fragen der Behandlungs-Integrität, Aspekte des therapeutischen Veränderungsprozesses und schließlich Gesichtspunkte des Aufwandes bzw. des Nutzens therapeutischer Interventionen bei Zwangsstörungen.

Behandlungs-Integrität

Mit Behandlungs-Integrität ist die Frage gemeint, welche Elemente eines komplexen und umfangreichen Behandlungsprogramms tatsächlich realisiert werden; für die *Vergleichbarkeit* einzelner Befunde ist dies von ganz entscheidender Bedeutung. Wenn man von Konfrontation und Reaktionsverhinderung spricht, so lassen sich für die Praxis der Durchführung unterschiedliche Realisierungsmöglichkeiten vorstellen. Dies betrifft nicht nur die üblichen Varianten des Verfahrens, wie sie in Kapitel 5.2 dargestellt wurden; Behandlungs-Integrität meint – methodisch gesehen – die Absicherung eines wichtigen Aspekts der internen Validität: Veränderungen in der Problematik eines Patienten sollten auf dasjenige Verfahren zurückführbar sein, das als unabhängige Variable benannt wurde.

Zur Absicherung der Behandlungs-Integrität ist es unerläßlich, daß das Verfahren der Konfrontation und Reaktionsverhinderung in seinen theoretischen Grundlagen und in seiner technischen Realisierung *detailliert* und *nachvollziehbar* beschrieben ist; andernfalls begeht das Risiko, daß Forscher und Praktiker in der konkreten Arbeit mit Zwangspatienten ganz unterschiedliche Aspekte realisieren. Um die Behandlungs- Integrität zu gewährleisten, werden in der Aus- und Weiterbildung von Therapeuten diejenigen Elemente vermittelt, die als elementar für Konfrontation und Reaktionsverhinderung angesehen werden müssen. Darüber hinaus ist im Rahmen von kollegialer Supervision auch später darauf zu achten, daß einzelne Schritte des Vorgehens auch weiterhin korrekt realisiert werden. Ein besonders für die Forschung wichtiger Schritt wird in der Bereitstellung von *Behandlungsmanualen* gesehen: Hier sind, gewissermaßen in einer Art Handanweisung, diejenigen Richtlinien im Detail angeführt, die bei der Behandlung von Zwängen zu realisieren sind; wenn beispielsweise Therapiestudien aus den USA, aus England, Deutschland usw. verglichen werden, so ist dieser Vergleich dann relativ leicht anzustellen, wenn Patienten nach den Richtlinien eines speziellen Behandlungsmanuals behandelt wurden.

Das Manual läßt sicher Freiheiten für die Realisierung; diese „Freiheiten" sollten aber nur diejenigen Aspekte betreffen, die für die Wirkung des Verfahrens als bedeutungslos oder nebensächlich angesehen werden können (z.B. Sprache, Kleidung des Therapeuten usw.). In *Analogie* zur strukturalistischen Konzeption wissenschaftlicher Theorien (Stegmüller, 1973) läßt sich der Sachverhalt in folgender Skizze verdeutlichen (Abb. 12):

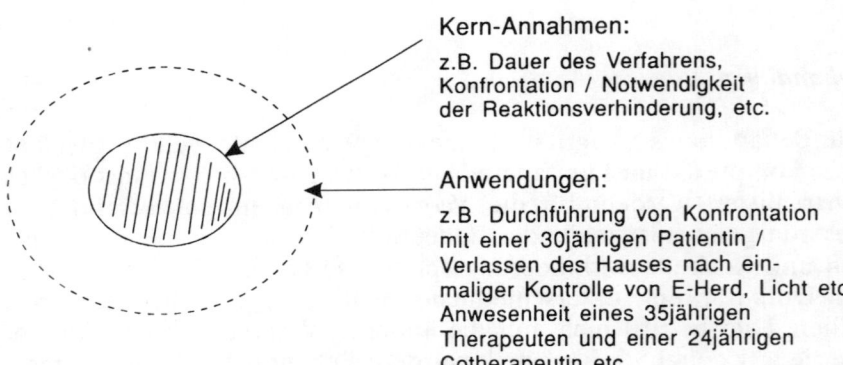

Kern-Annahmen:

z.B. Dauer des Verfahrens, Konfrontation / Notwendigkeit der Reaktionsverhinderung, etc.

Anwendungen:

z.B. Durchführung von Konfrontation mit einer 30jährigen Patientin / Verlassen des Hauses nach einmaliger Kontrolle von E-Herd, Licht etc. Anwesenheit eines 35jährigen Therapeuten und einer 24jährigen Cotherapeutin etc.

Abbildung 12: Kernannahmen und Anwendungen von Konfrontation und Reaktionsverhinderung in Analogie zur strukturalistischen Konzeption wissenschaftlicher Theorien

Die oben angeführte Abbildung 12 sollte zeigen, daß die Anwendung der Kernannahmen durchaus großen Spielraum für die Umsetzung des Verfahrens läßt; man muß sogar sagen, daß dieser Spielraum hohe Anforderungen an Flexibilität und Kreativität von Therapeuten stellt. Auf der anderen Seite müssen sich die Umsetzungen des Verfahrens eben als *Anwendungen* zentraler Kernannahmen verstehen lassen (und dürfen nicht Rückgriffe auf beliebige therapeutische Methoden enthalten).

Die klare Orientierung an wichtigen theoretischen und technologischen Merkmalen von Konfrontation und Reaktionsverhinderung einerseits und ein flexibles, sensibles Vorgehen bei jedem einzelnen Patienten andererseits kennzeichnet wahrscheinlich die Qualität eines Therapeuten. Man kann dies vermutlich sogar als therapeutische „Kunst" – im Sinne von Können – bezeichnen.

Aspekte des therapeutischen Veränderungsprozesses

Mit dem Nachweis der *Wirksamkeit* therapeutischer Verfahren ist immer auch die Frage nach einer *Erklärung* eines Effektes verbunden; diese Analyse des therapeutischen Geschehens steht im Mittelpunkt der Prozeßforschung. Die Strategien der Effektivitäts-(Ergebnis-) Forschung einerseits und der Prozeßforschung andererseits bilden unterschiedliche Schwerpunkte, sie sind im Prinzip nur gemeinsam sinnvoll und realisierbar.

Auf die Behandlung von Zwangsstörungen bezogen bedeutet dies folgendes: Es ist selbstverständlich wichtig, nach der Effektivität eines Therapieverfahrens zu fragen, dabei interessieren klarerweise auch einzelne Wirk-Variablen, auf die sich die Effekte zurückführen lassen. Die Analyse des Geschehens wiederum erfordert die Berücksichtigung von Details des Verlaufs einer Veränderung (z.B. auf unterschiedlichen Ebenen); diese Details sind jedoch nicht nur für sich selbst interessant, sondern sie sind in Bezug zu den Effekten (Ergebnissen) bei einem einzelnen Patienten zu setzen.

Die Analyse von Prozeß-Merkmalen bei der Therapie von Zwangspatienten gestaltet sich deshalb als schwierig, weil verschiedene *Ebenen* des therapeutischen Ablaufs berücksichtigt werden müssen (vgl. dazu Kap. 4, Abb. 7). Die auf den einzelnen Ebenen zu berücksichtigenden Reaktionsmuster auf der Verhaltens-, der kognitiven und der psychophysiologischen Ebene zeigen zudem einen asynchronen Verlauf (Rachman & Hodgson, 1980). Dies bedeutet, daß selbst innerhalb eines Patienten zu einem speziellen Zeitpunkt keine *einheitliche* Erfassung der Problematik möglich ist: Eine Patientin mit massiven Waschzwängen ist durch ihre Rituale (Verhaltensebene) in ihrem Alltag deutlich beeinträchtigt. Ihre gedanklichen Befürchtungen treten „aus heiterem Himmel" auf, sie dauern nur Sekunden und werden durch Rituale wieder beruhigt (Neutralisieren). Die physiologische Erregung und Unruhe bildet mit einen Auslöser für die Zwangsgedanken, diese Unruhe bleibt jedoch bei der Durchführung der Waschrituale stark abgeschwächt usw.

Die Analyse des therapeutischen Prozesses wird noch dadurch verkompliziert, daß die Asynchronizität nicht nur ein diagnostisches Ausgangsmerkmal darstellt; therapeutische Interventionen selbst setzen auf unterschiedlichen Ebenen an; und innerhalb der Konfrontation und Reaktionsverhinderung müssen ebenfalls asynchrone Veränderungsprozesse angenommen werden. Die damit verbundenen Probleme einer einheitlichen Beurteilung des therapeutischen Effektes wurden bereits angesprochen (s. Abschnitt 6.2).

Im Zusammenhang mit der Analyse des Veränderungsprozesses bei Zwangspatienten stellt sich auch in der Praxis die Frage, ob eine Veränderung des Verhaltens (durch Reaktionsverhinderung) zu einer Veränderung gedanklicher Prozesse führt, oder ob zunächst eine Veränderung gedanklicher Prozesse (Einstellungen, Erwartungen ...) notwendig ist, damit der Patient einzelne Rituale unterlassen kann. Man muß beim heutigen Stand unseres Wissen über Detailaspekte der Veränderung bei Zwängen sagen, daß die Frage, in dieser Form gestellt, vermutlich nicht den Kern der Sache trifft: Einstellungen, Erwartungen usw. bilden – im Sinne eines Systems – mit Sicherheit einen entscheidenden Auslöser und aufrechterhaltende Bedingungen von zwanghaften Ritualen. Auf der anderen Seite *weiß* der Patient (zumindest im Prinzip) um die Sinnlosigkeit, ja sogar Schädlichkeit seines Verhaltens (dies stellt sogar eines der entscheidenden differentialdiagnostischen Merkmale von Zwängen dar). Trotz dieser Einsicht ist der Patient aber nicht in der Lage, in einer konkreten Situation sein Verhalten im Sinne der letztgenannten Einsicht zu verändern, dazu sind einzelne Ängste, Befürchtungen usw. einfach zu stark und das Vermeidungsverhalten zu automatisiert und stabilisiert. Die Problematik eines kognitiven („rationalen") Zugangs zur Veränderung zeigt sich auch daran, daß alle Überredungs- und Überzeugungsversuche, Drohungen, Beschwichtigungen usw., denen Zwangspatienten ausgesetzt sind, üblicherweise *nicht* zu einer Veränderung der Problematik führen.

Das Verfahren der Konfrontation und Reaktionsverhinderung macht sich das Prinzip zunutze, daß die konkrete Erfahrung, das *Erleben* der Ungefährlichkeit einer Situation und einer damit verbundenen Handlung eine optimale Möglichkeit für eine Veränderung von Einstellungen und Erwartungen darstellt (s. dazu Kap. 5.2, Abb. 9). Die Therapie von Zwangshandlungen und Zwangsgedanken ist u. a. deshalb ein sehr mühsames Unterfangen, weil der Patient eben die konkrete Erfahrung machen muß, daß einzelne Erwartungen, Befürchtungen usw. *nicht* eintreten, wenn er auf sein ritualistisches Verhalten *verzichtet.* Von der Struktur des Vermeidungsverhaltens her ist für den Patienten dabei kaum *Sicherheit* möglich (z. B. Sicherheit, sich niemals anzustecken usw.).

Es gibt inzwischen einige Hinweise, daß kognitive und psychophysiologische Prozesse bei der Veränderung eine entscheidende Rolle spielen; die Aktivierung von Angst, ihre Habituation und die damit einhergehende Veränderung der emotionalen Verarbeitung (Foa & Kozak, 1986) sind offenbar wichtige Mechanismen der Veränderung. Das Modell des „emotional processing" wird durch Befunde von Kozak, Foa & Steketee (1988) deutlich gestützt.

Das therapeutische *Verfahren* der Exposition und Reaktionsverhinderung bildet somit eine ganz wichtige Möglichkeit zur Veränderung von Verhalten *und* von Erwartungen im therapeutischen Prozeß; die enorme Bedeutung *kognitiver* Therapieelemente für die therapeutische Veränderung wird dadurch keinesfalls abgewertet: Sie spielen eine ganz entscheidende Rolle bei der Strukturierung des therapeutischen Geschehens, bei der Vermittlung eines plausiblen Modells für Ätiologie und Therapie, bei der Motivierung des Patienten, bei der Zielklärung usw. (vgl. Kanfer, Reinecker & Schmelzer, 1990). Kognitive und auf der Verhaltensebene ansetzende Verfahren sind damit sowohl vom therapeutischen *Vorgehen* her, als auch vom therapeutischen *Prozeß* her als ganz eng verzahnt anzusehen; als Metapher dafür drängt sich das Bild eines Reißverschlusses auf, bei dem je ein Element der einen Seite mit je einem Element der anderen ineinandergreift.

Neuere Ansätze zur Behandlung von Zwängen – und dies gilt insbesondere für die Behandlung von Zwangsgedanken – berücksichtigen diese Bedeutung einzelner Elemente sehr genau (vgl. dazu Marks, 1987; Salkovskis, 1985, 1989). Aus diesem Grunde ist es müßig, verschiedene Strategien als „spezifisch" und andere als „unspezifisch" zu bezeichnen, weil nur eine entsprechende *Kombination* von Verfahren eine zielführende Beeinflussung des therapeutischen Prozesses erlaubt.

Aufwand und Nutzen von Therapie

Die Behandlung von Zwängen ist mit großem Aufwand verbunden; dieser Aufwand auf seiten des Therapeuten beinhaltet Engagement, Zeit, Können, Fertigkeiten usw. ebenso wie auf seiten des Patienten entsprechende Motivation, Energie, Zeit, Geld usw. und auf seiten der Gesellschaft die Bereitschaft zur Einrichtung von Behandlungszentren, zur Ausbildung von Therapeuten und zur Bereitstellung von finanziellen Mitteln. Diesem Aufwand steht ein Nutzen in Form von Abnahme des Leidensdrucks, eine Ausweitung des Verhaltens- und Erlebensspielraums, Möglichkeiten im beruflichen, partnerschaftlichen und rekreativen Leben usw. gegenüber (um nur die Perspektive des Patienten zu berücksichtigen).

In den vergangenen Jahren sind Diskussionen um die Relation von Kosten und Nutzen klinisch-psychologisch orientierter Therapieverfahren an der Tagesordnung (vgl. dazu Wittmann, 1985; Bühringer & Hahlweg, 1986). Um die Perspektive zu verdeutlichen, wird zumeist von *Evaluation* gesprochen (Wittmann, 1985; Koch & Wittmann, 1990). Damit ist die über die Effekte im engeren Sinn hinausgehende *Beurteilung* des gesamten Aufwandes und Nutzens gemeint.

Die Diskussion um die *Evaluation* hat mittlerweile einen Komplexitätsgrad erreicht, der hier nicht nachzuvollziehen ist; für Patienten mit Zwangsstörungen und für deren Behandlung ist prinzipiell auch die Frage nach einer Relation von Aufwand und Nutzen von Therapie zu stellen. Dabei zeigt sich u. a. für die Behandlung von Patienten mit Ängsten und Zwängen, daß eine Beteiligung von Co-Therapeuten (Krankenschwestern, die Konfrontationsübungen und Reaktionsverhinderung übernehmen) zu einer Kostensenkung innerhalb des Therapieverfahrens führte – ohne die Effekte zu beeinträchtigen (vgl. dazu Ginsberg, Marks & Waters, 1984).

Als ausgesprochen problematisch wird zumeist gesehen, daß sich Aufwand und Nutzen zumeist nicht nur in monetären Einheiten fassen lassen; dies gilt für eine Reduktion täglich erlebter Angst ebenso wie für den Wiedergewinn von Lebensqualität im Bereich von Partnerschaft, Freizeit usw. Auf der negativen Seite läßt sich etwa eine lange Krankheit oder sogar der Suizid eines Patienten oder eines Partners ebenfalls kaum in monetären Einheiten aufrechnen. Ein weiteres Argument geht in die Richtung, daß sich bei der Analyse von Kosten und Nutzen psychologischer Therapieverfahren keinesfalls alle potentiellen *Folgen* einer Veränderung berücksichtigen lassen, weil diese einerseits zu *komplex* sind und andererseits so weit in der Zukunft liegen, daß sie aus heutiger Sicht nicht kalkulierbar sind.

Beispiel: Bei einem 30jährigen Patienten mit einem 10 Jahre andauernden Kontrollzwang läßt sich in etwa berechnen, welche Kosten für ihn, für die Familie und für die Gemeinschaft mit seiner Störung (speziell seit seiner Arbeitsunfähigkeit vor fünf Jahren) entstanden sind. Relativ klar läßt sich auch noch abschätzen, welche *Kosten* und welcher immaterieller Aufwand auf den Patienten und auf den Therapeuten mit einer Behandlung zukommen. Dazu gehören z. B. auch Risiken einer ineffektiven oder nur gering erfolgreichen Therapie.

Zum gegenwärtigen Zeitpunkt ist es aber sehr schwierig abzuschätzen, welchen Gewinn eine erfolgreiche Therapie für den Patienten selbst, für die Partnerin, für zwei heranwachsende Kinder und für die Gemeinschaft bedeutet.

Hand (1992) vergleicht die Kosten für eine verhaltenstherapeutische Behandlung (etwa 60 Stunden, verteilt auf zwei Jahre) mit den Kosten einer psychopharmakologischen Behandlung (SSRI's). Als Aufwand für Psychotherapie kann man grob von DM 6.000,– ausgehen; dieselben Kosten kommen bei einem monatlichen Aufwand von DM 250,– innerhalb von zwei Jahren für Medikamente zustande. Geht man bei pharmakologischer Behandlung von einer unmittelbaren durchschnittlichen Rückfallquote von 70 bis 90 Prozent und bei Verhaltenstherapie von der Effektstabilität von 50 bis 60 Prozent aus, relativieren sich die Kosten doch deutlich.

Die Argumente hinsichtlich einer entsprechenden Komplexität und schweren Faßbarkeit von Aufwand und Nutzen sind sicher nicht einfach vom Tisch zu wischen (vgl. Meyer et al., 1991); *für* die Berücksichtigung von Merkmalen der Kosten und Nutzen einer Therapie spricht einerseits die Schaffung einer gewissen Transparenz (auch wenn sie nicht vollständig sein kann) sowie andererseits die Notwendigkeit einer *Rechtfertigung* des Unternehmens „Psychotherapie" im Spektrum von therapeutischen (auch medizinischen) Behandlungsangeboten. Aus diesen Überlegungen heraus sollten diese Gesichtspunkte zumindest eine gewisse Berücksichtigung finden.

Diese Rechtfertigung von Kosten und Aufwand sollte zum einen für den Therapeuten selbst und zum anderen für Außenstehende, z. B. im Rahmen der Antragstellung usw. (Transparenz!) erfolgen.

7. Offene Fragen und Probleme

Diagnostik, Theorie und Behandlung von Zwängen bergen eine Reihe offener Fragen; in diesem Kapitel werden einige davon angesprochen und bearbeitet. Bei vielen dieser Fragen sind wir weit von einer befriedigenden Lösung entfernt, und es scheint bereits ein Fortschritt, wenn die entsprechenden Probleme benannt und beschrieben werden können.

Im ersten Abschnitt wird das Thema therapeutischer Mißerfolge aufgegriffen; hier geht es also zunächst um offene Fragen der Behandlung von Zwängen (um die Klärung technologischer Aspekte). Abschnitt 7.2 ist verschiedenen Problemen im Bereich der Diagnostik und Theorienbildung gewidmet und in Abschnitt 7.3 wird ein Ausblick versucht.

7.1 Mißerfolge in der Behandlung

Angesichts epidemiologischer Befunde (s. Kap. 2) ist es völlig klar, daß sich nur ein geringer Teil aller Patienten mit Zwängen in Behandlung befindet. Das „Einlassen" auf Therapie hat sicherlich eng mit dem Aspekt der *Motivation* zu tun. Unklar ist in vielerlei Hinsicht, was das Einlassen eines Patienten auf einen therapeutischen Änderungsprozeß behindert bzw. begünstigt. Merkmale der Versorgungssituation spielen dabei offenbar ebenso eine Rolle wie Aspekte des Mikro-Bereiches, nämlich Erwartungen des Patienten, seine Unsicherheit, sein Zweifel an der Sinnhaftigkeit einer Behandlung und sein Zögern angesichts des Risikos einer Veränderung.

Forscher ebenso wie Therapeuten, die mit Zwangspatienten arbeiten, sind mit dem Problem der Mißerfolge vertraut; Mißerfolge selbst sind zwar weder für Patienten noch für Therapeuten ein Anlaß zur Euphorie, es ist aber ausgesprochen erfreulich, daß das Thema der Mißerfolge nunmehr offen bearbeitet wird. In vielen Bereichen der Psychotherapieforschung ist man von Effektivitäts-Studien ausgesprochen beeindruckt (vgl. Rachman & Wilson, 1980). In der Versorgungspraxis lassen sich solche Effektivitäts-Quoten zum Teil nicht replizieren; es ist für den einzelnen Therapeuten wichtig und beruhigend zu wissen, daß Mißerfolge gerade bei der Behandlung von Zwängen ein alles andere als seltenes Ereignis darstellen.

Bei der Erörterung von therapeutischen Mißerfolgen ist es zunächst wichtig zu klären, was unter einem *Mißerfolg* verstanden wird; diese Festlegung erscheint ungleich schwieriger als die Klärung, was eine erfolgreiche Therapie ausmacht. Als *Mißerfolg im engsten Sinne* wird in der Folge ein Ausbleiben eines therapeutischen Effektes verstanden, obwohl das Therapieverfahren korrekt durchgeführt wurde. Es ist klar, daß die Frage des Therapie-Effektes nur im Hinblick auf die therapeutischen *Ziele* bestimmbar ist. Diese Ziele sind zum einen heterogener Natur (Veränderung des Verhaltens, gedanklicher und physiologischer Prozesse; Veränderungen im Bereich Partnerschaft, Beruf, Lebenszufriedenheit usw.) und zum anderen auch von den Normen des Therapeuten und Patienten mit determiniert. Aus Gründen der Einfachheit wird hier zunächst angenommen, daß die Ziele der Veränderung nicht so utopisch bzw. unrealistisch vereinbart sind, daß sie praktisch unerreichbar sind.

Neben diesem ausgesprochen engen Verständnis von Mißerfolg werden in der Literatur auch andere Ereignisse als Mißerfolge – sozusagen im weiteren Sinne – bezeichnet; Foa et al. (1983) unterscheiden vier Stufen möglicher Mißerfolge, nämlich 1. Therapie-Verweigerung, 2. Ausfälle, 3. Behandlungsfehler und 4. Rückfälle.

1. *Therapie-Verweigerung:* Darunter fallen Patienten, die sich nach dem diagnostischen Verfahren und nach der detaillierten Erklärung des therapeutischen Vorgehens *gegen* die Durchführung der Therapie entscheiden. Therapeutische Maßnahmen haben in diesem Falle noch nicht stattgefunden; die Gründe für die Verweigerung können sehr unterschiedlich sein (z. B. zu großer Aufwand; Angst vor der Behandlung usw.).

Man kann sicher fragen, ob man Patienten, bei denen ein therapeutisches Verfahren noch gar nicht zur Anwendung gelangte, als Mißerfolge bezeichnen kann; im weiteren Sinne trifft dies deshalb zu, weil auch die *Akzeptanz* eines Therapieverfahrens durch betroffene Patienten ein wichtiges (vorgelagertes) Merkmal des Therapieverfahrens bildet.

Die Rate der Therapieverweigerer liegt in verschiedenen Studien im Bereich von 5 bis 25 Prozent; inhaltlich gesehen spielen die Einstellung gegenüber dem Behandlungsverfahren, motivationale Aspekte, situationale Bedingungen und Merkmale des Therapeuten eine bedeutsame Rolle.

Beispiel: Frau S., ein 18jähriges Mädchen mit extremen Kontroll- und Ordnungszwängen wurde von ihrer Mutter zur Therapie gebracht. Der Patientin wurde das therapeutische Vorgehen im Detail beschrieben und erklärt; es wurde u. a. betont, daß es neben dem Unterlassen von verschiedenen Kontrollen und dem Ertragen von Unordnung auch langfristig darauf ankommen wird, schrittweise selbständig zu leben. Nach der diagnostischen Phase lehnte die Patientin die Therapie ab und verwies u. a. auf die Entfernung von Wohnung und Therapieort sowie auf das Geschlecht des Therapeuten (eine Therapeutin war nicht verfügbar).

Bei der Therapie-*Verweigerung* gelingt es offenbar nicht, beim Patienten ein solch hohes Maß an Zuversicht zu wecken, daß er die Therapie auf sich nimmt; Aufgabe des Therapeuten in den ersten Kontakten ist es u. a., die Struktur des therapeutischen Vorgehens so zu vermitteln, daß der Patient in den therapeutischen Prozeß einsteigt (vgl. Kanfer, Reinecker & Schmelzer, 1990). Falls dies in der ersten diagnostischen Phase nicht gelingt, ist es durchaus gerechtfertigt, von therapeutischem Mißerfolg – hier von Therapie-Verweigerung – zu sprechen.

Es wäre für Forschung und Praxis gleichermaßen wichtig, Informationen über den weiteren Weg dieser Patientinnen und Patienten zu bekommen (z. B. Aufsuchen anderer Therapiemöglichkeiten usw.). Unser Wissen über diese Patienten ist sehr grob und zum Teil eher zufälliger Art.

2. *Ausfälle („Dropouts")*: Als therapeutische Ausfälle bezeichnet man diejenigen Patienten, die am Therapieverfahren teilnehmen, dieses aber *vor* dem geplanten Ende (bzw. vor dem Erreichen der vereinbarten Ziele) beenden. Die inhaltlichen Gründe sind ähnlich gelagert wie bei der Verweigerung der Therapie; eine besondere Rolle spielt hier noch die sogenannte „overvalued ideation" (Foa, 1979): Gemeint ist damit die Vermutung des Patienten, daß seine Ängste und Befürchtungen im Kern berechtigt sind (also eine Aufweichung des Kriteriums der Einsicht). Die Durchführung der Therapie – und insbesondere erste Veränderungen im Rahmen von Konfrontation und Reaktionsverhinderung – stellt klarerweise eine massive Bedrohung des kognitiven Systems des Patienten dar, so daß das Ablehnen der Therapie mehr oder weniger konsequent ist.

Beispiel: Herr M., ein 32jähriger Patient mit Kontrollzwängen betreffend schuldhaftes Verhalten im Straßenverkehr beendete die Therapie nach circa 10 Therapiekontakten; der Patient war durchaus motiviert, wieder am Straßenverkehr teilnehmen zu können (Radfahren, Autofahren, Überqueren der Straße usw.), weil dies sein Leben und speziell sein berufliches Fortkommen erleichtert hätte. Nach der diagnostischen Phase, der genauen Erklärung des therapeutischen Vorgehens und nach ersten therapeutischen Übungen zusammen mit dem Therapeuten (zu Fuß gehen, Autofahren usw.) lehnte der Patient jedoch eine weitere Behandlung ab. Situative und externe Merkmale (Entfernung zum Therapieort, Aufwand …) spielten dabei ebenso eine Rolle, wie die unveränderbare Meinung des Patienten, er sei möglicherweise doch an verschiedenen Unfällen bzw. wegen unterlassener Hilfeleistung schuld am Tod von Mitmenschen. Diese Überzeugungen waren u. a. deshalb kaum korrigierbar, weil sie sich großteils auf Ereignisse bezogen, die jahrelang zurücklagen und die dem Patienten fallweise ins Gedächtnis kamen. Da die Therapie (Konfrontation und Verhinderung von Kontrollen) in den Augen des Patienten solche Risiken geradezu provozierte, führte dies zu einer Erhöhung seiner Angst und Unruhe, so daß Herr M. von sich aus die Therapie beendete.

Die Häufigkeit von therapeutischen Ausfällen ist erstaunlicherweise deutlich niedriger als die Verweigerungs-Quote und liegt im Bereich von 0 bis 12 Prozent; wenn ein Patient die Therapie einmal begonnen hat, so sind damit zwar verschiedene Belastungen, aber auch positive Veränderungen verbunden, die offenbar den Ausschlag zum Verbleib in der Therapie geben.

Patienten, die als „Dropouts" zu bezeichnen sind, unterscheiden sich von Patienten, die eine Therapie regulär beenden, in einigen wichtigen Merkmalen (s. Hansen et al., 1992): Zu nennen ist in erster Linie die *Erwartung* an Therapie, die bei Dropouts offenbar geringer ist als bei anderen Patientinnen und Patienten; als zweiter Aspekt kommt die Abnahme externen Drucks als Folge erster (kleiner) Veränderungen zum Tragen: Wenn die Pathologie für den Patienten und für seine Umgebung auf ein einigermaßen erträgliches Maß reduziert ist, besteht offenbar wenig Anlaß, die durchaus mühevolle Therapie noch fortzusetzen. Beide Aspekte kennzeichnen nicht nur Patienten, sondern sind auch als Resultat von Versorgungs- und makrosozialen Bedingungen (Partnerschaft, Familie, Beruf …) zu sehen. Ein Therapieabbruch hat damit vielerlei Ursachen, die in der konkreten Versorgungspraxis berücksichtigt werden müssen.

3. *Behandlungsfehler:* Dies beinhaltet die oben bezeichneten Mißerfolge im engeren Sinne; hier nehmen die Patienten am Therapieprogramm zwar teil, der beabsichtigte Effekt (vereinbartes Ziel) bleibt jedoch unerreicht. Bei den Behandlungsfehlern sind zwei Gruppen ganz prinzipiell zu unterscheiden, nämlich

a) technische Fehler und

b) echte Behandlungsfehler.

Zum Bereich der technischen Fehler sind Mängel in der Diagnostik (z. B. Identifikation von Auslösern für Zwänge) ebenso zu zählen, wie Fehler in der Durchführung des Verfahrens (z. B. was die *Dauer* der Konfrontation angeht). Als technische Fehler muß man auch die häufig diskutierte mangelnde Compliance (z. B. Baer & Minichiello, 1986) zählen: Wenn beispielsweise ein Patient verschiedene Übungen mit dem Therapeuten oder im Rahmen des Selbstmanagements nicht korrekt durchführt, so ist ein Mißerfolg klarerweise nicht dem Verfahren selbst, sondern dessen unkorrekter Durchführung anzulasten. Solche Fehler sind bei Zwängen besonders häufig und vom Therapeuten zum Teil nur schwer in den Griff zu bekommen. Beispiele dafür sind Patienten mit Zwängen im Bereich von Kontaminationen, die Türgriffe usw. bei der Konfrontation nur mit dem Ellbogen berühren; Patienten mit Kontrollzwängen geben die Kontrolle an den Therapeuten ab oder sie „schauen noch schnell einmal nach …"; eine besondere Rolle spielen Strategien einer gedanklichen Vermeidung eines bzw. spezieller Rituale (z. B. Zählen …), die vom Therapeuten prinzipiell nicht beobachtet bzw. verhindert werden können. Diese verschiedenen Fehler und damit verbundene Mißerfolge stellen bei der Behandlung von Zwängen sicher ein ernstzunehmendes Problem dar; Aufgabe der Aus- und Weiterbildung bzw. der gegenseitigen kollegialen Supervision ist es, solche technischen Fehler im Sinne einer Optimierung des therapeutischen Prozesses gering zu halten.

Bei der Diskussion *echter* Behandlungsfehler – Mißerfolge im engeren Sinne – sind verschiedene Bereiche zu unterscheiden; unterstellt wird hier, daß die Behandlung korrekt durchgeführt wurde (technische Fehler sind somit explizit ausgeschlossen). Die am wichtigsten erscheinenden Bereiche werden im folgenden erörtert:

Keine *Habituation/Löschung:* Ein geringer Prozentsatz von Patienten zeigt trotz korrekt durchgeführter Behandlung *keine* Abnahme von Angst und Unruhe. Die Gründe hierfür sind weitgehend unklar. Als Vermutungen sind Hypothesen über spezifische autonome Überreaktivität angesichts auslösender Situationen angebracht; möglicherweise spielen auch Probleme bei der emotionalen Verarbeitung im Rahmen der Konfrontationsübungen eine bedeutsame Rolle (Foa & Kozak, 1986). Für eine Habituation ist die Auseinandersetzung mit den Inhalten der Ängste usw. – und zwar auf der kognitiven, der verhaltens- und der subjektiven Ebene – eine bedeutsame Voraussetzung. Strategien der Ablenkung bzw. eine problematische Interaktion des menschlichen Reaktions-Systems könnte eine Habituation verhindern (Beispiel: Abnahme der Angst auf dem physiologischen Niveau, Attribution des Patienten an externe Quellen usw.).

Hohe *Depressivität:* Stark ausgeprägte depressive Verstimmung wird allgemein als ein Problem für die Habituation angesehen; Mechanismen des zustandsabhängigen Lernens spielen dabei ebenso eine Rolle, wie der Umstand, daß Patienten mit starken Depressionen in geringem Maße bereit sind, sich mit schwierigen Situationen im Rahmen der Konfrontation und Reaktionsverhinderung auseinanderzusetzen.
Dies verhindert auch die oben angesprochene emotionale Bewältigung (Foa & Kozak, 1986). Bei Zwangspatienten mit gleichzeitig stark ausgeprägter depressiver Verstimmung bietet sich zunächst eine Behandlung der Depression an (vgl. Marks, 1987).

Bei *Kontrollzwängen* zeigen sich im Vergleich zu Waschritualen trotz korrekt durchgeführter Behandlung häufig Mißerfolge (vgl. Rachman & Hodgson, 1980). Dies hängt damit zusammen, daß Patienten mit Kontrollzwängen die Verantwortung während der Behandlung weitgehend an den Therapeuten abgeben, was den Prozeß der Auseinandersetzung mit den erwarteten katastrophalen Konsequenzen verhindert (vgl. Rachman & Hodgson, 1980; Rachman, 1993).

Typische Beispiele für solche Kontrollzwänge sind Krankheitsängste (in neuerer Zeit insbesondere Aids-Phobien und -Zwänge, vgl. Jenike, 1986), die mit exzessiven Kontrollritualen verbunden sind. Die erwarteten aversiven Konsequenzen liegen für den Patienten so weit in der Zukunft, daß er die Sinnlosigkeit von Kontrollritualen im Rahmen von Konfrontation und Reaktionsverhinderung kaum direkt erfahren kann (z. B. häufige Besuche von Ärzten usw.). Gerade bei solch zukünftig erwarteten Konsequenzen spielen kognitive Therapieelemente (Aspekte der Bewertung usw.) eine wichtige Rolle (vgl. Kap. 5.3).

– Die in der neueren Literatur als *„atypisch"* bezeichneten Zwangspatienten stellen ebenfalls große Probleme für eine zielführende Intervention dar (vgl. Kozak & Foa, 1990; Kap. 7.2). Dazu gehören Patienten, die entweder das Kriterium der *Einsicht* in die Sinnlosigkeit von Gedanken und Handlungen oder das Merkmal des *Widerstandes* nicht oder nur bis zu einem gewissen Grade erfüllen. Eine gewisse Bedeutung besitzen dabei Patienten mit sogenannten „overvalued ideas" (Foa, 1979): Da die Patienten annehmen, daß ihre Handlungen und Gedanken im Prinzip sinnvoll sind, resultiert auch eine korrekt durchgeführte Behandlung zumeist in einem Mißerfolg.

– Ähnliche Schwierigkeiten der Behandlung sind bei Patienten mit einer *schizotypischen Persönlichkeits-Störung* zu erwarten: Die Patienten erfüllen die Kriterien für Schizophrenie zwar nicht, weisen aber eine Reihe von psychopathologischen Merkmalen auf, die eine Behandlung des Zwanges im Rahmen von Konfrontation und Reaktionsverhinderung äußerst schwierig, wenn nicht unmöglich machen (z. B. magisches Denken; Beziehungsideen; soziale Isolation; Depersonalisationsgedanken; Argwohn; Mißtrauen usw., vgl. Jenike, 1986; Freund & Kozak, 1990).

Bei der Behandlung dieser Patienten steht eher eine Intervention auf der Ebene der Persönlichkeitsstörung an; hierzu erweisen sich unterstützende Therapie, das Setzen von Grenzen, eine Strukturierung des Lebens und familientherapeutische Ansätze als zielführend.

– Große Probleme der Behandlung und entsprechend häufige Mißerfolge sind für die Therapie von *Zwangsgedanken* zu berichten. Dies gilt für kontrollierte Studien ebenso wie für die klinische Praxis (vgl. z. B. Rachman, 1983).

141

Probleme der Behandlung von Zwangsgedanken und mögliche Lösungen wurden in Kapitel 5.3 erörtert; trotz gewisser Verbesserungen der Situation tappen Forscher und Therapeuten im Umgang mit Zwangs-Gedanken noch weitgehend im Dunkeln. So ist es vermutlich sehr problematisch, die ganz unterschiedlichen kognitiven Prozesse (Denken, Grübeln, Bilder ...) als eine einheitliche Kategorie aufzufassen (vgl. de Silva, 1986). Die Analyse von Zwangsgedanken – die ja bei praktisch allen Zwängen eine Rolle spielen – verlangt vom Forscher und Praktiker eine eingehende Beschäftigung mit neueren Entwicklungen innerhalb der kognitiven Psychologie, insbesondere von Prozessen des Denkens, des Problemlösens, des Bewertens usw. (s. Teasdale, 1993).

4. *Rückfälle:* Als Rückfälle werden diejenigen Patienten bezeichnet, die zum Ende der Therapie klare Verbesserungen aufweisen, die sich jedoch in zeitlicher und situationaler Hinsicht als nicht stabil erweisen. Von einem effizienten Behandlungsverfahren ist nicht nur zu erwarten, daß Veränderungen vom Therapiebeginn bis zum Therapieende resultieren; es ist ebenfalls zu verlangen, daß positive Effekte stabil bleiben.

Für einen Großteil der Patienten trifft diese Stabilität therapeutischer Effekte auch zu (rund 70 bis 80%). Es ist dennoch problematisch, wenn beim Rest der Patienten mit Rückfällen zu rechnen ist. Gerade in der Praxis macht man häufig die Erfahrung, daß auch sehr erfolgreich behandelte Patienten zum Teil nach mehreren Jahren anrufen und um eine weitere Behandlung ersuchen.

Generell ist zu sagen, daß bereits im Stadium der Behandlung darauf geachtet werden sollte, daß Rückfälle unwahrscheinlich werden (vgl. Kanfer, Reinecker & Schmelzer, 1990; insbesondere Teil II, Kap. 7). Einzelne Strategien dazu wurden in Abschnitt 5.4 besprochen. Dennoch ist es offenbar nicht möglich, Rückfälle vollständig auszuschließen oder zu verhindern. Folgende Bedingungskonstellationen scheinen dabei eine Rolle zu spielen:

a) *Unvollständige Behandlung:* Wenn die Behandlung von Zwangshandlungen bzw. Zwangsgedanken nicht vollständig durchgeführt wurde, so stellt dies einen klaren Risikofaktor für einen Rückfall dar (vgl. Foa et al., 1983). Typische Beispiele dafür sind Patienten, bei denen schwierige Items nicht mehr behandelt werden konnten; solche Patienten erachten den bisher erzielten Fortschritt als sehr befriedigend, befreiend und angenehm und halten eine vollständige Behandlung weiterer Zwänge für nicht mehr notwendig. Im häuslichen Leben – ohne die Unterstützung durch die Therapie – ergibt sich dann ein schrittweiser Rückfall: Der Patient vermeidet immer weitere Situationen; sein Verhaltensspielraum engt sich weiter ein, bis möglicherweise ein Stadium ähnlich dem vor Therapiebeginn erreicht ist.

Andere Beispiele bilden Patienten, die an bestimmten Zwängen – gewissermaßen „zur Sicherheit" – festhalten: Dazu gehören einzelne Rituale auf der Verhaltensebene (z. B. 3 x Seife und 4 x waschen) ebenso wie gedankliche Zwänge (z. B. zählen, um einen Gedanken zu neutralisieren). Diese Zwangsreste sind ebenfalls als unvollständige Behandlung anzusehen und stellen ein Risiko für einen Rückfall dar. Angesichts der Thematik des zwanghaften Rests wird häufig auf die „zwanghafte Persönlichkeit" verwiesen; dies stellt wohl eher eine Beschreibung der Situation, als einen Ansatz der Erklärung dar. In therapeutischer Hinsicht ist besonders darauf zu achten, daß eine therapeutische Intervention *vollständig* durchgeführt wird. Der Patient sollte dabei auch *Alternativen* zu seinen zwanghaften Strategien erlernen, damit er nicht in kritischen Situationen darauf zurückgreifen muß.

b) *Belastungen und Streß:* Viele Rückfälle sind in Situationen zu beobachten, in denen erfolgreich behandelte Patienten konkreten Belastungen im Sinne von Streßbedingungen ausgesetzt waren. Diese Bedingungen lassen sich zumeist durchaus im Sinne von kritischen Lebensereignissen sehen (vgl. Filipp, 1981; Katschnig, 1980). Ganz speziell bei behandelten Zwangspatienten zeigt sich, daß Streß zu einer allgemeinen Erhöhung des Erregungsniveaus und der Angst führt; unter einem solch erhöhten Erregungsniveau ist auch das kognitive System (Gedanken, Problemlösen ...) in hohem Maße aktiviert. Dies ist im Prinzip – neben dem autonomen und hormonellen Arousal – auch ausgesprochen sinnvoll, weil in Belastungssituationen entsprechend kreative Strategien der Patienten äußerst gefragt sind. In Anlehnung an das in Kapitel 4.2, Abbildung 7, ausgeführte Modell werden durch Streß bei (ehemaligen) Zwangspatienten auch aufdringliche, d. h. Zwangsgedanken neu aktiviert. Durch den Rückgriff des Patienten auf solche problematischen Strategien der Bewältigung von Belastungen beobachtet man nicht selten die neuerliche Ausformung einer Zwangsstörung.

Als Folgerung dieser Überlegungen ist festzuhalten, daß Patienten im Verlauf der Behandlung auch präventive Strategien im Umgang mit konkreten Belastungen vermittelt werden sollten; da Life Events Bestandteile des Lebens sind, ist nicht zu erwarten, solche Ereignisse würden nicht mehr auftreten oder man könne einen Patienten davor bewahren. Sinnvoller ist die Vermittlung konkreter und im täglichen Leben einsetzbarer Strategien der Bewältigung von Streß und Belastungen.

Sowohl dem Therapeuten als auch dem Patienten sollte klar sein, *daß* Rückfälle passieren können; die Analogie zum Problem des Alkoholismus ist hier durchaus angebracht. Diese Sichtweise bewahrt den Patienten davor, bisherige therapeutische Bemühungen als völlig nutzlos zu betrachten. Die Vorbereitung des Patienten auf einen möglichen Rückfall stellt auch eine gewisse Chance für eine entsprechende neuerliche Bewältigung auftretender Probleme dar.

c) *Rückkehr von Angst:* Als eine weitere Bedingung eines Rückfalls bei Zwangspatienten muß die von Rachman (1979, 1989) so bezeichnete „Rückkehr der Angst" angesehen werden. Darunter ist die Tatsache zu verstehen, daß ein Rückfall durch Bedingungen wahrscheinlich wird, die zu einer neuerlichen Erhöhung der Angst führen.

Als wohl wichtigste Bedingung ist die Tatsache eines desynchronen Verlaufs der Angstreduktion bei der Behandlung von Zwängen zu nennen: Emotionen lassen sich ja sinnvollerweise auf der Ebene des Verhaltens, der gedanklichen Prozesse und physiologischer Mechanismen analysieren. Es ist bekannt, daß die einzelnen Ebenen keineswegs synchron, d. h. in gleichsinniger Ausrichtung verlaufen (Rachman & Hodgson, 1980). Wenn es nun im Verlauf der Behandlung dazu kommt, daß die therapeutische Veränderung nur eine oder zwei der Ebenen positiv beeinflußt, die dritte aber weitgehend unbeeinflußt läßt, so ist eine Rückkehr der Angst deshalb zu erwarten, weil diese dritte (unverändert pathologische) Ebene die beiden anderen in Richtung erneuerter Angst beeinflußt.

Bei der Behandlung von Zwängen läßt sich die Rückkehr von Angst folgendermaßen vorstellen: Konfrontation und Reaktionsverhinderung führen zu einer deutlichen Reduktion von Zwangsritualen (Verhaltensebene) und zu einer Habituation der physiologischen Erregung (autonome Ebene). Die gedanklichen Prozesse werden möglicherweise in nur geringem Maße beeinflußt; in der Zeit zwischen den therapeutischen Sitzungen aktivieren gerade diese Gedanken (Befürchtungen usw.) das autonome Erregungsniveau (Unruhe ...) und setzen die problematischen Strategien zwanghafter Rituale wieder in Gang usw.

Die von Rachman (1989) vorgelegte Analyse der Angst-Verläufe ist insofern für Rückfälle bedeutsam, als gerade in den Behandlungsverfahren der Konfrontation und Reaktionsverhinderung möglicherweise Bedingungen eine Rolle spielen, die ein Wiederauftreten von Angst begünstigen: Die Tatsache hoch belastender Behandlungsbedingungen stellt *ein* Risiko für einen asynchronen Verlauf dar; eine andere Bedingung bildet die vom Patienten benutzte Strategie der Ablenkung, die eine Auseinandersetzung („emotional processing") verhindert.

Als therapeutische Konsequenzen sind folgende Überlegungen anzuführen: Zum einen sollte auf einen möglichst synchronen Verlauf des Behandlungsprozesses geachtet werden; dies erfordert u. U. eine gesonderte Intervention auf einzelnen Reaktions-Ebenen. Eine weitere Konsequenz wäre, daß häufiges Üben eine Wiederkehr der Angst verhindert, weil durch „Über-Lernen" günstige Bedingungen für eine Bewältigung von Zwängen auf allen drei Ebenen gegeben sind. Letztlich ist anzuführen, daß die Behandlung von Zwängen eine echte Auseinandersetzung („emotional processing", Foa & Kozak, 1986) mit dem Problem erfordert. Strategien der Ablenkung usw. sind als sehr problematisch anzusehen. Ähnliches gilt für anxiolytische Medikation, die neben problematischen Prozessen der Attribution ebenfalls eine Auseinandersetzung mit den einzelnen Ebenen von Zwangsstörungen verhindert.

Wenn man die Überlegungen zur Bedeutung von Mißerfolgen bei der Behandlung von Zwangspatienten zusammenfaßt, dann muß man festhalten, daß Mißerfolge für Patienten, Therapeuten und für das Versorgungssystem problematisch sind; auf der anderen Seite ist es erfreulich, daß auch diese Schattenaspekte sehr offen angesprochen und diskutiert werden. Im Rahmen der Theorienbildung ebenso wie für das praktische Vorgehen ist dies als ein Gütemerkmal anzusehen.

Die Berücksichtigung von Mißerfolgen besitzt einige wichtige Funktionen, die hier nur kurz angesprochen werden können:

Für den Bereich der *Forschung* stellen Mißerfolge eine laufende Herausforderung dar; die Behandlung von Zwängen verlangt nach wie vor die Klärung vieler offener Fragen; einige davon werden im nächsten Abschnitt angesprochen.

Für die *Praxis* ist die Analyse von Mißerfolgen in mehrfacher Hinsicht höchst bedeutsam: Zum einen ist mittlerweile den mit Zwangspatienten vertrauten Therapeuten klar, daß übertriebene Erwartungen nicht am Platze sind. Gerade bei Patienten mit einer Kombination von ungünstigen Prognosefaktoren sind deshalb entsprechende Bemühungen erforderlich. Auf der anderen Seite müssen auch Therapeuten lernen, mit Mißerfolgen zu leben. Für den Patienten ist es ebenso wie für Therapeuten wichtig, *realistische* Behandlungserwartungen zu entwickeln; die Vermittlung positiver Erwartungen im Sinne günstiger allgemeiner Voraussetzungen für die Therapie einerseits und die Reduktion derselben Erwartungen im Sinne eines gesunden Realismus andererseits stellt für die therapeutische Interaktion sicher eine Gratwanderung dar. Auch aus diesem Grund ist für die Therapie von Zwangspatienten neben entsprechendem Wissen und Erfahrung viel Sensibilität und Fingerspitzengefühl erforderlich.

Letztlich ist anzuführen, daß Mißerfolge eine wichtige Funktion für den Bereich der Aus- und Weiterbildung angehender Therapeuten besitzen; es ist sicher richtig, daß Erfolg für das Lernen große Bedeutung besitzt. Auf der anderen Seite bleiben gerade Patienten, die als Mißerfolge anzusehen sind, häufig sehr gut im Gedächtnis – sie regen Studierende und angehende Therapeuten in hohem Maße an, sich mit Problemen der Theorie und Behandlung auseinanderzusetzen.

7.2 Probleme der Diagnose und Theorie

Die vergangenen 10 bis 15 Jahre haben deutliche Fortschritte in der Erfassung und in der Behandlung von Zwangsstörungen erbracht; dies schlägt sich auch in einer Ausdifferenzierung theoretischer Modellvorstellungen nieder. Mit diesem Fortschritt wird aber auch klar, in welchen Bereichen noch Lücken bestehen; ohne Anspruch auf Vollständigkeit sollen im folgenden einige drängende Fragen und Probleme angeführt werden, die für Forschung und Praxis gleichermaßen eine dauernde Herausforderung darstellen.

a) Probleme der Diagnostik und Klassifikation

Im Bereich der Diagnostik und Klassifikation von Zwängen erscheinen die Merkmale weitgehend klar; trotz dieser Klarheit stellen sich Zwangsstörungen als teilweise äußerst heterogene klinische Gruppe dar. Sowohl hinsichtlich Beschreibung als auch Erklärung (Theorie) und insbesondere im Bereich therapeutischer Strategien sind für Zwangshandlungen und Zwangsgedanken unterschiedliche Aspekte maßgeblich. Ähnliches gilt sogar für Untergruppen von Zwangshandlungen, nämlich für Waschzwänge einerseits und Kontrollzwänge andererseits.

Angesichts dieser notwendigen Differenzierungen ergibt sich die Frage, ob eine einheitliche Klassifikation angebracht und zielführend sein kann. Dazu ist festzuhalten, daß Klassifikationen in der klinischen Psychologie aus verschiedenen Gründen unverzichtbar sind; dies betrifft die ätiologische und epidemiologische Forschung ebenso wie die Funktion einer klaren und sparsamen Kommunikation unter Fachleuten. Mit der Klassifikation heterogener Probleme auf der kognitiven, der Verhaltens- und der psychophysiologischen Ebene sind klarerweise Abstraktionen verbunden, die von speziellen Merkmalen und Eigenheiten eines individuellen Patienten absehen müssen.

Wenn die Notwendigkeit einer einheitlichen Klassifikation betont wird, so sollte immer der *Zweck* mitberücksichtigt werden; Klassifikationen sind sicher nicht geeignet, differentielle individuelle Merkmale zu erfassen. Diese Erfassung individueller Merkmalsausprägungen ist selbstverständlich Aufgabe des Therapeuten (vgl. Wolpe, 1986); die individuelle Beschreibung von Merkmalen erfolgt jedoch vor dem Hintergrund entsprechender theoretischer Modellvorstellungen, in denen Abstraktionen und Verallgemeinerungen unverzichtbar sind.

Wenn man die für Zwänge maßgeblichen Kriterien (s. Kap. 1) zur individuellen diagnostischen Erfassung zugrundelegt, so fällt auf, daß sich das *Vorliegen* der Kriterien bei einzelnen Patienten nicht mit der wünschenswerten Genauigkeit prüfen läßt. Schon bei der Beschreibung von Zwängen wurde darauf hingewiesen, daß insbesondere die Kriterien der *Einsicht* und des *Widerstandes* großen situationalen und intraindividuellen Schwankungen unterliegen können (Rachman & Hodgson, 1980). Für das Merkmal der *Einsicht* hatte schon Foa (1979) darauf verwiesen, daß sich Zwangspatienten sehr unterschiedlich von den Inhalten ihrer Handlungen und Gedanken distanzieren. In *praktischer* Hinsicht ist noch zu berücksichtigen, daß Patienten für ihr Verhalten Rechtfertigungen abgeben (z. B. „Waschen wegen Schmutz ...", „Kontrolle, um einen Brand zu verhindern ..." usw.). Für Patienten, die sehr stabil an der Berechtigung ihrer Ängste und Befürchtungen festhalten, die das Merkmal der Einsicht in die Sinnlosigkeit somit nicht aufweisen, hatte Foa (1979) den Begriff der „overvalued ideation" (siehe auch Kap. 1.1, Kap. 2.3.5) geprägt.

Auch das Merkmal des *Widerstandes* gegen die Zwangshandlungen und Zwangsgedanken weist die angesprochenen Schwankungen auf; dies hängt insbesondere mit einer Resignation und Depression zusammen. Solche Patienten zeigen sich nicht mehr „kämpferisch", sie haben sich praktisch in ihr Schicksal ergeben.

Falls die angeführten Merkmale nicht vorliegen, so erfüllen diese Patienten die Kriterien für Zwänge (DSM III-R, APA, 1987) nicht vollständig; eine Klassifikation in einem anderen Bereich (Schizophrenie; Persönlichkeitsstörung ...) erweist sich mangels entsprechender positiver Kriterien auch nicht als zielführend. In Forschung und Praxis werden diese Personen meist als *„atypische Zwangspatienten"* bezeichnet (vgl. Kozak & Foa, 1990). Weitgehend übereinstimmenden Berichten zufolge müssen rund 10 Prozent der als Zwänge klassifizierten Patienten als „atypisch" bezeichnet werden. Nicht zu verwechseln sind diese atypischen Patienten mit denjenigen Zwangspatienten, bei denen – neben einer klaren Zwangsdiagnose – noch weitere psychopathologische Merkmale vorliegen (z. B. Phobien, Depression ...). Die hier als „atypisch" bezeichneten Patienten befinden sich gewissermaßen im Randbereich von Zwängen; es wird häufig darauf hingewiesen, daß diese Patienten eine insgesamt schlechtere Behandlungsprognose haben.

b) Unterschiedliche Funktion von Zwängen

Eine einheitliche Betrachtung von Zwängen anhand von deren *Funktionen* erweist sich als trügerischer Ausweg aus dem Problem heterogener Erscheinungsformen. Eine klassische Annahme ging davon aus, daß Zwangsrituale zu einer *Reduktion* von Angst und Unruhe führten (vgl. dazu Kap. 4.1). Diese Annahme trifft nur bedingt zu, weil eine Reihe von Ritualen (insbesondere Zwangsgedanken) eine *Erhöhung* von Angst nach sich ziehen (vgl. Foa & Tillmanns, 1980).

Eine gewisse Lösung des Problems bringt eine kognitive Betrachtungsweise (vgl. Kap. 4.2, Abb. 8): Aufdringliche Gedanken und ihre Bewertung führen zu einem Anstieg von Erregung und Unruhe; das zwanghafte Ritual (Gedanke oder Handlung) stellt zumindest einen Versuch zur Reduktion dieser aversiven Erregung dar. Zwänge sind damit nicht mehr als völlig einheitliches Geschehen zu betrachten:

Zu differenzieren ist zunächst ein zwanghafter *Impuls* und damit im Zusammenhang stehend eine Strategie des *Neutralisierens* (vgl. Salkovskis, 1989).

Man kann zusammenfassend nicht mehr von einer einheitlichen Funktion von Zwängen sprechen; erst eine individuelle Analyse der gedanklichen und der Verhaltenskette und der damit verbundenen Emotionen bringt eine Klärung, ob Bestandteile des zwanghaften Verhaltens zu einer Erhöhung oder Senkung von Angst und Unruhe führen.

Eine Komplikation des Sachverhaltes bringt die Analyse einer funktionalen Einbettung von Zwängen in den situationalen, partnerschaftlichen oder familiären Kontext eines Patienten. Solche spielen insbesondere bei der Aufrechterhaltung von Zwängen eine bedeutsame Rolle. Mit einem jahrelang existierenden Zwang sind üblicherweise auch Veränderungen des Tagesablaufes, der sozialen Beziehungen usw. verbunden. Solch veränderte Kontingenzen können sowohl im Sinne von *Gewohnheiten*, als auch im Rahmen von externen *Konsequenzen* stabilisierende Faktoren für das zwanghafte Verhalten darstellen. Vielen Therapeuten ist dies in der Praxis als enorme Veränderungsresistenz von Zwangspatienten bekannt. Dazu gehört nicht nur, daß Patienten bzw. deren Sozialpartner gelernt haben, mit ihren Problemen zu „leben". Manche Patienten wissen sehr genau, daß sie ein „interessanter Fall" sind, sie schildern sich selbst und die Entwicklung ihrer Problematik teilweise mit der gebührenden intellektuellen Distanz. Solchen Patienten ist teilweise recht klar, daß sie einen Teil ihrer bisherigen persönlichen Identität und Besonderheit abgeben müßten, sollten sie auf einschlägige Zwangshandlungen und Zwangsgedanken verzichten. Sofern dem Patienten verschiedene Alternativen klar sind, ist eine Entscheidung des Patienten *für* sein zwanghaftes Denken und Verhalten voll zu respektieren.

Mit einer entsprechenden Chronifizierung können zusätzlich Veränderungen in den ursprünglichen Funktionen von Zwangshandlungen und Zwangsgedanken verbunden sein, die sich einer Jahre oder Jahrzehnte späteren funktionalen Analyse ganz einfach nicht mehr erschließen.

c) Faktoren der Patienten-(Selbst-) Selektion

Neuere epidemiologische Befunde (vgl. Kap. 2) bringen zumindest eine gewisse Klarheit über die Häufigkeit von Zwängen in verschiedenen Populationen; auffällig daran ist, daß frühere Angaben die Prävalenzrate enorm unterschätzt hatten. Dies mag zum einen mit den wenigen, auf die Zwangsproblematik selbst abzielenden epidemiologischen Studien und zum anderen mit dem Verbergen der Störung durch den Patienten selbst zusammenhängen (häufig wird für diese Situation die nicht ganz glückliche Argumentationsfigur mit der „Spitze des Eisbergs" herangezogen).

Angesichts der Häufigkeit der Störung ist klar, daß nur ein kleiner Prozentsatz der Patienten in einschlägigen Studien erfaßt werden kann; dies betrifft genauso den Bereich der Therapie: Nur wenige Patientinnen und Patienten suchen von selbst den Weg zur Behandlung (Meyer et al., 1991; Marks, 1993) und selbst hier muß mit großen Abbrecher- und Ausfallquoten gerechnet werden (s. Abschnitt 7.1). Unklar bleibt damit, inwieweit untersuchte bzw. behandelte Zwangspatienten eine einigermaßen unverfälschte Stichprobe aller Zwangspatienten darstellen. Ein großes Problem ist dies deshalb, weil wir über Mechanismen der Fremd- und Selbstselektion noch sehr wenig wissen: Dabei mögen Aspekte der psychischen Störung des Patienten selbst (z. B. Motivation ...) ebenso eine Rolle spielen wie Aspekte der Versorgung (z. B. Finanzierung, Erreichbarkeit von Psychotherapeuten usw.), die bereits mehrfach angesprochen wurden. Gerade in der Praxis macht man häufig die Erfahrung, daß es von einer ganzen Reihe von Zufällen abhängt, ob eine Person zur Therapie kommt und eine entsprechende Behandlung erfährt (z. B. Hinweise des Hausarztes auf eine mögliche Behandlung; Hinweise auf eine prinzipielle Veränderbarkeit der Situation usw.).

Gerade diese Merkmale einer *Filterung* von Patienten im Forschungs- und Behandlungssetting müssen im Auge behalten werden, wenn allgemeine Aussagen über Zwangspatienten getroffen werden; in besonderem Maße gilt dies für Effektivitätsstudien: Globale Besserungsraten (z. B. 70 Prozent Besserung nach der Therapie) sind zum einen Aussagen über Aggregate und damit nicht direkt auf einen individuellen Patienten zu beziehen. Zum anderen sind die Zahlenangaben immer im Lichte einer entsprechenden Selektion und möglicher Aus-fallsquoten zu lesen. Wenn zukünftige Forschung zu einer Erhellung des Zustandsbildes von Zwängen beitragen soll, dann müssen nicht nur Aspekte individueller Verläufe berücksichtigt werden. Gebührende Aufmerksamkeit verdienen auch diejenigen Filtermechanismen, die zur (Selbst-)Selektion von Zwangspatienten für Forschungs- und Be-handlungseinrichtungen maßgeblich sind.

d) Theoretische Rätsel oder „weiße Flecken"

In Kapitel 4 wurden einige Elemente theoretischer Modelle für die Entstehung und Aufrechterhaltung von Zwängen angeführt. Diese Ele-mente (s. insb. Abb. 7, Kap. 4.2) stellen sicher eine erfreuliche Weiter-entwicklung in unserem Verständnis von Zwangsstörungen dar. Dies alles darf aber nicht darüber hinwegtäuschen, daß eine Reihe zentraler Aspekte nach wie vor als „weiße Flecken" angesehen werden müssen. Die meisten offenen Fragen hängen mit Prozessen der menschlichen Informations- und Emotionsverarbeitung zusammen. So gesehen ist die Analyse von Zwängen in das theoretische Netzwerk der Kognitions-und Emotionspsychologie eingebettet.
Beispielhaft seien hier folgende typische offene Fragen angeführt:

1. Was macht die *Unsicherheit* bei Zwangspatienten aus (vgl. Carr, 1974)?

2. Was macht einen Gedanken oder ein Bild (de Silva, 1986) im Rah-men menschlicher Informationsverarbeitungsprozesse zu einem *auf-dringlichen Gedanken* bzw. zu einer zwanghaften bildlichen Vorstel-lung?

3. Wie läßt sich die für Zwänge charakteristische *Emotion* beschreiben und welche Rolle spielt sie in der Regulation des Zwanges?

Zu diesen Fragen im einzelnen:

ad 1) *Unsicherheit und Zweifel* werden seit langem als klinisch charak-teristische Merkmale angesehen. Unklar ist dabei die *Wurzel* der Un-sicherheit, mit anderen Worten: Warum können die meisten Menschen mit gewissen alltäglichen Unsicherheiten (betreffend Schmutz, Konta-mination, Kontrollen usw.) weitgehend problemlos leben, während dies für Zwangspatienten eine Quelle dauernden Zweifels darstellt?
Sehr vage Vermutungen gehen in die Richtung einer für das psychi-sche System eines Menschen notwendigen stabilisierenden Funktion von Zwängen. Dies zu prüfen – z. B. im Rahmen allgemeiner psycho-

150

logischer Modellvorstellungen – ist wohl Aufgabe künftiger Forschung. In *therapeutischer* Hinsicht ist es ausgesprochen zielführend, dem Patienten im Umgang mit Unsicherheit zu helfen, nicht durch Beruhigungen, sondern indem er lernt, mit Unsicherheit zu *leben; eine* Strategie, um diesen Prozeß in Gang zu bringen, besteht in Konfrontation und Reaktionsverhinderung.

ad 2) Ausgesprochen rätselhaft ist, warum Ideen, Bilder usw., die zum selbstverständlichen Bestandteil der menschlichen Existenz gehören, gewissermaßen aus dem Strom der kognitiven Informationsverarbeitung „heraustreten". Es ist offensichtlich *nicht* der Inhalt eines Gedankens oder eines Bildes selbst, der zu dessen Fixierung beiträgt. Eine Reihe von Untersuchungen hat vielmehr gezeigt, daß typische zwanghafte Gedanken und Bilder (z. B. aggressive, schuldhafte Gedanken usw. auch einen Bestandteil der normalen menschlichen Informationsverarbeitung ausmachen (vgl. Rachman & de Silva, 1978; de Silva, 1986). Gedanken, ein Kind fallen zu lassen oder zu töten, eine geliebte Person mit einem Messer zu verletzen, Horrorbilder wie ein zerfetzter menschlicher Körper usw. sind nicht ungewöhnlich; diese oder ähnliche Gedanken oder Bilder kommen bei den meisten Menschen vor.
Unklar ist, welche Mechanismen der menschlichen Informations- und Emotionsregulation dazu beitragen, daß entsprechende Gedanken und Bilder *aufdringlich* werden, so verfolgend, daß eine Reihe neutralisierender Rituale eingesetzt werden, um das ganze Geschehen – zumindest kurzfristig – erträglich zu gestalten.

ad 3) Zwangsstörungen werden durchaus mit einer gewissen Berechtigung als Untergruppe von Angststörungen betrachtet (vgl. DSM III-R, APA, 1987). Es wurde mehrfach darauf hingewiesen, daß die mit Zwängen einhergehenden Emotionen mit „Angst" nur sehr ungenau umschrieben sind (vgl. z. B. Reed, 1985). Patienten schildern ihren emotionalen Zustand zum Teil sehr wohl als Angst, vielfach aber auch als Gespanntheit, als Aufregung, Nervosität, Unruhe, Ärger, sich nicht wohlfühlen usw. Zu diesem offenen Problem einer genauen Beschreibung, die zusätzlich auf mehreren *Ebenen* erfolgen müßte (vgl. Lang, 1985), kommt noch verkomplizierend hinzu, daß die Emotionen großen Schwankungen unterliegen und mit Verhaltens- bzw. kognitiven Aspekten keineswegs synchron verlaufen (Rachman & Hodgson, 1980). Schier hoffnungslos verworren wird die Situation dadurch, daß bei Zwängen zumeist noch Merkmale der Depression mit eine gewichtige Rolle spielen. Hier die entsprechenden Details emotionaler Prozesse genau zu beschreiben und möglicherweise in ihrer Relevanz für den Ablauf anderer Ebenen zu bestimmen, kommt einer Sisyphusarbeit gleich. Trennen müssen wir uns vermutlich von der Hoffnung auf eine *einheitliche* Beschreibung emotionaler Prozesse bei Zwängen; dies enthebt uns aber nicht der Verpflichtung, den Besonderheiten dieser Emotionen nachzugehen und ihre Bedeutung im Gesamtbild von Zwangsstörungen klarer herauszustellen.

e) Probleme der Behandlung

Das kombinierte Verfahren der Konfrontation und Reaktionsverhinderung bildet zum heutigen Stand unseres Wissens sicher den entscheidenden Schlüssel zur Behandlung von Zwangshandlungen und Zwangsgedanken. Verschiedene Ergänzungen dazu wurden an entsprechenden Stellen angeführt. Als einigermaßen erfolgversprechend sind in jüngerer Zeit *kognitive* Therapieansätze in den Blickpunkt des Interesses gerückt (s. Salkovskis & Warwick, 1985; Salkovskis, 1989; Salkovskis & Westbrook, 1989).

Der Einsatz kognitiver Verfahren war bereits von Mc Fall & Wollersheim (1979) propagiert und ist in den vergangenen Jahren mehrfach realisiert worden. Im Zentrum stand zunächst das Verfahren der Rational-Emotiven Therapie (RET) (s. Emmelkamp et al., 1988; Emmelkamp & Beens, 1991). Mit diesem kognitiven Therapieverfahren wird vermutlich nicht der bei Zwangspatienten zentrale Punkt getroffen; wichtig ist insbesondere eine Veränderung der *Bewertung*, nämlich der Wahrscheinlichkeit, der Verantwortlichkeit und der Schuld. Diese Aspekte stellen zentrale nosologische Merkmale der Zwangsproblematik dar (s. de Silva & Rachman, 1992; Rachman, 1993). Diese Punkte stehen im Zentrum einer neueren Therapievergleichsstudie (Lakatos, 1994): Kognitive Strategien erweisen sich insbesondere für den Prozeß der Veränderung als bedeutsam und sie sind dann besonders effektiv, wenn sie mit verhaltensorientiertem Vorgehen verknüpft sind. Kognitive Therapie kann klarerweise nicht durch eine bloße Veränderung von Bewertungen erfolgen, Veränderung geschieht in erster Linie durch Risikoübungen und Verhaltensexperimente im natürlichen Setting des Patienten (s. dazu Marks, 1992; Rachman, 1993). Durch die Verbindung kognitiver mit verhaltensorientierten Strategien wird auch die Kritik und Skepsis von verhaltensorientierten Autoren (Foa et al., 1983; Turner & Beidel, 1988; Marks, 1987) weitgehend gegenstandslos. Auch in der angeführten Meta-Analyse (v. Balkom, 1993) erwiesen sich rein kognitive Strategien nicht als *die* Lösung für die Therapie bei Zwangsstörungen.

Es wurde bereits angesprochen, daß eine *Gegenüberstellung* von kognitiven und Verfahren der Konfrontation und Reaktionsverhinderung vermutlich völlig unangebracht ist (vgl. dazu auch Salkovskis & Warwick, 1987); auch im Verfahren der Konfrontation spielt die Aus-

152

einandersetzung mit Gedanken, Erwartungen und Befürchtungen eine entscheidende Rolle. Gerade die Analyse therapeutischer Prozesse zeigt, daß dies einen wichtigen Faktor der emotionalen Auseinandersetzung bildet (vgl. Foa & Kozak, 1986; Kozak, Foa & Steketee, 1988). Zum anderen weisen selbst Emmelkamp et al. (1988) in ihrer Studie zu kognitiven Therapieverfahren darauf hin, daß die Konfrontation und Reaktionsverhinderung möglicherweise ein wichtiger Faktor bei der Besserung der kognitiv behandelten Patienten war.

7.3 Ausblick

Wenn man die heutige Situation hinsichtlich der Diagnostik, Theorienbildung und der Behandlungsmöglichkeiten von Zwangsstörungen betrachtet, so sind in allen drei Bereichen sehr erfreuliche Fortschritte zu konstatieren. Wir sind zwar weit davon entfernt, alle offenen Fragen und Probleme (s. dazu Kap. 7.2) geklärt zu haben. Dies ist jedoch für die Wissenschaft keineswegs ungewöhnlich: Theoretischer Fortschritt führt auch dazu, daß neue Fragen aufgeworfen werden.

Es ist für das Gebiet der psychischen Störungen auch nicht ungewöhnlich, daß wir in unserem theoretischen Verständnis des Problems den Behandlungsmöglichkeiten offenbar hinterherhinken. In diesem abschließenden Kapitel sollen kurz folgende Fragen angerissen werden:

a) Zwänge sind als heterogene Phänomene anzusehen; dennoch ist konkretes therapeutisches Handeln möglich und angebracht.

b) Zwänge sind kulturell eingebettet; so gesehen überschreitet die Analyse von Zwängen den engeren klinisch-psychologischen Bereich.

c) Wie soll es weitergehen? Dies beinhaltet die Frage nach Perspektiven für Forschung und Praxis.

ad a) Durch viele Entwicklungen hat man eher den Eindruck, angesichts heterogener Befunde zum Problem der Zwangsstörungen den Überblick zu verlieren; es ist kaum noch möglich, die seit 15 Jahren erschienenen rund 20 Bücher und hunderte von Zeitschriftenbeiträgen noch zu kennen und ihren Stellenwert einzuordnen. Dazu kommt, daß man Zwänge kaum noch als einheitliches Phänomen betrachten kann. In Anlehnung an Lang (1979, 1985) oder Rachman (1983) ist es sinnvoll, bei psychischen Störungen eine Verhaltens-, eine subjektive, eine kognitive sowie eine physiologisch-autonome Ebene zu unterscheiden. Eine Anwendung des komplexen Systemmodells (Kanfer, Reinecker &

Schmelzer, 1990) auf die Analyse von Zwängen wurde in Kapitel 4.3 (Abb. 8) dargestellt.

Die Kenntnis neuerer Befunde ist für ein zielführendes Verständnis und für die effiziente Behandlung von Zwangspatienten unabdingbar; es ist aber ebenso erforderlich, angesichts unvollständigen Wissens zu handeln: Die Behandlung von Zwängen stand vor 20 Jahren auf noch unsichereren Beinen, als dies heute der Fall ist. Einem Patienten zu Beginn der neunziger Jahre hilft es jedoch wenig, wenn wir ihn auf neue Forschungsarbeiten zu Grundlagen und zur Therapie von Zwängen vertrösten, die in den nächsten 20 Jahren zu erwarten sind. Das Leiden eines Patienten erfordert konkretes therapeutisches Handeln auf der Grundlage des heutigen Kenntnisstandes. Daß dazu eine Reihe bewährter, klassischer Befunde zählt, wurde in den Kapiteln 4.1 und 5.2 ausgeführt. Sturgis und Meyer (1981) haben in einer abschließenden Überlegung zum Thema der Behandlung von Zwängen sinngemäß gemeint, daß es wenig Sinn macht, zwanghaft darüber zu grübeln, welche theoretischen Befunde als wie sicher oder unsicher anzusehen sind; gefragt ist vielmehr, in nicht-stereotyper Weise zur Untersuchung noch offener Fragen zu schreiten.

ad b) Die Analyse von Zwängen zeigt, daß speziell die *Inhalte* von Zwangshandlungen und Zwangsgedanken gewissermaßen *kulturell* eingebettet sind. Gerade diese Inhalte haben vielfältige – zum Teil psychodynamische – Interpretationen erfahren. Diese Interpretationen sind vielfach höchst plausibel und deshalb oft nur schwer von der Hand zu weisen.

Beispiel: Bei Herrn S., einem bereits erwähnten 28jährigen, verheirateten Patienten mit multiplen Wasch- und Kontrollzwängen, spielte u. a. das Thema übertriebener Eifersuchtsgedanken gegenüber der Ehefrau eine wichtige Rolle. Der Patient machte sich laufend und in unterschiedlichen Situationen zwanghafte wiederkehrende Gedanken über die Frage der sexuellen Treue seiner Frau. Er quälte sie mit detaillierten Fragen über den Tagesablauf, u. a. auch hinsichtlich der Vaterschaft seines 4jährigen Kindes. Die Grübeleien waren dem Patienten selbst sehr unangenehm und im Prinzip sah er den Inhalt der Grübeleien auch als sinnlos an. Dennoch stellten die Gedanken für den Patienten und vor allem für die Partnerschaft eine massive Belastung dar.
Die angedeutete psychodynamische Interpretation lag durch die Hintergrundinformation sehr nahe: Der Patient hatte in der Zeit der Bekanntschaft mit seiner späteren Frau selbst sehr viele wechselnde sexuelle Kontakte gehabt, was nach der Heirat für ihn indiskutabel war. Man könnte das Grübeln und die Zwänge durchaus als Strategie der Abwehr von Angst und von unakzeptablen Gedanken sehen.

Bei vielen anderen Beispielen lassen sich ähnliche Interpretationen heranziehen (z. B. Tötungs-Zwänge ...). Wichtiger scheint, daß die bei

Zwängen vorherrschenden Themen (Schmutz, Kontaminationen; Schuld und Verantwortung/Religiösität; Sexualität; Tötung und Aggressivität usw.) im Verlaufe der phylogenetischen und ontogenetischen Entwicklung eine entscheidende Rolle spielen. Gerade in der Ätiologie von Zwängen finden sich zumeist konflikthafte Belastungen, die diesen Themenbereichen zuzuordnen sind. Konflikte gelten seit langem als diejenigen traumatischen Belastungen, die als zentrale Faktoren für die Entstehung von Ängsten angesehen werden müssen (vgl. Dollard & Miller, 1950). Wenn solche Konflikte mit unterschiedlichen kognitiven- und Handlungstendenzen dann existentiell bedeutsame Bereiche betreffen, ergibt dies für die Person eine möglicherweise ausweglose Situation (vgl. dazu experimentelle Analogien, vgl. Tunner, 1979; Maser & Seligman, 1977; Mineka, 1985). In solchen Situationen greift der Organismus auf Handlungen aus zum Teil früheren Entwicklungsstufen zurück (vgl. Marks, 1987; Süllwold, 1978, 1992). Eine wichtige Möglichkeit zur Bewältigung von Angst und Unsicherheit bilden offenbar stereotype Wiederholungen von Handlungen und Gedanken. In etwas spekulativer Weise könnte man verschiedene stabile Gewohnheiten im Verlaufe der menschlichen Sozialisation als Strategien der Stabilisierung ansehen. Eine besondere Rolle spielen dabei offenbar auch religiöse (zum Teil auch abergläubische) Rituale. Unklar ist allerdings, wie bestimmte rituelle Verhaltensmuster (z.B. bestimmte Tischsitten; Rituale beim Übergang vom Kindes- zum Erwachsenenalter; Begräbnisrituale usw.), die durchaus eine wichtige Funktion zur Bewältigung von Unsicherheit darstellen, so exzessiv werden, daß der Patient und seine Umgebung darunter leiden. Fraglich ist auch, ob es solche Übergänge überhaupt gibt, und ob die Analogie nicht bloß oberflächlich und phänomenologischer Art ist.

Im Bereich der *Behandlung* spielen symbolische und psychodynamische Interpretationen allerdings keine Rolle. Dies verdeutlicht auch, daß strikt zwischen ätiologischen und therapeutischen Modellen zu trennen ist.

ad c) Wissenschaftlicher Fortschritt verlangt eine klare und detaillierte Beschreibung eines Problems ebenso wie theoretische Modelle; zwischen beiden besteht ein Verhältnis der Rückkoppelung: Ohne eine unvoreingenommene und klare Beschreibung eines Phänomens gelangt man (z.B. durch voreilige Interpretation und Spekulation) zu unbrauchbaren Theorien. Valide theoretische Modelle sind als Hintergrund für die entsprechenden Begrifflichkeiten und Klassifikationen unabdingbar (vgl. Bunge, 1967).

Bei der Analyse von Zwängen ist man offenbar in dem Stadium angelangt, zumindest ein grobes Verständnis zu entwickeln. Es ist bereits viel gewonnen, wenn es gelingt, richtige Fragen zu stellen. Ein revolutionärer Durchbruch ist weder für die Theorie, noch für die Therapie von Zwängen zu erwarten. Im Bereich der *Theorien* werden sicher weitere Ergänzungen und Ausdifferenzierungen derjenigen Modelle erfolgen, die in Kapitel 4 dargestellt wurden. Gewisse Hoffnungen muß und kann man mit Entwicklungen der Allgemeinen und Kognitiven Psychologie verbinden. Es ist höchst interessant, daß Lewis (1936) bereits vor rund 55 Jahren die Auffassung vertrat, daß wir ein brauchbares Verständnis für Zwänge nur vor dem Hintergrund einer Analyse von menschlichen Denk- und Vorstellungsprozessen gewinnen werden. Dem ist auch heute wenig hinzuzufügen.

Im Bereich der *Therapie* von Zwängen ist eine schlagartige Verbesserung – etwa im Bereich von Effektivitäts-Quoten – ebenfalls nicht zu erwarten. Diese Quote im Bereich von 50 bis 60 Prozent deutlicher Verbesserungen (Salkovskis, 1989) sind alles andere als befriedigend. Die heutigen Zahlen stellen jedoch speziell durch die Entwicklung von Konfrontation und Reaktionsverhinderung Mitte der sechziger Jahre eine klare Verbesserung der Situation von vor 30 oder 50 Jahren dar. Auf der anderen Seite muß man es auch als Fortschritt bezeichnen, wenn wir Bedingungen von positiven therapeutischen Veränderungen näher kennen und wenn wir die Stolpersteine auf dem Weg zu den Mißerfolgen zumindest zu analysieren in der Lage sind. Im Hinblick auf die Versorgungs*praxis* ist man allerdings von einer konsequenten Umsetzung bekannt wirksamer Behandlungsstrategien noch weit entfernt; dies stellt neben dem Forschungsaspekt ein ernstzunehmendes Problem der Therapie von Zwangsstörungen dar.

Die Untersuchung von *Detailprozessen* bei Zwängen bildet eine für Forschung und Praxis gleichermaßen wichtige Zukunftsperspektive; dies beinhaltet Prozesse des „natürlichen" Verlaufs von Zwängen (Black, 1974) vor dem Beginn spezieller Interventionen ebenso wie Merkmale auf seiten des Patienten und des Versorgungssystems (z. B. bei der Suche nach therapeutischer Hilfe, bei der Entscheidung für oder gegen therapeutische Veränderung usw.). Im therapeutischen Prozeß selbst spielt die Frage eine Rolle, welche Ereignisse gewissermaßen für einen Umschwung im Denk- bzw. Verhaltensrepertoire eines Patienten verantwortlich sind: Bis zu einem gewissen Zeitpunkt steht der Patient – vereinfacht gesagt – unter dem Prinzip der Vermeidung. Seine Handlungen und sein Denken sind darauf ausgerichtet, Angst, Unruhe usw., und sei es durch pathologische Rituale, in den Griff zu bekommen. Durch die Instruktion des Therapeuten und durch die Vermittlung eines plausiblen Modells für Ätiologie und Therapie des Zwanges läßt sich der Patient darauf ein, auf die für ihn sichere Vermeidung zu verzichten; er konfrontiert sich mit den Auslösern seiner Ängste und Zwänge und er *erlebt* (auf der Verhaltens-, auf der kognitiven und physiologischen Ebene), daß das neue Verhalten langfristig

156

gesehen zielführender ist. Über die dabei ablaufenden Mikroprozesse der Veränderung wissen wir noch sehr wenig (vgl. Marks, 1987). Ein gewisses Verständnis bringen uns sicherlich Konzepte und Theorien der Allgemeinen Psychologie (z. B. Löschungs- und Habituationsprozesse; Prozesse der kognitiven Umstrukturierung usw.). Zur weiteren Analyse solcher Detailprozesse erscheinen Einzelfallanalysen im höchsten Maße brauchbar; dies soll nicht verkennen, daß gerade mit Einzelfall-Analysen ebenfalls große forschungsmethodologische Probleme verbunden sind. Das Argument bezieht sich in erster Linie auf die in Einzelfall- Analysen optimalen Verknüpfungsmöglichkeiten von Erfordernissen der Praxis und der Forschung.

Anhang

In diesem Anhang werden drei sehr gebräuchliche Instrumente zur praktischen Erfassung von Zwängen dargestellt; die einzelnen Skalen eignen sich sowohl für Forschungszwecke als auch zur Handhabung durch den Praktiker. Es muß darauf hingewiesen werden, daß die drei Meßinstrumente bisher lediglich *übersetzt* worden sind. Eine Prüfung der psychometrischen Gütekriterien für den deutschen Sprachraum steht noch aus.

Das gebräuchlichste Instrument zur Bestimmung von Ausprägung und Art von Zwängen bildet das Maudsley-Obsessional-Compulsive Inventory (MOC) von Hodgson & Rachman (1977)*. Speziell wegen seiner Kürze bietet sich das MOC zum Screening bei Zwangs-Patienten besonders an. Das Verfahren wurde von den Autoren einer Faktorenanalyse unterzogen, die folgende vier Faktoren ergab:

- Waschen/Reinigen

- Kontrollieren

- Langsamkeit

- Zweifeln.

Eine Aufschlüsselung der einzelnen Items nach diesen Faktoren erscheint wenig sinnvoll, solange für die deutschsprachige Fassung keine Gütekriterien vorliegen. Das MOC und das LOI (s. unten) wurden in den Anhang übernommen, weil das Buch von Kallinke et al. (1979) seit langem vergriffen ist.

Maudsley Zwangsinventar (MOC)

Ray Hodgson und Stanley Rachman

Bitte beantworten Sie jede Frage, indem Sie hinter jeder Aussage um „Richtig" oder „Falsch" einen Kreis machen.

Es gibt keine richtigen oder falschen Antworten und keine Fangfragen. Arbeiten Sie zügig und denken Sie nicht zu lange über die genaue Bedeutung jeder Aussage nach.

---

* Das MOC wurde von Frau Dr. Barbara Kulick übersetzt und ist mit freundlicher Genehmigung des Verlages Urban & Schwarzenberg dem Buch von D. Kallinke, R. Lutz und R. Ramsay, Die Behandlung von Zwängen, München 1979, entnommen (Original siehe Literatur- Verzeichnis).

1. Ich vermeide es, öffentliche Telefone wegen möglicher Beschmutzung zu benutzen   R   F
2. Häufig kommen mir scheußliche Gedanken in den Kopf, und ich finde es schwierig, sie wieder loszuwerden   R   F
3. Mir liegt mehr an Ehrlichkeit als den meisten Leuten   R   F
4. Ich verspäte mich häufig, da ich anscheinend mit nichts rechtzeitig fertigwerden kann   R   F
5. Ich mache mir nicht übermäßig Gedanken um Ansteckung, wenn ich ein Tier anfasse   R   F
6. Häufig muß ich Dinge (z. B. Gas- oder Wasserhahn, Türen, usw.) mehrmals kontrollieren   R   F
7. Ich habe ein sehr strenges Gewissen   R   F
8. Ich stelle fest, daß ich fast jeden Tag durch unangenehme Gedanken, die mir gegen meinen Willen in den Sinn kommen, beunruhigt werde   R   F
9. Es macht mir nicht übermäßig viel aus wenn ich zufällig mit jemanden zusammenstoße   R   F
10. Gewöhnlich habe ich ernstliche Zweifel wegen einfacher alltäglicher Dinge, die ich tue   R   F
11. Keiner meiner beiden Eltern war während meiner Kindheit sehr streng mit mir   R   F
12. Ich neige dazu, mit meiner Arbeit in Verzug zu geraten, da ich Dinge immer und immer wiederhole   R   F
13. Ich verbrauche nur eine durchschnittliche Menge an Seife   R   F
14. Es gibt einige Zahlen, die äußerst unglücksbringend sind   R   F
15. Ich kontrolliere Briefe nicht mehrfach, bevor ich sie in den Briefkasten werfe   R   F
16. Ich brauche nicht lange, um mich morgens anzukleiden   R   F
17. Ich bin nicht übertrieben um Sauberkeit bemüht   R   F
18. Eines meiner Hauptprobleme ist, daß ich zu sehr auf Einzelheiten achte   R   F
19. Ich kann sauber gepflegte Toiletten ohne Zögern benutzen   R   F
20. Mein Hauptproblem ist wiederholtes Kontrollieren   R   F
21. Ich bin nicht übermäßig um Krankheitskeime und Krankheiten besorgt   R   F
22. Ich neige nicht dazu, Dinge mehr als einmal zu kontrollieren   R   F
23. Ich halte mich nicht an eine strikte Routine, wenn ich alltägliche Dinge erledige   R   F
24. Meine Hände fühlen sich nicht schmutzig an, nachdem ich Geld angefaßt habe   R   F
25. Gewöhnlich zähle ich nicht, während ich eine Routinetätigkeit verrichte   R   F
26. Ich brauche ziemlich lange, um morgens mit dem Waschen fertig zu werden   R   F

27. Ich verbrauche keine größeren Mengen an Desinfektionsmitteln	R	F
28. Ich verbringe täglich eine Menge Zeit damit, Dinge immer wieder zu kontrollieren	R	F
29. Das Aufhängen und Zusammenfalten meiner Kleidung am Abend nimmt nicht viel Zeit in Anspruch	R	F
30. Sogar wenn ich etwas sehr sorgfältig tue, habe ich oft das Gefühl, daß es nicht ganz in Ordnung ist	R	F

Das zweite Verfahren ist das Leyton Obsessional Inventory (LOI) von Cooper (1970)*. Es wird hier in etwas vereinfachter Form dargestellt, in der die 69 Fragen mit ja/nein zu beantworten sind. Das LOI bildet insofern eine sehr brauchbare *Ergänzung* zum MOC, weil die einzelnen Fragen stärker auf ein Screening zwanghafter Problematik ausgerichtet sind; zum zweiten wird beim LOI stärker auf gedankliche Prozesse Bezug genommen.

Leyton Obsessional Inventory (LOI)

I. Cooper

Bitte beantworten Sie jede Frage, indem Sie hinter jeder Frage um „Ja" oder „Nein" einen Kreis machen.

1. Sind Sie oft innerlich gezwungen, gewisse Dinge zu tun, obwohl Ihr Verstand sagt, daß sie nicht nötig sind?	Ja	Nein
2. Gehen Ihnen unangenehme und erschreckende Gedanken und Worte immer und immer wieder durch den Sinn?	Ja	Nein
3. Haben Sie jemals die beständige Vorstellung gehabt, daß Ihre Kinder oder Ihr Mann einen Unfall gehabt hätten oder daß Ihnen sonst etwas zugestoßen sei?	Ja	Nein
4. Sind Sie jemals von gewissen Gedanken oder Ideen beunruhigt worden, daß Sie sich selbst oder anderen Personen Ihrer Familie Schaden zufügen könnten? Gedanken, die kommen oder gehen, ohne einen bestimmten Grund?	Ja	Nein

---

* Das LOI wurde von Herrn P. Klaws übersetzt und ist mit freundlicher Genehmigung des Verlages Urban & Schwarzenberg dem Buch von D. Kallinke, R. Lutz und R. Ramsay, Die Behandlung von Zwängen, München 1979, entnommen (Original siehe Literatur-Verzeichnis).

160

5. Müssen Sie oft Dinge einige Male kontrollieren   Ja   Nein
6. Müssen Sie immer kontrollieren, ob Gas- oder   Ja   Nein
Wasserhähne oder Lichtschalter aus sind, nach-
dem Sie sie schon ausgeschaltet haben?
7. Müssen Sie immer zurückgehen und Türen,   Ja   Nein
Schränke oder Fenster kontrollieren, um
sicher zu gehen, daß sie wirklich geschlossen
sind?
8. Hassen Sie Schmutz und schmutzige Sachen?   Ja   Nein
9. Empfinden Sie immer, daß, wenn jemand etwas   Ja   Nein
benützt, berührt oder gestoßen hat, dieses
in gewisser Weise für Sie verdorben ist?
10. Gefällt es Ihnen nicht, wenn Sie gegen Leute   Ja   Nein
geschoben werden oder in irgendeiner Weise
berührt werden?
11. Finden Sie, daß sogar der leichteste Kontakt   Ja   Nein
mit körperlichen Ausscheidungen (wie Schweiß,
Speichel, Urin usw.) unangenehm oder gefährlich ist, oder imstande, Ihre Kleider oder
Sachen zu verunreinigen?
12. Macht es Ihnen Sorgen, wenn Sie einen Tag ver-   Ja   Nein
bringen, ohne Ihren Darm zu entleeren?
13. Werden Sie immer von dem Gedanken an Nägel,   Ja   Nein
Haare oder Nadeln beunruhigt, die herumliegen
könnten?
14. Machen Sie sich Sorgen über Haushaltssachen,   Ja   Nein
die zerbröckeln oder zersplittern könnten,
wenn sie angestoßen oder zerbrochen werden?
15. Bringt Sie der Anblick von Messern, Hämmern,   Ja   Nein
Beilen oder anderen möglicherweise gefähr-
lichen Dingen bei sich zu Hause aus der
Fassung oder macht Sie nervös?
16. Tendieren Sie dazu, ein bißchen besorgt um per-   Ja   Nein
sönliche Sauberkeit und Ordentlichkeit zu sein?
17. Sind Sie übertrieben im Sauberhalten Ihrer   Ja   Nein
Hände?
18. Waschen und bügeln Sie Sachen immer, wenn sie   Ja   Nein
offensichtlich noch nicht schmutzig sind, um
sie besonders sauber und frisch zu halten?
19. Sorgen Sie dafür, daß die Sachen, die Sie   Ja   Nein
tragen, immer sauber und gepflegt sind, was
immer Sie tun?
20. Legen Sie Ihre persönlichen Eigentümer gerne   Ja   Nein
an geregelte Plätze oder in bestimmte Muster?
21. Tragen Sie sehr dafür Sorge, Ihre Kleider   Ja   Nein
abends aufzuhängen oder zu falten?
22. Sind Sie sehr genau darin, das Haus immer   Ja   Nein
sauber und ordentlich zu halten?

23. Können Sie es nicht leiden, wenn ein Raum für nur kurze Zeit unordentlich und nicht ganz sauber ist?   Ja   Nein

24. Werden Sie manchmal böse, wenn Kinder Ihre schön sauberen und ordentlichen Räume verderben?   Ja   Nein

25. Möchten Sie, daß Möbel und Zierrat immer exakt am selben Platz stehen?   Ja   Nein

26. Haben Ihre Stühle Kissen, die Sie gern immer am genau gleichen Platz halten?   Ja   Nein

27. Wenn Sie auf dem Fußboden oder auf Möbeln Stäubchen oder Flecken bemerken, müssen Sie diese dann sofort beseitigen, bevor es wieder fällig ist zu putzen?   Ja   Nein

28. Säubern oder stauben Sie die Räume ab, die gar nicht genug Zeit hatten, um schmutzig zu werden, nur um sicher zu gehen, daß sie wirklich sauber sind?   Ja   Nein

29. Müssen Sie Dinge immer einige Male abstauben, wischen oder waschen, um sicher zu gehen, daß sie wirklich sauber sind?   Ja   Nein

30. Müssen Sie sich an genaue Tischzeiten oder Routinen halten, um alltägliche Dinge zu tun?   Ja   Nein

31. Müssen Sie immer eine bestimmte Ordnung einhalten zum Ausziehen, Anziehen, Waschen oder Baden?   Ja   Nein

32. Werden Sie ziemlich nervös, wenn Sie ihre Hausarbeit nicht zu festgelegten Zeiten oder in einer bestimmten Ordnung machen können?   Ja   Nein

33. Müssen Sie immer Dinge eine gewisse Anzahl von Malen wieder tun, bevor sie ganz richtig sind?   Ja   Nein

34. Müssen Sie manchmal Dinge einige Male zählen oder sich Zahlen durch den Kopf gehen lassen?   Ja   Nein

35. Kommen Sie manchmal mit der Hausarbeit nicht nach, weil Sie etwas einige Male wiederholen müssen?   Ja   Nein

36. Sind Sie ein Mensch, der manchmal bei ganz alltäglichen Dingen ein Schuldgefühl hat?   Ja   Nein

37. Gehören Sie zu der Sorte von Menschen, die Kleinigkeiten sehr viel Aufmerksamkeit zollen müssen?   Ja   Nein

38. Sind Sie manchmal überbewußt oder sehr genau mit sich?   Ja   Nein

39. Verschwenden Sie manchmal Ihre Zeit damit, eine Sache gründlicher zu machen, als es wirklich notwendig ist, nur um zu sehen, daß sie wirklich beendet ist?   Ja   Nein

40. Fühlen Sie oft, selbst wenn Sie etwas sorgfältig getan haben, daß es irgendwie nicht ganz richtig oder fertig ist?   Ja   Nein

41. Fühlen Sie sich unsicher und schuldig, wenn es   Ja   Nein
Ihnen nicht möglich war, etwas so exakt zu
tun, wie Sie es sich gewünscht hatten?

42. Gelingt es Ihnen meistens nicht, Dinge richtig   Ja   Nein
zu erklären, obwohl Sie sich vorher genau
überlegt haben, was Sie sagen wollen?

43. Haben Sie Schwierigkeiten, sich zu entschließen?   Ja   Nein

44. Müssen Sie immer wieder lange Zeit über Dinge   Ja   Nein
nachdenken, bevor Sie in der Lage sind, zu be-
schließen, was zu tun ist?

45. Stellen Sie sich selbst Fragen oder haben Sie   Ja   Nein
Zweifel über viele Dinge, die Sie tun?

46. Gibt es irgendwelche besonderen Dinge, die Sie   Ja   Nein
versuchen fernzuhalten oder die Sie vermeiden
zu tun, weil Sie wissen, daß sie Sie aus der
Fassung bringen können?

47. Empfinden Sie es als schwer, Dinge wegzuwerfen?   Ja   Nein

48. Behalten Sie ziemlich viel alte Papiertaschen,   Ja   Nein
Schachteln, alte Zeitungen oder leere Dosen
für den Fall, daß sie eines Tages nützlich sein
könnten?

49. Wächst Ihr Vorrat an Seife, Waschmitteln oder   Ja   Nein
Reinigungsmitteln manchmal an, weil Sie mehr
kaufen als Sie im Moment benutzen können?

50. Betrachten Sie Reinlichkeit als eine Tugend   Ja   Nein
in sich selbst?

51. Haben Sie mehr Spaß daran, Geld zu sparen als   Ja   Nein
es auszugeben?

52. Gehen Sie mit Geld sparsamer um als die meisten   Ja   Nein
Leute, die Sie kennen?

53. Führen Sie regelmäßig Buch über das Geld, das   Ja   Nein
Sie täglich ausgeben?

54. Schauen Sie gewöhnlich auf die düstere Seite   Ja   Nein
von Dingen?

55. Gehen Ihnen oft Leute auf die Nerven und irri-   Ja   Nein
tieren Sie?

56. Wenn Sie etwas kritisch gegenüberstehen, sagen   Ja   Nein
Sie dann gewöhnlich, was Sie denken?

57. Werden Sie ärgerlich oder durcheinander, wenn   Ja   Nein
Leute Dinge nicht sorgfältig oder korrekt tun?

58. Versuchen Sie Veränderungen in Ihrem Haus, Ihrer   Ja   Nein
Arbeit oder in der Art, wie Sie Dinge tun, zu
vermeiden?

59. Versuchen Sie zu vermeiden, Ihre Absicht zu   Ja   Nein
ändern, wenn Sie einmal eine Entscheidung
getroffen haben?

60. Sind Sie ein Mensch, der gerne an Prinzipien   Ja   Nein
und Entscheidungen festhält, wie auch immer

Widerstand oder die Schwierigkeiten sein
möchten?

61. Sind Sie stolz darauf, über Dinge sorgfältig   Ja   Nein
   nachzudenken, bevor Sie Entscheidungen treffen?
62. Glauben Sie, daß regelmäßiger täglicher Stuhl-   Ja   Nein
   gang wichtig für Ihre Gesundheit ist?
63. Werden Sie oft von dem Gedanken erschreckt, Sie   Ja   Nein
   könnten eine ernste Krankheit oder Krebs ent-
   wickeln?
64. Sind Sie in Ihrem täglichen Leben sehr syste-   Ja   Nein
   matisch und methodisch?
65. Haben Sie es gerne, wenn Dinge genau richtig   Ja   Nein
   werden bis ins kleinste Detail?
66. Glauben Sie, daß es wichtig ist, Regeln und   Ja   Nein
   Verordnungen genau zu befolgen?
67. Haben Sie es gern, geregelte Zeiten oder   Ja   Nein
   Ordnungen zu haben, um Ihren Haushalt zu er-
   ledigen?
68. Kommen Sie manchmal zu spät, weil Sie an-   Ja   Nein
   scheinend mit allem nicht rechtzeitig fertig
   werden konnten?
69. Wenn Sie einen Zug bekommen oder eine wichtige   Ja   Nein
   Verabredung einhalten müssen, müssen Sie dann
   vorher bis in Detail planen, wie Sie es tun
   müssen?

Im letzten Teil des Anhanges wird beispielhaft eine Rating-Skala zur Erfassung von Zwangs-Handlungen und Zwangs-Gedanken angeführt; solche Skalen werden von Forschungs- und Praxiseinrichtungen, die sich mit der Behandlung von Zwängen beschäftigen, üblicherweise eigenständig entwickelt und zur Erfassung der Zwangsproblematik herangezogen. Die Skalen eignen sich insbesondere zur diagnostischen Erfassung und Quantifizierung sowie zur Verlaufsmessung und Evaluation von Therapien bei Zwängen.

Die folgende Skala lehnt sich an eine Vorlage von Kozak, Foa und McCarthy (1988) an; sie wurde vom Autor auf die deutschsprachige Situation übertragen und adaptiert.

Rating-Skala zur Erfassung von Zwangs-Handlungen und Zwangs- Gedanken

A: Bitte beschreiben Sie kurz Ihre drei größten Ängste/Befürchtungen:

1. Meine größte Angst ist ...
   (z. B. ein von mir verursachter Brand)
2. Meine zweitgrößte Angst ist ...
   (z. B. Infektion durch eine ansteckende Krankheit)
3. Meine drittgrößte Angst ist ...
   (z. B. Unordnung verursacht zu haben)

Geben Sie bitte für jede Ihrer Ängste an, wie stark Sie diese Angst beunruhigt; benutzen Sie dabei folgende Skala von 0 bis 10:

0 — 1	2 — 3	4 — 5	6 — 7	8 — 9	10
beunruhigt mich überhaupt nicht	beunruhigt mich manchmal	beunruhigt mich häufig	beunruhigt mich stark und häufig	beunruhigt mich stark und sehr	beunruhigt mich äußerst stark und häufig andauernd

B: Bitte geben Sie an, in welchem Ausmaß Sie die obigen Angst- Situationen zu *vermeiden* versuchen:

1. Vermeidung der am meisten gefürchteten Situation durch ...
   (z. B. Verlassen des Hauses in Begleitung des Partners)
2. Vermeidung der am zweitstärksten gefürchteten Situation durch ...
   (z. B. kein Kontakt mit schmutzigen Personen oder Gegenständen)
3. Vermeidung der am drittstärksten gefürchteten Situation durch ...
   (z. B. Schmutz und Schreibtisch nicht berühren ...)

Geben Sie auch für diese Situationen an, in welchem Ausmaß Sie zur Vermeidung neigen; benutzen Sie dabei folgende Skala von 0 bis 10:

0 — 1	2 — 3	4 — 5	6 — 7	8 — 9	10
Diese Situation vermeide ich nie	Bei dieser Situation zögere ich, aber ich vermeide sie nicht	Diese Situation vermeide ich manchmal	Diese Situation vermeide ich häufig	Diese Situation vermeide ich sehr häufig	Diese Situation vermeide ich immer

C: Geben Sie bitte an, welche ritualistischen Verhaltensweisen bzw. Gedanken Sie durchführen, wenn Sie mit einer der gefürchteten Situationen konfrontiert sind:

1. Rituale/Gedanken bei den größten Ängsten ...
   (z.B. häufiges Grübeln, Kontrolle von Licht, Gasherd usw.)
2. Rituale/Gedanken bei den zweitgrößten Ängsten ...
   (z.B. Waschen, Duschen, Desinfektion usw.)
3. Rituale/Gedanken bei den drittgrößten Ängsten ...
   (z.B. häufiges Ordnen, Nachprüfen, gedankliche Beschäftigung usw.)

Versuchen Sie nun bitte einen Vergleich der Häufigkeiten Ihrer Rituale und Gedanken mit dem Durchschnitt bei anderen Menschen; benutzen Sie dazu wieder eine Skala von 0 bis 10:

Verglichen mit anderen Menschen sind meine Rituale und Gedanken:

0 — 1	2 — 3	4 — 5	6 — 7	8 — 9	10
gleich häufig	ca. doppelt so häufig (lang dauernd)	ca. 4× so häufig (lang auernd)	ca. 6× so häufig (lang dauernd)	ca. 8× so häufig (lang dauernd)	mind. 10× so häufig bzw. 10× so lang dauernd

Anmerkung

In den Rating Skalen wurden sowohl für Ängste als auch für Vermeidungsstrategien und Rituale jeweils *Beispiele* angegeben; diese Beispiele bilden für den Patienten lediglich Anhaltspunkte für die Schilderung der eigenen Probleme.

Literaturverzeichnis

Abel, J. L. (1993). Exposure with response prevention and serotonergic antidepressants in the treatment of obsessive-compulsive disorder: A review and implications for interdisciplinary treatment. Behaviour Research and Therapy, 31, 463–478.

Akhtar, S., Wig, N. H., Verma, V. K., Pershod, D. & Verma, S. K. (1975): A phenomenological analysis of symptoms in obsessive-compulsive neuroses. British Journal of Psychiatry, 127, 342–348.

American Psychiatric Association (Eds.) (1987). Diagnostic and Statistical Manual of Mental Disorders, Third Edition Revised (DSM III-R). Washington, D. C., American Psychiatric Press (dt. 1989; Beltz: Weinheim).

Ananth, J. (1976). Treatment of obsessive-compulsive neurosis: Pharmacological approach. Psychosomatics, 17, 180–184.

Ananth, J. (1985). Pharmacotherapy of Obsessive-Compulsive Disorder. In M. R. Mavissakalian, S. M. Turner & L. Michelson (Eds.), Obsessive-compulsive disorder: Psychological and pharmacological treatment. New York: Plenum Press.

Ananth, J. (1986). Clomipramine: An antiobsessive drug. Canadian Journal of Psychiatry, 31, 253–258.

Ananth, J., Pecknold, J. C., van den Steen, N. & Engelsmann, F. (1981). Double-blind comparative study of clomipramine and amitryptiline in obsessive neurosis. Progress in Neuropsychopharmacology and Biological Psychiatry, 5, 257–262.

Arts, W., Hoogduin, K., Schaap, K. & de Haan, E. (1993). Do patients suffering from obsessions alone differ from other obsessive-compulsives? Behaviour Research and Therapy, 31, 119–123.

Ascher, L. M. (Ed.) (1989). Therapeutic Paradox. New York: Guilford Press.

Baer, L. (1993). Alles unter Kontrolle: Zwangsgedanken und Zwangshandlungen überwinden. Aus dem Engl. übersetzt von M. Wengenroth. Bern, H. Huber (Orig. 1991).

Baer, L. & Minichiello, W. E. (1986). Behavior therapy for Obsessive-Compulsive disorder. In M. A. Jenike, L. Baer & W. E. Minichiello (Eds.), Obsessive-Compulsive Disorders. Theory and Management. Littleton, Mass.: PSG Publishing Company.

Baer, L. & Jenike, M. (1986). Introduction. In M. Jenike, L. Baer & W. Minichiello (Eds.), Obsessive Compulsive Disorders. Theory and Management. Littleton, Mass.: PSG Publishing Company.

v. Balkom, A. J. L. M., v. Oppen, P., Vermeulen, A. W. A., Nauta, M. M. C., Vorst, H. C. M. & v. Dyck, R. (1993). A meta-analysis on the treatment of obsessive-compulsive disorder. A comparison of antidepressants, behavior and cognitive therapy. Paper presented at the 23rd European Congress on Behavorial and Cognitive Therapies. London.

Bandura, A. (1969). Principles of behavior modification. New York: Holt.

Baumann, U. & Perrez, M. (Hrsg.) (1990). Lehrbuch Klinische Psychologie, Band 1: Grundlagen, Diagnostik, Ätiologie. Bern: H. Huber.

Beck, A. T. & Emery, G. (1985). Anxiety disorders and phobias: A cognitive perspective. New York: Basic Books.

Beck, A. T. & Freeman, A. (1990). Obsessive-compulsive personality disorder. In A. T. Beck & A. Freeman, Cognitive therapy of personality disorders. New York: Guilford Press.

Beech, H. R. (Ed.) (1974). Obsessional States. London: Methuen.

Beech, H. R. & Perigault, J. (1974). Toward a theory of obsessional disorder. In H. R. Beech (Ed.), Obsessional States. London: Methuen.

Beech, H. R. & Vaughan, M. (1978). Behavioral treatment of obsessional states. New York: J. Wiley.

Beidel, D. C. & Turner, S. M. (1986). A critique of the theoretical bases of cognitive-behavioral theories and therapy. Clinical Psychological Review, 6, 177-197.

Black, A. (1974). The natural history of obsessional neurosis. In H. R. Beech (Ed.), Obsessional States. London: Methuen.

Black, D. W. & Noyes, R. (1990). Comorbidity and obsessive-compulsive disorder. In J. D. Maser & C. R. Cloninger (Eds.), Comorbidity of mood and anxiety disorders. Washington, D. C.: American Psychiatric Press.

Boone, K. B., Ananth, J., Philpott, L., Kaur, A. & Djenderedjian, A. (1991). Neuropsychological characteristics of nondepressed adults with obsessive-compulsive disorder. Neuropsychiatry, Neuropsychology, and Behavioral Neurology, 4, 96-109.

Bower, G. H. (1981). Mood and memory. American Psychologist, 36, 129-148.

Brown, F. (1942). Heredity in the psychoneuroses. Proceedings of the Royal Society of Medicine, 35, 785-790.

Bühringer, G. & Hahlweg, K. (1986). Kosten–Nutzen-Aspekte psychologischer Behandlung. Psychologiche Rundschau, 37, 1-19.

Bunge, M. (1967). Scientific Research I, II. Berlin: Springer.

Carey, G. & Gottesman, I. I. (1981). Twin and family studies of anxiety, phobic, and obsessive disorders. In D. F. Klein & J. Rabkin (Eds.), Anxiety: New research and changing concepts. New York: Raven Press.

Carey, G., Gottesman, I. I. & Robins, E. (1980). Prevalence rates for the neuroses: Pitfalls in the evaluation of familiarity. Psychological Medicine, 10, 437-443.

Carr, A. (1974). Compulsive neurosis: A review of the literature. Psychological Bulletin, 81, 311-318.

Cawley, R. H. (1974). Psychotherapy and obsessional disorders. In H. R. Beech (Ed.), Obsessional states. London: Methuen.

Christensen, H., Hadzi-Pavlovic, D., Andrews, G. & Mattick, R. (1987). Behavior Therapy and Tricyclic Medication in the Treatment of Obsessive- Compulsive Disorder: A Quantitative Review. Journal of Consulting and Clinical Psychology, 55, 701-711.

Clark, D. M., Ball, S. & Pape, D. (1991). An experimental investigation of thought suppression. Behaviour Research and Therapy, 29, 253-257.

Coates, T. J. & Thoresen, C. E. (1982). Endlich wieder schlafen können: Ein Selbsthilfeprogramm. Salzburg: O. Müller.

Cobb, J. P., Mc Donald, R., Marks, I. M. & Stern, R. S. (1980). Psychological treatments of coexisting marital and phobic-obsessive problems. Behavior Analysis and Modification, 4, 3–16.

Conway, M., Howell, A. & Giannopoulos, C. (1991). Dysphoria and thought suppression. Cognitive Therapy and Research, 15, 153–166.

Cooper, I. (1970). The Leyton Obsessional Inventory. Psychological Medicine, 1, 48–64.

Coreyll, W. (1981). Obsessive-compulsive disorder and primary unipolar depression. Journal of Nervous and Mental Disorders, 169, 220–224.

Crombach, G. (1991). Die Behandlung von Zwängen aus der Sicht der psychiatrischen Praxis. Psychomed, 3, 235–238.

Demal, U., Lenz, G., Mayrhofer, A., Zapotoczky, H.-G. & Zitterl, W. (1992). Zwangskrankheit und Depression: Retrospektive Untersuchung über den Langzeitverlauf. Verhaltensmodifikation und Verhaltensmedizin, 13, 71–85.

de Silva, P. (1986). Obsessional-compulsive imagery. Behaviour Research and Therapy, 24, 333–350.

de Silva, P. (1987). Obsessions and Compulsions: Investigation. / Treatment. In S. Lindsay & G. Powell (Eds.). A handbook of clinical adult psychopathology. Gower: Aldershot.

de Silva, P. & Rachman, S. (1992). Obsessive-compulsive disorder: The facts. Oxford: Oxford University Press.

de Silva, P., Rachman, S. J. & Seligman, M. E. P. (1977). Prepared phobias and obsessions: Therapeutic outcome. Behaviour Research and Therapy, 15, 54–77.

Dollard, J. & Miller, N. (1950). Personality and Psychotherapy: An analysis in terms of learning, thinking and culture. New York: Mc Graw Hill.

Ecker, W. (1991). Probleme der Verhaltenstherapie von Zwängen im stationären Setting. Psychomed, 3, 239–246.

Ecker, W. & Bruch, M. H. (1989). Verhaltenstherapeutische Behandlung einer chronifizierten Zwangsneurose und Sozialphobie. Verhaltensmodifikation und Verhaltensmedizin, 10, 213–238.

Ecker, W. & Dehmlow, A. (1994). Der Einfluß von Persönlichkeitsstörungen auf die Verhaltenstherapie von Zwängen. Praxis der Klinischen Verhaltensmedizin und Rehabilitation, 7, 23–31.

Edwards, S. & Dickerson, M. (1987). Intrusive unwanted thoughts: A two stage model of control. British Journal of Medical Psychology, 60, 317–328.

Emmelkamp, P. M. G. (1982). Phobic and obsessive-compulsive disorders. Theory, research, and practice. New York: Plenum Press.

Emmelkamp, P. M. G. (1986). Behavior Therapy with Adults. In S. L. Garfield & A. E. Bergin (Eds.), Handbook of Psychotherapy and Behavior Change. New York: J. Wiley (3rd Ed.).

Emmelkamp, P. M. G. (1987). Obsessive-compulsive disorders. In L. Michelson & L. M. Ascher (Eds.), Anxiety and stress disorders. New York: Guilford Press.

Emmelkamp, P. M. G. & Beens, H. (1991). Cognitive therapy with obsessive-compulsive disorder: A comparative evaluation. Behaviour Research and Therapy, 29, 293–300.

Emmelkamp, P. M. G. & de Lange, I. (1983). Spouse involvement in the treatment of obsessive-compulsive patients. Behaviour Research and Therapy, 21, 341–346.

Emmelkamp, P. M. G., Hoekstra, R. J. & Visser, S. (1985). The behavioral treatment of obsessive-compulsive disorder: Prediction of outcome at 3.5 years follow-up. In H. D. Brenner (Ed.), Psychiatry: The state of the art (Vol. 4). New York: Plenum Press.

Emmelkamp, P. M. G. & Rabbie, D. (1981). Psychological treatment of obsessive-compulsive disorder. A follow-up 4 years after treatment. In B. Jansson, C. Perries & G. Struwe (Eds.), Biological Psychiatry. Amsterdam: Elsevier.

Emmelkamp, P. M. G., Visser, S. & Hoekstra, R. J. (1988). Cognitive therapy vs. exposure in vivo in the treatment of obsessive-compulsives. Cognitive Therapy and Research, 12, 103–114.

Erlbeck, R. & Gokeler, R. (1993). Zwangsstörungen. Eine empirische Studie an einer klinischen Stichprobe. Diplomarbeit, Universität Bamberg.

Espie, C. A. (1986). The group treatment of obsessive-compulsive ritualizers: Behavioural management of identified patterns of relapse. Behavioural Psychotherapy, 14, 21–33.

Esquirol, J. E. D. (1938). Des maladies mentales. Paris: Lafayette.

Fahy, T. A., Osacar, A. & Marks, I. (1993). History of eating disorders in female patients with obsessive-compulsive disorder. International Journal of Eating Disorders, 14, 439–443.

Fals-Stewart, W. (1992). A dimensional analysis of the Yale-Brown Obsessive Compulsive Scale. Psychological Reports, 70, 239–240.

Feighner, J. P., Robins, E., Guze, S. B., Woodruff, R. A., Winokur, G. & Munoz, R. (1972). Diagnostic criteria for use in psychiatric research. Archives of General Psychiatry, 26, 57–63.

Feldhege, F. & Krauthan, G. (1979). Verhaltenstrainingsprogramm zum Aufbau sozialer Kompetenzen. Berlin: Springer.

Fichter, M. (Ed.) (1990). Bulimia Nervosa: Basic Research, diagnosis and therapy. Cinchester: J. Wiley.

Fiedler, P. (1994). Persönlichkeitsstörungen. In H. Reinecker (Hrsg.), Lehrbuch der Klinischen Psychologie, 2. Aufl. Göttingen: Hogrefe.

Fiegenbaum, W. (1986). Agoraphobie – Theoretische Konzepte und Behandlungsmethoden. Wiesbaden: Vieweg.

Filipp, S. H. (Hrsg.) (1981). Kritische Lebensereignisse. München: Urban & Schwarzenberg.

Fineberg, N. A., Bullock, T., Montgomery, D. B. & Montgomery, S. A. (1992). Serotonine reuptake inhibitors are the treatment of choice in obsessive compulsive disorder. International Clinical Psychopharmacology, 7, 43–47.

Flament, M. & Rapoport, J. L. (1984). Childhood Obsessive-Compulsive Disorder. In T. R. Insel (Ed.), Obsessive-Compulsive Disorder. Washington, D. C.: American Psychiatric Press.

Flament, M. F., Whitaker, A., Rapoport, J. L., Davies, M., Berg, C. Z., Kalikow, K., Sceery, W. & Shaffer, D. (1988). Obsessive Compulsive Disorder in Adolescence: An Epidemiological Study. Journal of the American Academy of Child and Adolescent Psychiatry, 27, 764–771.

Foa, E. B. (1979). Failures in treating obsessive compulsives. Behaviour Research and Therapy, 17, 169–176.

Foa, E. B. & Emmelkamp, P. M. G. (Eds.) (1983). Failures in Behavior Therapy. New York: Wiley.

Foa, E. B. & Goldstein, A. P. (1978). Continuous exposure and complete response prevention in the treatment of obsessive-compulsive neurosis. Behavior Therapy, 9, 821–829.

Foa, E. B., Grayson, J. B., Steketee, G. S., Doppelt, H. G., Turner, R. M. & Latimer, P. R. (1983). Success and failure in the behavioral treatment of obsessive-compulsives. Journal of Consulting and Clinical Psychology, 51, 287–297.

Foa, E. B., Ilai, D., McCarthy, P. R., Shoyer, B. & Murdock, T. (1993). Information processing in obsessive-compulsive disorder. Cognitive Therapy and Research, 17, 173–189.

Foa, E. B. & Kozak, M. J. (1986). Emotional processing of fear: Exposure to corrective information. Psychological Bulletin, 99, 20–35.

Foa, E. B. & Steketee, G. S. (1979). Obsessive-Compulsives: Conceptual issues and treatment interventions. In M. Hersen, R. M. Eisler & P. M. Miller (Eds.), Progress in behavior modification (Vol. 8). New York: Academic Press.

Foa, E. B., Steketee, G. S. & Grayson, J. B. (1985). Imaginal and in vivo exposure: A comparison with compulsive checkers. Behavior Therapy, 16, 292–302.

Foa, E. B., Steketee, G., Grayson, J. B. & Doppelt, H. G. (1983). Treatment of Obsessive-Compulsives: When do we fail? In E. B. Foa & P. M. G. Emmelkamp (Eds.), Failures in Behavior Therapy. New York: J. Wiley.

Foa, E. B., Steketee, G., Grayson, J. B., Turner, R. M. & Latimer, P. R. (1984). Deliberate exposure and blocking of obsessive-compulsive rituals: Immediate and long-term effects. Behavior Therapy, 15, 450–472.

Foa, E. B., Steketee, G. S. & Ozarow, B. J. (1985). Behavior Therapy with obsessive-compulsives: From theory to treatment. In M. Mavissakalian, S. M. Turner & L. Michelson (Eds.), Obsessive-compulsive disorders. New York: Plenum Press.

Foa, E. B. & Tillmanns, A. (1980). The treatment of obsessive-compulsive neurosis. In A. Goldstein & E. B. Foa (Eds.), Handbook of behavioral interventions. New York: J. Wiley.

Frank, J. D. (1985). Die Heiler. Über psychotherapeutische Wirkungsweisen vom Schamanismus bis zu den modernen Therapien. Stuttgart: Klett.

Freeman, C. P. (1992). What is obsessive compulsive disorder? The clinical syndrome and its boundaries. International Clinical Psychopharmacology, 7, 11–17.

Freeston, M. H., Ladouceur, R., Rheaume, J., Letarte, H., Gagnon, F. & Thibodeau, N. (1994). Self-report of obsessions and worry. Behaviour Research and Therapy, 32, 29–36.

Freitag, M. & Fiegenbaum, W. (1992). Die Zwangsstörung als eine Form der Angsterkrankung. Verhaltensmodifikation und Verhaltensmedizin, 13, 8–20.

Freud, S. (1925). Hemmung, Symptom und Angst. In: Gesammelte Werke, Bd. 14. Frankfurt a. M.: Fischer.

Freund, B. (1990). Magical ideation and associative intrusions in obsessive-compulsive disorder. Paper presented at the 20th Congress of the EABT, Paris.

Freund, B. & Kozak, M. (1990). Magical Ideation and associative intrusions in obsessive-compulsive disorders. Lecture presented at the 20th European Congress on Behavior Therapy. Paris.

Frost, R. O. & Sher, K. J. (1989). Checking behavior in a threatening situation. Behaviour Research and Therapy, 27, 385–389.

Frost, R. O. & Shows, D. L. (1993). The nature and measurement of compulsive indecisiveness. Behaviour Research and Therapy, 31, 683–692.

Ginsberg, G., Marks, I. M. & Waters, H. (1984). Controlled cost-benefit analysis of nurse therapy for neuroses in primary care. Psychological Medicine, 14, 683–690.

Goodman, W. K. (1992). Pharmacotherapy of Obsessive-Compulsive Disorder. In I. Hand, W. K. Goodman & U. Evers (Eds.), Obsessive-Compulsive Disorders. New Research Results. Berlin: Springer.

Goodman, W. K., McDougle, C. J. & Price, L. H. (1992). The role of serotonin and dopamine in the pathophysiology of obsessive compulsive disorder. International Clinical Psychopharmacology, 7, 35–38.

Goodman, W. K., Rasmussen, S. A., Price, L. H., Mazure, C., Heninger, G. R. & Charney, D. S. (1989). The Yale-Brown Obsessive-Compulsive Scale: Development, use, and reliability. Archives of General Psychiatry, 46, 1006–1016.

Grawe, K., Donati, R. & Bernauer, F. (1994). Psychotherapie im Wandel. Von der Konfession zur Profession. Göttingen: Hogrefe.

Gray, J. A. (1971). The psychology of fear and stress. New York: Mc Graw Hill.

Grayson, J. B., Foa, E. B. & Steketee, G. S. (1982). Habituation during exposure treatment: Distraction vs. attention focusing. Behaviour Research and Therapy, 20, 323–328.

Grayson, J. B., Foa, E. B. & Steketee, G. (1985). Obsessive-Compulsive Disorder. In M. Hersen & A. S. Bellack (Eds.), Handbook of Clinical Behavior Therapy with Adults. New York: Plenum Press.

Grayson, J. B., Foa, E. B. & Steketee, G. S. (1986). Exposure in vivo of obsessive-compulsives under distracting and attention-focusing conditions: Replication and extention. Behaviour Research and Therapy, 24, 475–479.

Green, R. C. & Pitman, R. K. (1986). Tourette Syndrome and Obsessive- Compulsive Disorder. In M. A. Jenike, L. Baer & W. E. Minichiello (Eds.), Obsessive Compulsive Disorders. Theory and Management. Littleton, Mass.: PSG Publishing Company.

Greenberg, S. L. & Safran, J. D. (1989). Emotion in psychotherapy. American Psychologist, 44, 19–29.

Greer, H. S. & Cawley, R. H. (1966). Some observations on the natural history of neurotic illness. Mervyn Archdall Medical Monographs (No. 3). Australian Medical Association.

Grimshaw, L. (1965). The outcome of obsessional disorder: A follow-up Study of 100 cases. British Journal of Psychiatry, 111, 1051–1056.

Guidano, V. F. & Liotti, G. (1983). Cognitive processes and emotional disorders. New York: Guilford Press.

Hahlweg, K., Schindler, L. & Revenstorf, D. (1982). Partnerschaftsprobleme: Diagnose und Therapie. Berlin: Springer.

Hand, I. (1988). Obsessive-compulsive patients and their families. In I. Falloon (Ed.), Handbook of behavioral family therapy. New York: Guilford Press.

Hand, I. (1990). Verhaltenstherapie bei Angsterkrankungen. In H. J. Möller (Hrsg.): Therapie psychiatrischer Erkrankungen. Stuttgart: Enke.

Hand, I. (1992). Verhaltenstherapie der Zwangsstörungen: Therapieverfahren und Ergebnisse. In I. Hand, W. K. Goodman & U. Evers (Hrsg.), Zwangsstörungen. Neue Forschungsergebnisse. Berlin: Springer.

Hand, I. & Tichatsky, M. (1979). Behavioral group therapy for Obsessions and Compulsions: First results of a pilot study. In P.-O. Sjöden, S. Bates & W. S. Dockens (Eds.), Trends in behavior therapy. New York: Academic Press.

Hand, I. & Zaworka, W. (1981). Entwicklung der Zwangsneurose über die Zeit: Ergebnisse einer „Quasi"-Längsschnittuntersuchung und deren Implikationen für die Neurosentheorie und -therapie. In U. Baumann (Hrsg.): Indikation zur Psychotherapie. Perspektiven für Praxis und Forschung. München: Urban & Schwarzenberg.

Hansen, A. M. D., Hooguin, C. A. L., Schaap, C. & de Haan, E. (1992). Do drop-outs differ from successfully treated obsessive-compulsives? Behaviour Research and Therapy, 30, 547–550.

Hautzinger, M. & de Jong, R. (1990). Depressionen. In H. Reinecker (Hrsg.): Lehrbuch der Klinischen Psychologie. Modelle psychischer Störungen. Göttingen: Hogrefe.

Herrnstein, R. J. (1969). Method and theory in the study of avoidance. Psychological Review, 76, 49–69.

Hersen, M. & Bellack, A. S. (Eds.) (1976). Behavioral assessment. A practical handbook. New York: Pergamon Press.

Hinsch & Pfingsten, U. (1983). Gruppentraining sozialer Kompetenzen. München: Urban & Schwarzenberg.

Hodgson, R. J. & Rachman, S. J. (1977). Obsessional-compulsive complaints. Behaviour Research and Therapy, 15, 389–395.

Hoffmann, N. (1990). Wenn Zwänge das Leben einengen. Mannheim: PAL-Verlag.

Hollander, E. (Ed.) (1993). Obsessive-compulsive related disorders. Washington, D. C.: American Psychiatric Press.

Howell, A. & Conway, M. (1992). Mood and the supresion of positive and negative self-referent thoughts. Cognitive Therapy and Research, 16, 535–555.

Hsu, L. K. G., Kaye, W. & Weltzin, T. (1993). Are the eating disorders related to obsessive compulsive disorder? International Journal of Eating Disorders, 14, 305–318.

Ingram, I. M. (1961). Obsessional illness in mental hospital patients. Journal of Mental Science, 197, 382–402.

Insel, T. R. (1992). Neurobiology of obsessive-compulsive disorder: A review. International Clinical Psychopharmacology, 7, 31–33.

Insel, T. R., Kallin, N. H., Guttmacher, L. B., Cohen, R. M. & Murphy, D. L. (1982). The dexamethasone suppression test in patients with primary obsessive- compulsive disorder. Psychiatry Research, 6, 153–160.

Insel, T. R. & Mueller, E. A. (1984). The psychopharmacologic treatment of obsessive-compulsive disorder. In T. R. Insel (Ed.), Obsessive-Compulsive Disorder. Washington, D. C.: American Psychiatric Press.

Insel, T. R., Mueller, E. A. & Gillin, J. C. (1984). Biological markers in obsessive-compulsive and affective disorders. Journal of Psychiatric Research, 18, 407–425.

Insel, T. R., Zahn, T. R. & Murphy, D. L. (1985). Obsessive-compulsive disorder: An anxiety disorder? In A. H. Tuma & J. D. Maser (Eds.), Anxiety and the Anxiety Disorders. Hillsdale, N. J.: L. Erlbaum.

Janet, P. (1903). Les obsessions et la psychasthenia. Paris: Baillière.

Jaspers, P. (1913). Allgemeine Psychopathologie. Berlin: Springer.

Jenike, M. A. (1986). Illnesses related to obsessive-compulsive disorder. In M. A. Jenike, L. Baer & W. E. Minichiello (Eds.), Obsessive-Compulsive Disorders. Theory and Management. Littleton, Mass.: PSG Publishing Company.

Jenike, M. A. & Asberg, M. (Eds.) (1991). Understanding obsessive-compulsive disorder (OCD). Toronto: Hogrefe & Huber Publishers.

Kallinke, D., Lutz, R. & Ramsay, R. W. (Hrsg.) (1979). Die Behandlung von Zwängen. Eine verhaltenstherapeutische Kontroverse. München: Urban & Schwarzenberg.

Kanfer, F. H. (1985). The Limitations of Animal Models in Understanding Anxiety. In A. H. Tuma & J. D. Maser (Eds.), Anxiety and the Anxiety Disorders. Hillsdal, N. J.: L. Erlbaum.

Kanfer, F. H. & Grimm, L. G. (1981). Bewerkstelligung klinischer Veränderungen: Ein Prozeßmodell der Therapie. Verhaltensmodifikation, 2, 125–132.

Kanfer, F. H., Reinecker, H. & Schmelzer, D. (1990). Selbstmanagement- Therapie. Ein Lehrbuch für die klinische Praxis. Berlin: Springer.

Kasvikis, Y. G., Tsakiris, F., Marks, I. M., Basoglu, M. & Noshirvani, H. F. (1986). Past history of anorexia nervosa in women with obsessive-compulsive disorder. International Journal of Eating Disorders, 5, 1069–1075.

Katschnig, H. (Hrsg.) (1980). Sozialer Streß und psychische Erkrankung. München: Urban & Schwarzenberg.

Kaye, W. H., Weltzin, T. E., Hsu, L. K. G., Bulik, C., McConaha, C. & Sobkiewicz, T. (1992). Patients with Anorexia Nervose have elevated scores on the Yale-Brown Obsessive-Compulsive Scale. International Journal of Eating Disorders, 12, 57–62.

Kazdin, A. E. & Wilson, G. T. (1978). Criteria for evaluating psychotherapy. Archives of General Psychiatry, 35, 407–416.

Kim, S. W., Dysken, M. W. & Katz, R. (1989). Rating scales for obsessive compulsive disorder. Psychiatric Annals, 19, 74–79.

Kimble, G. A. (1961). Hilgard and Marquis' Conditioning and Learning. New York: Appleton.

Kirk, J. W. (1983). Behavioral treatment of obsessional-compulsive patients in routine clinical practice. Behaviour Research and Therapy, 21, 57–62.

Klein, S. (1993). Zwangsstörung. Eine empirische Studie an einer klinischen Stichprobe. Teil III: Zwangsstörungen und Depressionen. Diplomarbeit, Universität Bamberg.

Klepsch, R. & Hand, I. (1992). Erfahrungen mit dem Hamburger Zwangsinventar in der computerdialogfähigen Kurzform (HZI-CK). In I. Hand, W. K. Goodman & U. Evers (Hrsg.), Zwangsstörungen. Neue Forschungsergebnisse. Berlin: Springer.

Klepsch, R., Zaworka, W., Hand, I., Lünenschloß, K. & Jauernig, G. (1992). Das Hamburger Zwangsinventar – Kurzform. Beltz: Weinheim.

Knölker, U. (1992). Zwangssymptome im Kindes- und Jugendalter. In I. Hand, W. K. Goodman & U. Evers (Hrsg.), Zwangsstörungen. Neue Forschungsergebnisse. Berlin: Springer.

Koch, U. & Wittmann, W. W. (1990). Evaluationsforschung. Bewertungsgrundlage von Sozial- und Gesundheitsprogrammen. Berlin: Springer.

Kozak, M. J. & Foa, E. B. (1990). Obsessions, overvalued ideas, and delusions in OCD. Paper presented at the 20th Congress of the EABT, Paris.

Kozak, M. J., Foa, E. B. & McCarthy, P. R. (1988). Obsessive-Compulsive Disorder. In C. G. Last & M. Hersen (Eds.), Handbook of Anxiety Disorders. New York: Pergamon Press.

Kozak, M. J., Foa, E. B. & Steketee, G. (1988). Process and outcome of exposure treatment with obsessive-compulsives: Psychophysiological indicators of emotional processing. Behavior Therapy, 19, 157–169.

Kringlen, E. (1965). Obsessional neurotics: A long-term follow-up. British Journal of Psychiatry, 111, 709–722.

Kringlen, E. (1970). Natural history of obsessional neurosis. Seminars in Psychiatry, 2, 403–419.

Lakatos, A. (1994). Kognitive Therapie bei Zwangsstörungen: Eine kontrollierte Therapiestudie. Dissertation, Bamberg.

Lakatos, A. & Reinecker, H. (1993). Behaviour therapy vs. combination of cognitive and behaviour therapy for OCD. Paper presented at the 23rd EABT-Congress, London.

Lang, P. J. (1979). A bio-informational theory of emotional imagery. Psychophysiology, 16, 495–512.

Lang, P. J. (1985). The cognitive psychophysiology of emotion: Fear and anxiety. In A. H. Tuma & J. D. Maser (Eds.), Anxiety and the anxiety disorders. Hillsdale, N. J.: L. Erlbaum.

Last, C. G. & Strauss, C. C. (1989). Obsessive-Compulsive Disorder in Childhood. Journal of Anxiety Disorders, 3, 295–302.

Lavy, E., v. Oppen, P. & v. d. Hout, M. (1994). Selective processing of information in obsessive compulsive disorder. Behaviour Research and Therapy, 32, 243–246.

Leitenberg, H., Gross, J., Peterson, J. & Rosen, J. C. (1984). Analysis of an anxiety model and the process of change during exposure plus response prevention treatment of bulimia nervosa. Behavior Therapy, 15, 3–20.

Lewis, A. J. (1936). Problems of obsessional illness. Proceedings of the Royal Society of Medicine, 29, 325–336.

Lewis, A. J. (1966). Obsessional disorder. In R. Scott (Ed.), Price's Textbook of the Practice of Medicine (10th Ed.). London: Oxford University Press.

Liotti, G. (1993). Disorganized attachment and dissociative experiences: An illustration of the developmental-ethological approach to cognitive therapy. In K. T. Kuehlwein & H. Rosen (Eds.), Cognitive therapies in action. San Francisco: Jossey-Bass.

L. M. (1991). Mein Weg in die Freiheit. Bericht einer Betroffenen. Psychomed, 3, 228–234.

Lo, W. (1967). A follow-up study of obsessional neurotics in Hong Kong Chinese. British Journal of Psychiatry, 113, 823–832.

Margraf, J. & Schneider, S. (1990). Panik. Angstanfälle und ihre Behandlung (2. Auflage). Berlin: Springer.

Marks, I. (1992). Behavioural Self-Treatment for Obsessive-Compulsive Disorder. In I. Hand, W. K. Goodman & U. Evers (Eds.), Obsessive-Compulsive Disorders. New Research Results. Berlin: Springer.

Marks, I. M. (1975). Behavioral treatments of phobic and obsessive-compulsive disorders: A critical appraisal. In M. Hersen, R. M. Eisler, & P. M. Miller

(Eds.), Progress in Behavior Modification (Vol. 1). New York: Academic Press.

Marks, I. M. (1978). Exposure treatments: Conceptual Issues. In W. S. Agras (Ed.), Behavior Modification: Principles and Clinical Applications. Boston: Little, Brown & Co.

Marks, I. M. (1978). Living with fear. Understanding and coping with anxiety. New York: McGraw Hill.

Marks, I. M. (1981). Review of behavioral psychotherapy, I: Obsessive- compulsive disorders. American Journal of Psychiatry, 138, 584–592.

Marks, I. M. (1987). Fears, Phobias, and Rituals. Panic, Anxiety, and their Disorders. New York: Oxford University Press.

Marks, I. M. (1989). Ineffectiveness of cognitive therapy in phobic and obsessive-compulsive disorders. In P. M. G. Emmelkamp, W. T. A. M. Everaerd, F. W. Kraimaat & M. J. M. van Son (Eds.), Fresh perspectives on anxiety disorders. Amsterdam: Swets & Zeitlinger.

Marks, I. M., Hodgson, R. & Rachman, S. (1975). Treatment of chronic obsessive-compulsive neurosis by in vivo exposure. British Journal of Psychiatry, 127, 349–364.

Marks, I. M., Stern, R. S., Mawson, D., Cobb, J. & McDonald, R. (1980). Clomipramine and exposure for obsessive-compulsive rituals. British Journal of Psychiatry, 136, 1–25.

Maser, J. D. & Seligman, M. E. P. (Eds.) (1977). Psychopathology: Experimental Models. San Francisco: W. H. Freeman.

Mavissakalian, M. R. & Barlow, D. H. (1981). Assessment of obsessive- compulsive disorders. In D. H. Barlow (Ed.), Behavioral Assessment of Adult Disorders. New York. Guilford Press.

McFall, M. E. & Wollersheim, J. P. (1979). Obsessive-compulsive neurosis: A cognitive-behavioral formulation and approach to treatment. Cognitive Therapy and Research, 3, 333–348.

McNally, R. J. (1987). Preparedness and phobias: A review. Psychological Bulletin, 101, 283–303.

McNally, R. J. & Kohlbeck, P. A. (1993). Reality monitoring in obsessive-compulsive disorder. Behaviour Research and Therapy, 31, 249–253.

Meyer, A. E., Richter, R., Grawe, K., v. der Schulenburg, J. M. & Schulte, B. (1991). Forschungsgutachten zu Fragen eines Psychotherapeutengesetzes. Bonn: Gesundheitsministerium.

Meyer, V. (1966). Modification of expectations in cases with obsessional rituals. Behaviour Research and Therapy, 4, 273–280.

Meyer, V., Levy, R. & Schnurer, A. (1974). The behavioral treatment of obsessive-compulsive disorder. In H. R. Beech (Ed.), Obsessional States. London: Methuen.

Metzner, R. (1963). Some experimental analogues of obsession. Behaviour Research and Therapy, 1, 231–236.

Milby, J. B., Wendorf, D. & Meredith, R. L. (1983). Obsessive-compulsive disorders. In R. J. Morris & T. R. Kratochwill (Eds.), The practice of child therapy. New York: Pergamon Press.

Mineka, S. (1985). Animal Models of Anxiety-Based Disorders: Their Usefulness and Limitations. In A. H. Tuma & J. D. Maser (Eds.), Anxiety and the Anxiety Disorders. Hillsdale, N. J.: L. Erlbaum.

Minichiello, W. E., Baer, L., Jenike, M. A. & Holland, A. (1990). Age of onset of major subtypes of obsessive-compulsive disorder. Journal of Anxiety Disorders, 4, 147–150.

Montgomery, S. A. (1992). The place of obsessive compulsive disorder in the diagnostic hierarchy. International Clinical Psychopharmacology, 7, 19–23.

Montgomery, S. A. & Manceaux, A. (1992). Fluvoxamine in the treatment of obsessive compulsive disorder. International Clinical Psychopharmacology, 7, 5–9.

Morel, M. (1866). Du délir émotif. Archives of General Medicine, 7, 385, 530, 700.

Mowrer, O. H. (1947). On the dual nature of learning - a re-interpretation of „conditioning" and „problem-solving". Harvard Educational Review, 17, 102–148.

Muris, P., Merckelbach, H., v. d. Hout, M. & de Jong, P. (1992). Suppression of emotional and neutral material. Behaviour Research and Therapy, 30, 639–642.

Muris, P., Merckelbach, H. & de Jong, P. (1993). Verbalization and environment cuing in thought suppression. Behaviour Research and Therapy, 31, 609–612.

Niler, E. R. & Beck, S. J. (1989). The relationship among guilt, dysphoria, anxiety and obsessions in a normal population. Behaviour Research and Therapy, 27, 213–220.

Olivier, B. (1992). Animal models in obsessive-compulsive disorder. International Clinical Psychopharmacology, 7, 27–31.

v. Oppen, P. (1992). Obsessions and compulsions: Dimensional structure, reliability, convergent and divergent validity of the Padua Inventory. Behaviour Research and Therapy, 30, 631–637.

Pato, M. T., Zohar-Kadouch, R., Zohar, J. et al. (1988). Return of symptoms after discontinuation of clomipramine in patients with obsessive-compulsive disorder. American Journal of Psychiatry, 145, 1521–1525.

Pennebaker, J. W. (1993). Putting stress into words: Health, linguistic, and therapeutic implications. Behaviour Research and Therapy, 31, 539–548.

Perrez, M. (1982). Was nützt die Psychotherapie? Psychologische Rundschau, 33, 121–126.

Persons, J. B. & Foa, E. B. (1984). Processing of fearful and neutral information by obsessive-compulsives. Behaviour Research and Therapy, 22, 259–265.

Pollak, J. M. (1979). Obsessive-compulsive personality: A review. Psychological Bulletin, 86, 225–241.

Rachman, S. J. (1974). Primary obsessional slowness. Behaviour Research and Therapy, 11, 463–471.

Rachman, S. J. (1976). The modification of obsessions: A new formulation. Behaviour Research and Therapy, 14, 437–443.

Rachman, S. J. (1977). The conditioning theory of fear-acquisitation: A critical examination. Behaviour Research and Therapy, 15, 175–388.

Rachman, S. J. (1978). An anatomy of obsessions. Behavioural Analysis and Modification, 2, 253–278.

Rachman, S. J. (1979). The return of fear. Behaviour Research and Therapy, 17, 164–175.

Rachman, S. J. (1980). Psychosurgical treatment of obsessional-compulsive disorders. In E. Valenstein (Ed.), The psychosurgery debate. San Francisco: W. H. Freeman.

Rachman, S. J. (1983). Obstacles to the Successful Treatment of Obsessions. In E. B. Foa & P. M. G. Emmelkamp (Eds.), Failures in Behavior Therapy. New York: J. Wiley.

Rachman, S. J. (1983). The modification of obsessions and compulsions. In K. D. Craig & R. J. Mc Mahon (Eds.), Advances in clinical behavior therapy. New York: Bruner & Mazel.

Rachman, S. J. (1984). Obsessional-compulsive Disorders, In A. S. Bellack, M. Hersen & A. E. Kazdin (Eds.), International Handbook of Behavior Modification and Therapy. New York: Plenum Press.

Rachman, S. J. (1989). The return of fear: Review and prospect. Clinical Psychology Review, 9, 147–168.

Rachman, S. (1993). Obsessions, responsibility and guilt. Behaviour Research and Therapy, 31, 149–154.

Rachman, S. J., Cobb, J., Gray, S., Mc Donald, R., Mawson, D., Sartory, G. & Stern, R. (1979). The behavioural treatment of obsessional-compulsive disorders with and without clomipramine. Behaviour Research and Therapy, 17, 467–478.

Rachman, S. J. & de Silva, P. (1978). Abnormal and normal obsessions. Behaviour Research and Therapy, 16, 233–248.

Rachman, S. J. & Hodgson, R. J. (1980). Obsessions and compulsions. Englewood Cliffs, N. J.: Prentice-Hall.

Rachman, S. J., Hodgson, R. J. & Marzillier, J. (1970). Treatment of an obsessional-compulsive disorder by modeling. Behaviour Research and Therapy, 8, 385–392.

Rachman, S. J., Marks, I. M. & Hodgson, R. J. (1973). The treatment of chronic obsessive-compulsive neurosis by modeling and flooding in vivo. Behaviour Research and Therapy, 11, 467–471.

Rachman, S. J. & Wilson, G. T (1980). The effects of psychological therapy. Oxford: Pergamon Press.

Rapoport, J. L. (1986). Annotation childhood obsessive-compulsive disorder. Journal of Child Psychology and Psychiatry, 27, 289–295.

Rapoport, J. L., Elkins, R., Langer, D. H., Sceery, W., Buchsbaum, M. S., Gillin, J. C., Murphy, D. L., Zahn, T. R., Lake, R., Ludlow, Ch. & Mendelson, W. (1981). Childhood Obsessive-Compulsive Disorder. American Journal of Psychiatry, 138, 1545–1554.

Rasmussen, S. A. & Eisen, J. L. (1991). Epidemiology, clinical features and genetics of obsessive-compulsive disorder. In M. A. Jenike & M. Asberg (Eds.), Understanding obsessive-compulsive disorder (OCD). Toronto: Hogrefe & Huber Publishers.

Rasmussen, S. A. & Eisen, J. L. (1992). The epidemiology and differential diagnosis of obsessive-compulsive disorder. In I. Hand, W. K. Goodman & U. Evers (Eds.), Obsessive-Compulsive Disorders. New Research Results. Berlin: Springer.

Rasmussen, S. A. & Tsuang, M. T. (1984). The epidemiology of obsessive-compulsive disorder. Journal of Clinical Psychiatry, 45, 450–457.

Rasmussen, S. A. & Tsuang, M. T. (1986). Epidemiology and clinical features of obsessive-compulsive disorders. In M. A. Jenike, L. Baer & W. E. Minichiello

(Eds.), Obsessive-compulsive Disorders. Theory and Management. Littleton, Mass.: PSG Publishing Company.

Reed, G. F. (1985). Obsessional Experiences and Compulsive Behavior: A Cognitive-Structural Approach. Orlando, Fla.: Academic Press.

Reinecker, H. (1987). Grundlagen der Verhaltenstherapie. München: Urban & Schwarzenberg.

Reinecker, H. (1992). Die Behandlung von Zwängen: Eine Herausforderung für Theorie und Praxis. Verhaltensmodifikation und Verhaltensmedizin, 13, 97–113.

Reinecker, H. (1994). Zwang. In S. K. D. Sulz (Hrsg.), Das Therapiebuch – ein Manual zur Verhaltenstherapie. München: CIP-Medien (Im Druck).

Reinecker, H., Erlbeck, R., Gokeler, I. & Zaudig, M. (1993). Long-term follow-up in the treatment of OCD patients. Paper presented at the 23rd European Congress on Behavioural and Cognitive Therapies. London.

Reinecker, H., Zaudig, M., Erlbeck, R., Gokeler, I. & Hauke, W. (1994). Die Langzeit-Follow-up Studie Windach. Praxis der Klinischen Verhaltensmedizin und Rehabilitation, 7, 77–81.

Rescorla, R. A. (1988). Pavlovian Conditioning: It's not what you think it is. American Psychologist, 43, 151–160.

Reynolds, M. & Salkovskis, P. M. (1991). The relationship among guilt, dysphoria, anxiety and obsessions in a normal population – An attempted replication. Behaviour Research and Therapy, 29, 259–265.

Reynolds, M. & Salkovskis, P. M. (1992). Comparison of positive and negative intrusive thoughts and experimental investigation of the differential effects of mood. Behaviour Research and Therapy, 30, 273–281.

Rimm, D. C. & Masters, J. C. (1979). Behavior therapy. Techniques and empirical findings (2nd Ed.). New York: Academic Press.

Ristvedt, S. L., Mackenzie, T. B. & Christenson, G. A. (1993). Cues to obsessive-compulsive symptoms: Relationship with other patient characteristics. Behaviour Research and Therapy, 31, 721–729.

Röper, G. (1992). Die Zwangsstörung und ihre Lerngeschichte: Implikationen für die Therapie. Verhaltensmodifikation und Verhaltensmedizin, 13, 44–70.

Röper, G. (1994). Die entwicklungspsychologische Perspektive in der verhaltenstherapeutischen Behandlung von Zwängen. Praxis der Klinischen Verhaltensmedizin und Rehabilitation, 7, 23–31.

Röper, G., Rachman, S. J. & Marks, I. M. (1975). Passive and participant modeling in exposure treatment of obsessive-compulsive neurotics. Behaviour Research and Therapy, 13, 271–279.

Rubenstein, C. S., Peynircioglu, Z. F., Chambless, D. L. & Pigott, T. A. (1993). Memory in sub-clinical obsessive-compulsive checkers. Behaviour Research and Therapy, 31, 759–765.

Salkovskis, P. M. (1983). Treatment of an obsessional patient using habituation to audiotaped ruminations. British Journal of Clinical Psychology, 22, 311–313.

Salkovskis, P. M. (1985). Obsessional-compulsive problems: A cognitive-behavioral analysis. Behaviour Research and Therapy, 23, 571–583.

Salkovskis, P. M. (1989). Obsessions and compulsions. In J. Scott, J. M. G. Williams & A. T. Beck (Eds.), Cognitive therapy in clinical practice. An illustrative casebook. London: Routledge.

Salkovskis, P. M. & Campbell, P. (1994). Thought suppression induces intrusion in naturally occuring negative intrusive thoughts. Behaviour Research and Therapy, 32, 1–8.

Salkovskis, P. M. & Kirk, J. (1989). Obsessional disorders. In K. Hawton, P. M. Salkovskis, J. W. Kirk & D. M. Clark (Eds.), Cognitive-behavior therapy for psychiatric problems. Oxford: Oxford University Press.

Salkovskis, P. M. & Warwick, H. M. C. (1985). Cognitive therapy of obsessive-compulsive disorder: Treating treatment failures. Behavioural Psychotherapy, 13, 243–255.

Salkovskis, P. M. & Westbrook, D. (1989). Behavior therapy and obsessional ruminations: Can failure be turned into success? Behaviour Research and Therapy, 27, 149–160.

Salzman, L. & Thaler, F. H. (1981). Obsessive-compulsive disorder: A review of the literature. American Journal of Psychiatry, 138, 286–296.

Sanavio, E. (1988). Obsessions and compulsions. The Padua Inventory. Behaviour Research and Therapy, 26, 167–177.

Sartory, G. (1989). Obsessive-Compulsive Disorder. In G. Turpin (Ed.), Handbook of Clinical Psychophysiology. Chichester: J. Wiley.

Sartory, G. (1992). Psychobiologische Aspekte von Zwängen in Diagnostik und Behandlung. Verhaltensmodifikation und Verhaltensmedizin, 13, 21–43.

Schaap, C., Bennun, I., Schindler, L. & Hoogduin, K. (1993). The therapeutic relationship in behavioural psychotherapy. Chichester: J. Wiley.

Schindler, L. (1988). Die soziale Interaktion von Therapeut und Klient in der Verhaltenstherapie: Ihr Einfluß auf Therapieverlauf und Therapieerfolg. Habilitationsschrift, Bamberg.

Schindler, L. (1991). Die empirische Analyse der therapeutischen Beziehung. Berlin: Springer.

Schindler, L., Hahlweg, K. & Revenstorf, D. (1980). Partnerschaftsprobleme: Möglichkeiten zur Bewältigung. Berlin: Springer.

Schmelzer, D. (1986). Problem- und zielorientierte Verhaltens-Therapie. Teil II: Das ‚OPTIMIZE'-Prozeßmodell als Orientierungsrahmen für die Praxis. Verhaltensmodifikation, 7, 3–110.

Schneider, K. (1925). Klinische Psychopathologie. Stuttgart: Thieme.

Scholz, O. B. (1987). Ehe- und Partnerschaftsstörungen. Stuttgart: Kohlhammer.

Schulte, D. (Hrsg.) (1976). Diagnostik in der Verhaltenstherapie. München: Urban & Schwarzenberg.

Schulte, D. (1986). Problemanalyse. In DGVT (Hrsg.): Verhaltenstherapie: Theorien und Methoden. Tübingen: DGVT-Vrrlag.

Schwarz, N. (1987). Stimmung als Information. Untersuchungen zum Einfluß von Stimmungen auf die Bewertung des eigenen Lebens. Berlin: Springer.

Seligman, M. E. P. (1970). On the generality of the laws of learning. Psychological Review, 77, 406–418.

Seligman, M. E. P. & Johnston, J. C. A. (1975). A cognitive theory of avoidance learning. In F. J. McGuigan & D. B. Lumsden (Eds.), Contemporary approaches to conditioning and learning. New York: Wiley.

Shagass, C., Roemer, R. A., Straumanis, J. J. & Josiassen, R. C. (1984). Distinctive somatosensory evoked potential features in obsessive-compulsive disorder. Biological Psychiatry, 19, 1507–1524.

Skinner, B. F. (1953). Science and Human Behavior. London: Macmillan.

Solomon, R., Kamin, L. & Wynne, L. C. (1953). Traumatic avoidance learning: The outcome of several extinction procedures with dogs. Journal of Abnormal and Social Psychology, 48, 291–301.

Stanley, M. A. (1992). Obessive-Compulsive Disorder. In S. M. Turner, K. S. Calhoun & H. E. Adams (Eds.), Handbook of Clinical Behavior Therapy, 2nd. Ed. New York: J. Wiley.

Stanley, M. A., Swann, A. C., Bowers, T. C., Davis, M. L. & Taylor, D. J. (1992). A comparison of clinical features in trichotillomania and obsessive-compulsive disorder. Behaviour Research and Therapy, 30, 39–44.

Stegmüller, W. (1973). Theorienstruktur und Theoriendynamik. Probleme und Resultate der Wissenschaftstheorie und Analytischen Philosophie, Band II, 2. Halbband. Berlin: Springer.

Stein, D. J. & Hollander, E. (1993). The spectrum of obsessive-compulsive related disorders. In E. Hollander (Ed.), Obsessive-compulsive related disorders. Washington, D. C.: American Psychiatric Press.

Steketee, G. & Cleere, L. (1990). Obsessional Compulsive Disorders. In A. S. Bellack, M. Hersen & A. E. Kazdin (Eds.), International Handbook of Behavior Therapy, 2nd. Ed. New York: Plenum Press.

Steketee, G. S., Foa, E. B. & Grayson, J. B. (1982). Recent advances in the treatment of obsessive-compulsives. Archives of General Psychiatry, 39, 1365–1371.

Stern, R. S., Lipsedge, M. S. & Marks, I. M. (1973). Obsessive ruminations: A controlled trial of thought-stopping technique. Behaviour Research and Therapy, 11, 659–662.

Sturgis, E. T. (1984). Obsessional and compulsive disorders. In H. E. Adams & P. B. Sutker (Eds.), Comprehensive Handbook of Psychopathology. New York: Plenum Press.

Sturgis, E. T. & Meyer, V. (1981). Obsessive-compulsive disorders. In S. M. Turner, K. S. Calhoun & H. E. Adams (Eds.), Handbook of clinical behavior therapy. New York: Wiley.

Süllwold, L. (1978). Zwangsstörungen. In U. Baumann, H. Berbalk & G. Seidenstücker (Hrsg.), Klinische Psychologie. Trends in Forschung und Praxis, Bd. 1. Bern: H. Huber.

Süllwold, L. (1992). Neue Ansätze zum Verständnis der Zwangsstörung und deren Therapie. In I. Hand, W. K. Goodman & U. Evers (Hrsg.), Zwangsstörungen: Neue Forschungsergebnisse. Berlin: Springer.

Tallis, F. & de Silva, P. (1992). Worry and obsessional symptoms: A correlational analysis. Behaviour Research and Therapy, 30, 103–105.

Teasdale, J. D. (1993). Emotion and two kinds of meaning: Cognitive therapy and applied cognitive science. Behaviour Research and Therapy, 31, 339–354.

Thyer, B. A. (1985). Audio-typed exposure therapy in a case of obsessional neurosis. Journal of Behavior Therapy and Experimental Psychiatry, 16, 2711–273.

Tillmanns, A. & Tillmanns, I. (1992). Stationäre Behandlung von Zwängen: Indikation und Probleme der Therapiedurchführung. Verhaltensmodifikation und Verhaltensmedizin, 13, 86–96.

Toates, F. (1990). Obsessional thoughts and behavior. Help for obsessive-compulsive disorder. London: Harper Collins.

Torgersen, S. (1983). Genetic factors in anxiety disorders. Archives of General Psychiatry, 40, 1085–1089.

Torgersen, S. (1988). Genetics. In C. G. Last & M. Hersen (Eds.), Handbook of anxiety disorders. New York: Pergamon Press.

Tunner, W. (1979). Experimentelle Analogien neurotischer Zwangshandlungen. In D. Kallinke, R. Lutz & R. W. Ramsay (Hrsg.): Die Behandlung von Zwängen. München: Urban & Schwarzenberg.

Turkat, I. D. (1990). The personality disorders. A psychological approach to clinical management. New York: Pergamon Press.

Turner, S. M., Beidel, D. C. & Nathan, R. S. (1985). Biological Factors in Obsessive-Compulsive Disorders. Psychological Bulletin, 3, 430–450.

Turner, S. M. & Beidel, D. C. (1988). Treating obsessive-compulsive disorder. New York: Pergamon Press.

Turner, S. M. & Michelson, L. (1984). Obsessive-compulsive disorders. In S. M. Turner (Ed.), Behavioral theories and treatment of anxiety. New York: Plenum Press.

Turner, S. M., Mc Cann, B. S., Beidel, D. C. & Mezzich, J. B. (1986). DSM-IIII classifications of the anxiety disorders: A psychometric study. Journal of Abnormal Psychology, 95, 168–172.

Turns, D. M. (1985). Epidemiology of Phobic and Obsessive-Compulsive Disorders among Adults. American Journal of Psychotherapy, 39, 360–370.

Ullrich de Muynck, R. & Ullrich, R. (1976). Das Assertiveness-Trainings-Programm ATP: Einübung von Selbstvertrauen und sozialer Kompetenz. München: Pfeiffer.

Wanderer, Z. & Ingram, B. L. (1991). The therapeutic use of tape-recorded repetitions of flooding stimuli. Journal of Behavior Therapy and Experimental Psychiatry, 22, 31–35.

Watson, J. P. & Marks, I. M. (1971). Relevant and irrelevant fear in flooding – A crossover study of phobic patients. Behavior Therapy, 2, 275–293.

Wegner, D. M., Schneider, D. J., Carter, S. M. & White, T. L. (1987). Paradoxical effects of thought suppression. Journal of Personality and Social Psychology, 53, 5–13.

Weiss, L., Katzman, M. & Wolchik, S. (1989). Bulimie. Ein Behandlungsplan. Bern: H. Huber.

Weissman, M. M. (1985). The epidemiology of anxiety disorders: Rates, risks, and familial patterns. In A. H. Tuma & J. D. Maser (Eds.), Anxiety and the anxiety disorders. Hillsdale, N. J.: L. Erlbaum.

Welner, A., Reich, T., Robins, I., Fishman, R. & van Doren, T. (1976). Obsessive-compulsive neurosis. Comprehensive Psychiatry, 17, 527–539.

Westphal, C. (1878). Über Zwangsvorstellungen. Archiv für Psychiatrie und Nervenkrankheiten, 8, 734–750.

Westphal, C. (1892). Über Zwangsvorstellungen (1877). In A. Westphal (Hrsg.), Carl Westphals Gesammelte Abhandlungen (S. 393–407). Berlin: August Hirschwald.

Winkelmann, G., Rasche, H. & Hohagen, F. (1994). Zwangsstörungen: Komorbidität und Implikationen für die Behandlung. Praxis der Klinischen Verhaltensmedizin und Rehabilitation, 7, 32–40.

Wittchen, H. U. (1986). Epidemiology of panic attacks and panic disorders. In I. Hand & H. U. Wittchen (Eds.), Panic and phobias I. Berlin: Springer.

Wittmann, W. W. (1985). Evaluationsforschung. Aufgaben, Probleme und Anwendungen. Berlin: Springer.

Wolpe, J. (1973). Praxis der Verhaltenstherapie. Bern: H. Huber.

Wolpe, J. (1986). Individualization: The categorical imperative of behavior therapy practice. Journal of Behavior Therapy and Experimental Psychiatry, 17, 145–153.

Zaworka, W. & Hand, I. (1981). Ein individuelles Verlaufs- und Indikations-Modell (IVIM) für (zwangs-)neurotische Symptombildungen. Ein Modellansatz. In U. Baumann (Hrsg.), Indikation zur Psychotherapie. Perspektiven für Praxis und Forschung. München: Urban & Schwarzenberg.

Zaworka, W., Hand, I., Lünenschloß, K. & Jauernig, G. (1983). Das Hamburger Zwangsinventar. Beltz: Weinheim.

Zielinski, C. M., Taylor, M. A. & Juzwin, K. R. (1991). Neuropsychological deficits in obsessive-compulsive disorder. Neuropsychiatry, Neuropsychology, and Behavioral Neurology, 4, 110–126.

Zohar, J. & Insel, T. R. (1987). Obsessive-compulsive disorder: Psychobiological approaches to diagnosis, treatment, and pathophysiology. Biological Psychiatry, 22, 667–687.

Zohar, J. & Kindler, S. (1992). Serotonergic probes in obsessive compulsive disorder. International Clinical Psychopharmacology, 7, 39–40.

Autorenregister

Schlagwortregister

189

Huber
Praxis

Verlag Hans Huber
Bern Göttingen Toronto Seattle

Giorgio Nardone / Paul Watzlawick

Irrwege, Umwege und Auswege

Zur Therapie versuchter Lösungen

Aus dem Italienischen übersetzt von Erika Frey-Timillero. 1994, 148 Seiten, 2 Figuren, 7 Tabellen, kartoniert Fr. 29.80 / DM 29.80 / öS 233.— (ISBN 3-456-82478-5)

Im Laufe unseres Lebens geraten wir immer wieder auf Irrwege, schlagen Umwege ein, versuchen es mit Scheinlösungen unserer Probleme – bis wir «zufällig» merken, daß «alles ganz einfach» ist: Das «System» hat sich selbst «organisiert». Diese Prozesse können in der Therapie gezielt eingeleitet und gefördert werden. Das vorliegende Buch gibt Einblick in die dafür geeigneten Techniken und spezifischen Interventionsformen, vor allem bei Patienten, die an Phobien, Ängsten und Zwängen leiden. Diese neue Art, mit menschlichen Problemen umzugehen, wird ausführlich dargestellt: Damit liegt endlich eine Einführung in die *strategische Therapie* vor – also in die praktische Anwendung der Systemtheorie.

Philip H. Bornstein / Marcy T. Bornstein

Psychotherapie mit Ehepaaren

Aus dem Englischen übersetzt von Iris Gutmann. 1993, 184 Seiten, 4 Abbildungen, 10 Tabellen, kartoniert Fr. 38.— / DM 39.80 / öS 311.— (ISBN 3-456-82287-1)

In mehr als der Hälfte aller Fälle von Eheproblemen wird die Hilfe eines Psychotherapeuten oder Psychiaters in Anspruch genommen. Dieses Buch wendet sich an die professionellen Helfer – und an die Betroffenen selbst. Es ermöglicht – auf einer kognitiv-systemischen Grundlage – ein regelgeleitetes Vorgehen und läßt gleichzeitig Raum für Flexibilität. Die Therapie erfolgt in 5 Schritten: Diagnose, Behandlungstechniken, Kommunikation, Problemlösen, Stabilisieren. Das Vorgehen wird anhand zahlreicher Fallbeispiele illustriert. Drei davon werden ausführlich, im gesamten Ablauf, dargestellt.

Monica McGoldrick / Randy Gerson

Genogramme in der Familienberatung

Aus dem Englischen übersetzt von Irmela Erckenbrecht. 196 Seiten, zahlreiche Schemata und Abbildungen, kartoniert Fr. 42.80 / DM 44.80 / öS 350.— (ISBN 3-456-81897-1)